高等职业教育物流管理与物流工程专业系列规划教材

供应链管理

王凤英　主　编

郭　芳　许丽芳　副主编

大连海事大学出版社

图书在版编目(CIP)数据

供应链管理／王凤英主编. —大连：大连海事大学出版社，2019.3

高等职业教育物流管理与物流工程专业系列规划教材

ISBN 978-7-5632-3776-0

Ⅰ.①供… Ⅱ.①王… Ⅲ.①供应链管理—高等职业教育—教材 Ⅳ.①F252.1

中国版本图书馆 CIP 数据核字(2019)第 028127 号

大连海事大学出版社出版

地址：大连市凌海路1号　　邮编：116026　　电话：0411-84728394　　传真：0411-84727996

http://www.dmupress.com　E-mail：cbs@dmupress.com

大连华伟印刷有限公司印装　　　　　　　　大连海事大学出版社发行

2019 年 3 月第 1 版　　　　　　　　　　　2019 年 3 月第 1 次印刷

幅面尺寸：184 mm×260 mm　　　　　　　　印张：13.25

字数：323 千　　　　　　　　　　　　　　印数：1～1500 册

出版人：徐华东

责任编辑：刘长影　　　　　　　　　　　　责任校对：张来胜

封面设计：张爱妮　　　　　　　　　　　　版式设计：解瑶瑶

ISBN 978-7-5632-3776-0　　　　定价：29.00 元

内容简介

    本书从系统的角度出发讲述了供应链管理的相关理论、运作工具和方法,并结合当下信息技术及大数据的发展讲述了大数据供应链的发展趋势。内容主要包括供应链管理的认知、供应链管理方法的应用、供应链的构建、供应链合作伙伴的选择、供应链环境下的采购与库存管理、供应链环境下的生产运作与物流管理、供应链环境下的风险管理、供应链绩效评价与激励机制、供应链与电子商务、供应链管理信息技术支撑体系及大数据供应链发展趋势等。本书作为新世纪、新形势、新零售、新商科下的规划教材之一,既可作为大专院校工商企业管理和物流管理等专业师生的教材和参考用书,也可以作为各类工商企业采购、生产、销售等经营管理人员的参考用书。

前　言

供应链的概念是在 20 世纪 80 年代末提出的。供应链管理理论方法和技术在 20 世纪 90 年代初开始引入我国。随着我国经济的迅速发展,生产企业和零售行业的发展壮大,供应链管理的理念、理论研究和业界实践在逐步成熟,国内也形成了部分可借鉴和推广的案例。本书编者在广泛收集现阶段企业发展供应链管理案例的基础上,广泛借鉴和收集了相对成熟的供应链管理理论和方法,与校企合作企业福州海盈港务有限公司一起探讨合作,进行了本书的编写工作,从教学的角度出发加入了大量的案例以提升供应链管理教学的趣味性,降低供应链管理理论教学的难度,更适合高职高专的教学特点和企业对供应链管理人才需具备知识的要求,更方便广大师生的使用。

本书由福建船政交通职业学院王凤英任主编,黎明职业大学郭芳、福建对外经济贸易职业技术学院许丽芳任副主编。参加本书编书的有:王凤英(项目一、项目二、项目三、项目十),郭芳(项目四、项目五、项目六),许丽芳(项目七、项目八、项目九)。本书配套的多媒体课件由许丽芳设计和制作。王凤英负责全书的总体策划、结构设计和最后统稿。

由于行业发展变化快,信息技术日益更新,时间和编者水平有限,书中难免有不足之处,恳请广大读者不吝赐教,以期保持教材的时代性和实用性,与高职高专的物流管理相关专业的教学同步发展,编者在此表示衷心的感谢。

编　者
2018 年 10 月

目　录

项目 一

供应链管理的认知

●学习目标

　　知识目标

　　掌握供应链的概念、结构模型、类型和特征;掌握供应链管理的概念、特征、内容、实施原则;了解供应链管理的一体化思想及其意义和发展趋势。

　　技能目标

　　灵活运用所学知识,理解有关供应链及供应链管理的发展,具备运用理论知识进行企业供应链管理分析认知的能力。

●案例导入

戴尔的3A供应链管理

　　戴尔的一个重要的经营思想是:专注于自己最擅长的领域,把不擅长的环节给行业中做得最好的人去做,然后通过采购把最具性价比的产品买回来,自己做最后的整合。从提供零件的角度看,供应商就相当于戴尔的一个车间,在对这些"车间"的管理上有一个"交易引擎"的概念,越过企业四面围墙的ERP系统就是戴尔的"交易引擎"。在这个系统中,戴尔和供应商双方的信息可以做到极大限度的共享,这是戴尔供应链最精妙的地方。

　　戴尔最有特色的"直销模式",即戴尔完全是按订单、按需求生产的。戴尔的中国客户中心数据中心的机房里有上千台服务器24小时运行,客户既可以通过网站,也可以通过800电话下订单,这些信息直接进入数据中心,数据中心每一个半小时统计一次该段时间内的订单并打印出一张清单,上面列着所需的配置。这张清单直接传到供应商的仓库——这一公共仓库由戴尔的全球伙伴第三方物流公司伯灵顿公司管理。伯灵顿公司接到戴尔的清单后在一个小时之内就能够迅速把货配好,不到 20 分钟就可以把货送达——这就是设立中转仓库的好处:戴尔的供应商不可能都在厦门,只有建立中转仓库,才能保证每一个半小时送一次货。

客户没有下订单之前,在戴尔中国客户中心的车间里理论上是没有工料的,每个零件被运进来的时候实际上已经是有买主的,一旦整台机器组装好,马上就可以发货运走,所以戴尔可以保持产品零库存。

特别需要注意的是,戴尔每一个半小时把清单发送给中转仓库的同时,还会发给供应商的总部,供应商会根据中转仓库里库存的波动情况确定要不要对库存进行补充,并且根据这些信息安排生产。

戴尔要做出未来一年的生产预测,并随实际变动进行调整。戴尔的供应商每个星期都会收到更新的下三个月的生产预测,对于一些需求变化比较大的零部件的生产预测甚至一天就要更新一次。这不仅使得戴尔即使在市场情况变化大的情况下也能够得到及时的供货,实现了"敏捷",而且供应商也可以根据实际情况安排生产,减少库存。

戴尔根据市场需求不断调整生产计划并且使供应商也随之调整生产计划,从而使生产贴近市场需要,完美地实现了戴尔"虚拟整合"的管理思想。

除了中国客户中心,戴尔还有另一个与供应商打交道的重要部门——戴尔全球采购中心。在管理生产资料供应商方面,全球采购中心有三个任务:保证供应商供应的连续性;保证供应商在生产成本方面有一定的领先性;保证供应商产品的品质。

戴尔管理供应商有一个重要原则,就是"少数及密切配合供应商",它把整体供应商的数量控制在一定范围内,并且在商品管理、质量和工艺管理等方面为供应商提供培训,帮他们改善内部流程。戴尔还把品质管理等工具分享给供应商,使其自身采购的管理水平也得到提高。每个季度戴尔会对供应商进行考核,优胜劣汰,以实现良性循环。

最能够体现戴尔对供应链持续改进的是业务流程改善(Business Process Improvement,BPI)。戴尔公司专门有一个 BPI 部门,跟六西格玛一样,BPI 也有黑带、绿带、黄带等级别,戴尔也会给供应商提供 BPI 的培训,让他们采用 BPI 的方法来降低成本、提高质量。

斯坦福大学供应链专家李效良研究发现,一流的供应链都具备了三大特点:反应敏捷(Agile)、能让各方利益协调一致(Aligned)、适应性强(Adaptable)。只要供应链具备了这三个特点,就能为公司创造可持续的竞争优势,他将其称为"3A"供应链。

当我们仔细考察戴尔的供应链之后,我们发现,"3A"恰恰是戴尔供应链的精髓所在。

反应敏捷的供应链,能针对原料供应和市场需求所发生的突变情况迅速采取应对措施。如何培养这种能力呢?李效良的建议是:加强与供应商的信息沟通。

戴尔的创始人迈克尔·戴尔说戴尔是"用信息代替库存",加强和供应商的信息沟通是戴尔供应链最重要的地方。戴尔和供应商信息共享的工具就是"交易引擎"。戴尔希望建立这样一个公共的交易引擎,使得中小企业也能够在这个平台上和供应商交易,并且相互之间不会受到干扰。

问　题

谈谈本案例给你的启示。

任务一
供应链的基本概念　◆▮▮

1.1.1　供应链的概念、特征

1. 供应链的概念

供应链(Supply Chain, SC)的概念是在 20 世纪 80 年代末提出的。在多年的研究与发展中,许多学者从不同的角度给出了不同的定义。

早期学者认为供应链是制造企业的一个内部过程,是指把从企业外部采购的原材料和零部件,通过生产转换和销售等活动,再传递到零售商和用户的一个过程。英国学者哈里森将供应链定义为“供应链是执行采购原材料,将它们转换为中间产品和成品,并且将成品销售到用户的功能网链”。这些概念同时强调了供应链中的战略伙伴关系。

有些学者认为供应链中战略伙伴关系是很重要的,通过建立战略伙伴关系,可以与重要的供应商和用户更有效地开展合作。把供应链的概念与采购、供应管理相关联,用来表示与供应商之间的关系,并引发了对采购供应链管理的研究。从系统学的角度,学者们研究了供应链上相关企业的联系,注意了供应链的外部环境,认为它应是一个“通过链中不同企业的制造、组装、分销、零售等过程将原材料转换成产品,再到最终用户的转换过程”,甚至进一步延伸到核心企业与供应商、供应商的供应商乃至与一切前向的网链关系,与用户、用户的用户及一切后向的网链关系。

我国国家标准《物流术语》(GB/T 18354—2006)对供应链的定义:“供应链是指生产与流通过程中涉及将产品或服务提供给最终用户活动的上游与下游企业所形成的网链结构。”

在以上研究的基础上,供应链可以被定义为:供应链是围绕核心企业,通过对信息流、物流、资金流、商流的控制,从采购原材料开始,到制成中间产品以及最终产品,最后由销售网络把产品送到消费者手中,将供应商、制造商、分销商、零售商直到最终用户连成一个整体的功能网链结构模式。

2. 供应链的特征

供应链是一种系统的网链结构,涉及多种类型的企业,每个企业都是这个网链结构中的节点,形成供应和需求的循环结构,因此,供应链具有动态性、面向用户需求、交叉性、复杂性的特征,详见表 1-1。

表 1-1　供应链的特征

动态性	为了适应市场需求的变化,供应链中的节点企业以及整个供应链结构都需要动态地更新,这使得供应链结构具有明显的动态性
面向用户需求	供应链的形成、存在、重构,都是由于一定的市场需求而发生的;在供应链的运作过程中,用户的需求拉动是供应链中各种流运作的驱动源,这些流包括信息流、产品流、服务流、资金流等
交叉性	供应链的交叉性是与供应链的网链结构相关的。供应链上的节点企业可以是这个供应链的成员,同时又是另一个供应链的成员。众多的供应链的交叉结构增加了供应链协调管理的难度
复杂性	因为供应链节点企业组成的跨度(层次)不同,有些企业是生产型的,有些是加工型的,有些是服务型的,等等。也就是说供应链通常由多个、多种类型甚至多国家的企业构成,所以供应链的网链结构模式要比一般单个企业的结构模式更为复杂

1.1.2　供应链的结构模型、类型

1. 供应链的结构模型

结合上述供应链的定义,其结构可以简单地归纳为如图 1-1 所示的模型。

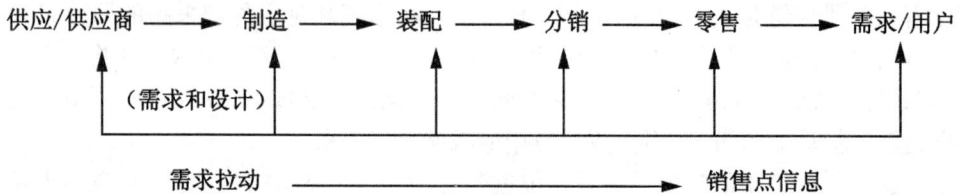

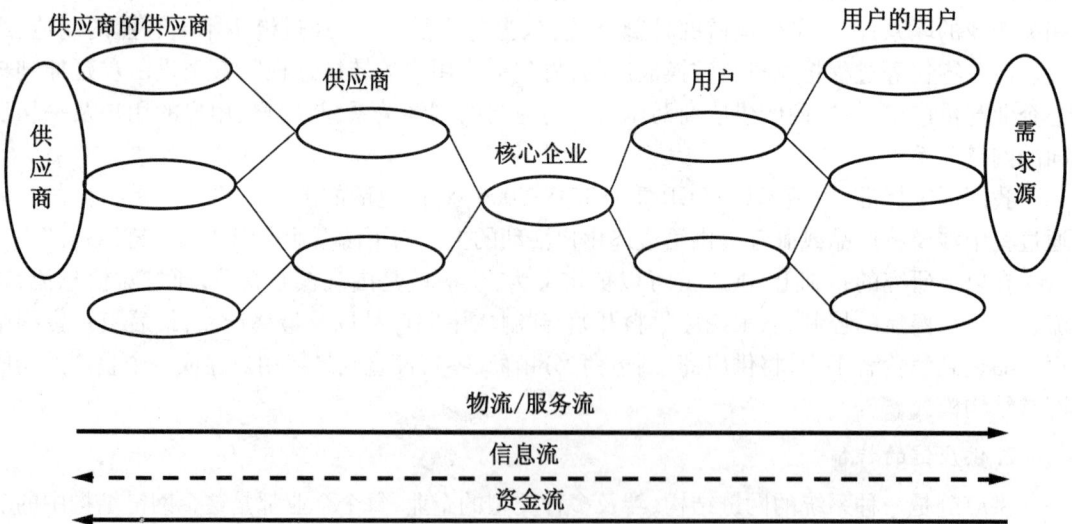

图 1-1　供应链的网链结构模型

根据供应链的定义和网链结构模型,现在举一个实际的案例来分析供应链的概念。假设一名顾客走进 A 超市购买牙膏,那么供应链始发于顾客对牙膏的需求。供应链的下一节是该顾客所光顾的 A 超市。A 超市货架上的商品来自它的库存,库存商品可能由 A 超市自营的成品仓库或第三方分销商提供,而库存商品则由制造商(如 B 日用化妆品有限公司)提供。B 日用化妆品有限公司从各种供应商处获取原材料,而这些供应商的商品则由其上游供应商提供,从而形成一条供应链,如图 1-2 所示。

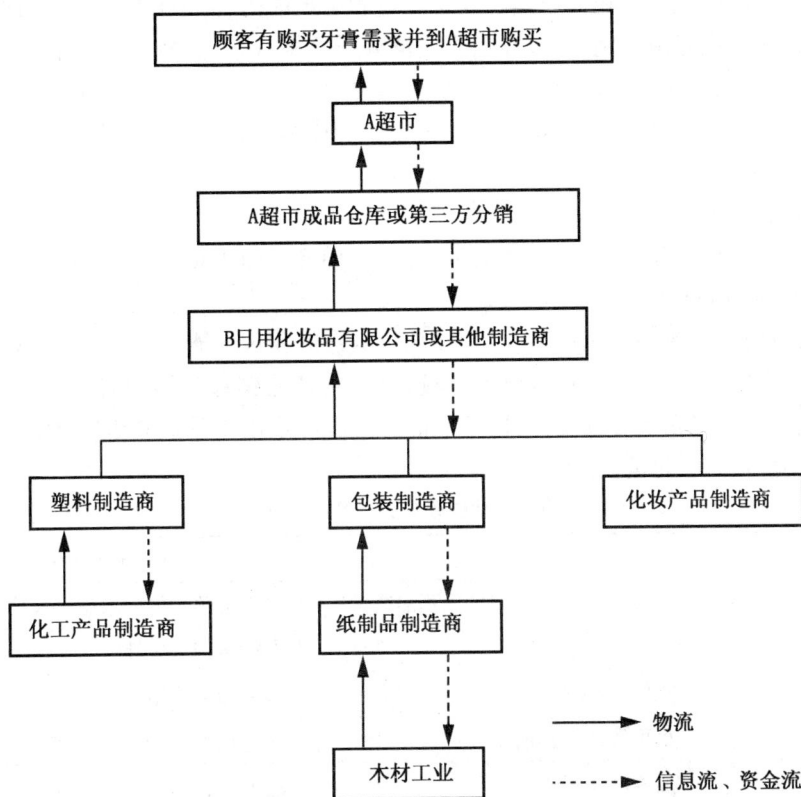

```
┌─────────────────────────────────────┐
│      顾客有购买牙膏需求并到A超市购买       │
└─────────────────────────────────────┘
              ↑↓
          ┌────────┐
          │ A超市   │
          └────────┘
              ↑┆
    ┌───────────────────────────┐
    │  A超市成品仓库或第三方分销   │
    └───────────────────────────┘
              ↑┆
    ┌───────────────────────────┐
    │  B日用化妆品有限公司或其他制造商 │
    └───────────────────────────┘
              ↓
    ┌──────────┬──────────┬──────────┐
 ┌────────┐ ┌────────┐ ┌──────────┐
 │塑料制造商│ │包装制造商│ │化妆产品制造商│
 └────────┘ └────────┘ └──────────┘
     ↑┆         ↑┆
 ┌──────────┐ ┌──────────┐
 │化工产品制造商│ │纸制品制造商│
 └──────────┘ └──────────┘
                  ↑┆
              ┌────────┐
              │ 木材工业 │
              └────────┘
```

──────► 物流
┄┄┄┄► 信息流、资金流

图 1-2　牙膏供应链环节

2. 供应链的类型

根据不同的划分标准,供应链可以分为不同的类型,详见表 1-2。

表 1-2　供应链的类型

按发展过程分	内部供应链、外部供应链
按容量和用户需求分	平衡的供应链、倾斜的供应链
按功能模式分	有效性供应链、反应性供应链
按产品类型分	功能型供应链、创新型供应链
按驱动力不同分	推动式供应链、拉动式供应链

(1)按发展过程分

根据制造企业供应链的发展过程,供应链可以分为内部供应链和外部供应链。

内部供应链是将采购的原材料和零部件,通过生产转换和销售等传递给用户的过程,是指企业内部产品生产和流通过程中所涉及的采购部门、生产部门、仓储部门、销售部门等组成的供需网络。外部供应链注重利用外部资源以及与其他企业的联系,是指企业外部的、与企业相关的产品生产和流通过程中涉及的原材料供应商、生产厂商、储运商、零售商以及最终消费者组成的供需网络。

（2）按容量和用户需求分

根据容量与用户需求的关系,供应链可以分为平衡的供应链和倾斜的供应链。

一个供应链具有一定的、相对稳定的设备容量和生产能力,但用户需求处于不断变化的过程中,当供应链的容量能满足用户需求时,供应链处于平衡状态,而当市场变化加剧,造成供应链成本增加、库存增加、浪费增加等现象时,供应链则处于倾斜状态。平衡的供应链可以实现各主要职能之间的均衡。供应链管理的一个重要职能就是不断调整供应链的平衡,使之满足用户需求和适应市场变化。

（3）按功能模式分

根据功能模式,供应链可以分为有效性供应链（Efficient Supply Chain）、反应性供应链（Responsive Supply Chain）。

有效性供应链也称效率型供应链,主要体现供应链的物理功能,即以最低的成本将原材料转化成零部件、半成品、产品并在供应链中运输,最终将产品销售到消费者手中。反应性供应链主要体现供应链的市场中介的功能,即把产品分配到满足用户需求的市场,能对未预知的需求做出快速反应,及时满足消费者的需求。

表 1-3　按功能模式分的供应链类型

	有效性供应链	反应性供应链
基本目标	以最低的成本供应可预测的需求	对不可预测的需求做出最快反应
制造核心	保持生产稳定	增加生产的柔性
库存策略	降低库存水平	多种库存策略
提前期	尽可能缩短提前期	大量投资,以缩短提前期
供应商的标准	成本和质量	速度、质量、柔性
产品设计策略	模块化设计,尽可能差异化	绩效最大化、成本最小化

（4）按产品类型分

根据产品类型,供应链可以分为功能型供应链和创新型供应链。

功能型供应链是指以经营功能型产品为主的供应链,充分利用信息来协调供应链成员企业间的活动,从而有效降低整条供应链上的成本。功能型产品能满足顾客基本需要,其需求稳定且可以预测,具有相对较长的生命周期,但其边际利润较低,如日用百货、副食品等。

创新型供应链是指以经营创新型产品为主的供应链,其运作成功的关键是充分做好市场调查和预测,以减少需求的不确定性;同时,通过缩短提前期与增加供应链的柔性和敏捷度,以尽可能在短时间内提供顾客所需的个性化产品。创新型供应链要求速度第一、成本第二。创新型产品需求不稳定、生命周期短、产品更新快,但具有高边际利润,如时尚服饰、电子产品等。

（5）按驱动力不同分

根据驱动力的不同,供应链可以分为推动式供应链和拉动式供应链。

推动式供应链是根据长期预测进行生产决策,面向消费点成品库存或面向装配线成品库存进行生产的供应链,它受市场需求导向的间接作用。其优点是能带来规模经济的效益;缺点是市场反应能力弱,会产生牛鞭效应。

拉动式供应链是以客户需求为源动力,按实际消费需求来协调生产计划,根据订单进行生产和采购的供应链。其优点是可以有效降低库存,甚至可以做到零库存,也能更好地满足客户个性化的需求;缺点是采购和生产批量都比较小,采购压力大,难以形成规模生产。

任务二
供应链管理概述 ◆◆||

1.2.1 供应链管理的概念、特征

1.供应链管理的概念

目前,不同的国家和研究人员对供应链管理的概念定义不尽相同。供应链管理是一种集成的管理思想和方法,它执行供应链中从供应商到最终用户的物流计划和控制等职能。从单一的企业角度来看,供应链管理是指企业通过改善上、下游供应链关系,整合和优化供应链中的信息流、物流、资金流,以获得企业的竞争优势。

我国国家标准《物流术语》(GB/T 18354—2006)对供应链管理(Supply Chain Management, SCM)的定义:"供应链管理是利用计算机网络技术全面规划供应链中的商流、物流、信息流、资金流等,并进行计划、组织、协调与控制。"

由此可见,供应链管理是对供应链涉及的全部活动进行计划、组织、协调与控制。因此,供应链管理是企业的有效性管理,体现了企业在战略和战术上对企业整体作业流程的优化,即整合并优化了供应商、制造商、零售商的业务效率,使商品以合适的数量、优良的品质,在准确的地点、以准确的时间、最佳的成本进行生产和销售。这不仅可以降低成本,减少社会库存,而且可以使社会资源得到优化配置。同时,通过信息网络、组织网络,实现了生产及销售的有效链接和物流、信息流、资金流的合理流动,最终把合适的产品以合理的价格及时送到消费者手中。

2.供应链管理的特征

供应链管理的特征主要体现在以下几个方面:

(1)供应链管理以客户需求为中心

无论供应链是长还是短,也无论供应链的节点企业有多少类型,供应链均是由客户需求驱动的,企业创造的供应链通过客户的满意度并产生利润来衡量,其最终目标是为客户创造更多的价值。因此,供应链管理是以最终客户需求为中心,将客户服务、客户满意与客户价值作为管理的出发点,并贯穿供应链管理的全过程;将提高客户服务质量、实现客户满意、促进客户成功从而实现客户价值作为创造竞争优势的根本手段。

（2）供应链管理是一种基于流程的集成化管理

传统的企业管理是以职能部门为基础的，通常由于职能矛盾、利益冲突、信息沟通不畅等因素，各职能部门无法完全发挥其潜在的工作效能，因而很难实现整体目标最优化。供应链管理则是基于流程的集成化管理，以流程为基础，以价值链为核心，强调供应链整体的集成与协调，通过信息共享、技术扩散、资源优化配置和有效的价值链激励机制等方法来实现经营一体化，各个节点企业之间除了竞争，更多的是合作。

（3）供应链管理体现信息流程的最优化

信息作为供应链各个节点企业沟通的载体，从某种程度来说，各个企业就是以这个载体作为纽带集成起来的。

信息流程是企业内员工、客户和供货商的沟通过程，以前只能以电话、传真，甚至面对面沟通达成信息交流的目的，随着信息手段的多样化，现在能利用电子商务、电子邮件、互联网沟通平台等进行信息交流。但是，信息系统只是支持业务过程的工具，企业本身的商业模式才决定着信息系统的架构模式。为了适应供应链管理的优化，必须从与产品生产有关的第一层供应商开始，环环相扣，直到货物到达最终用户手中，要真正按链的特性改造企业业务流程，使各个节点企业都具有处理商流、物流和信息流的自组织和自适应能力；要形成贯穿供应链的分布数据库的信息集成体系，从而集中协调不同企业的关键数据。这里的关键数据，是指订货预测、库存状态、缺货情况、生产计划、运输安排、在途物资等数据。

因此，信息管理是供应链管理的主线，通过有效的信息沟通和共享，可以将市场信息及时、准确地传输给供应链上的各节点企业以实现有效的供应链管理。现代企业更多的是利用电子数据交换（EDI）、互联网等技术手段，实现供应链的分布数据库信息集成，达到共享采购订单的电子接收与发送、多位置库存控制、批量和系列号跟踪、周期盘点等重要信息的目的。

1.2.2 供应链管理的内容

供应链管理的内容涉及四个主要领域：供应（Supply）、生产计划（Schedule Plan）、物流（Logistics）、需求（Demand），如图 1-3 所示。供应链管理是以同步化、集成化生产计划为指导，以各种技术为支持，尤其以 Internet/Intranet 为依托，围绕供应、生产作业、物流以及满足需求来实施的。供应链管理主要包括计划、合作、控制从供应商到用户的物料（零部件和成品等）和信息。其目标在于提高用户服务水平和降低总的交易成本，但这两个目标往往有冲突，因此，供应链管理还要寻求这两个目标之间的平衡。

在以上四个领域的基础上，我们可以将供应链管理细分为职能领域和辅助领域。职能领域主要包括产品工程、产品技术保证、采购、生产控制、库存控制、仓储管理、分销管理等。辅助领域主要包括客户服务、制造、设计工程、会计核算、人力资源、市场营销及公共关系等。

供应链管理注重总的物流成本（从原材料到最终产成品的费用）与用户服务水平之间的关系，为此要把供应链各个职能部门有机地结合在一起，从而最大限度地发挥出供应链整体的力量，达到供应链企业群体获益的目的。

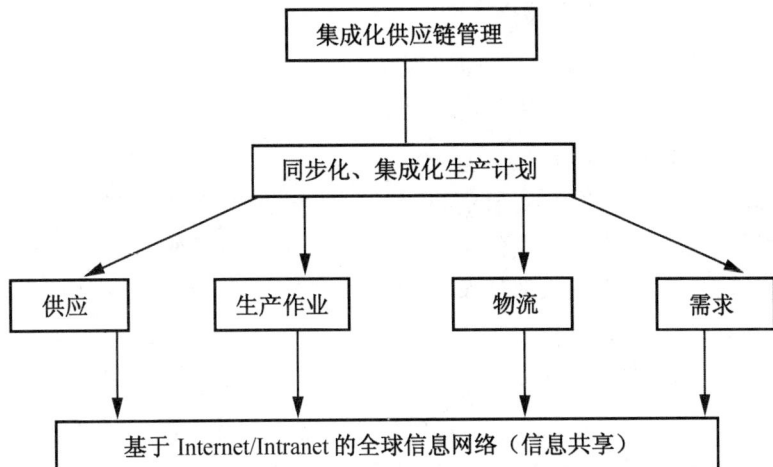

图 1-3　供应链管理的内容

1.2.3　供应链管理的原则

1. 面向最终市场的原则

供应链的目标是满足最终客户的需求,因此供应链管理的首要原则是满足最终客户,面向最终市场,发挥供应链管理的最终价值。

2. 满足顾客个性化需求的原则

供应链在满足最终客户的需求的基础上,也要满足顾客个性化的需求,因此满足顾客个性化的需求也是供应链管理的原则。

3. 重视物流网络重构的原则

企业一般在把其存货、仓库和运输活动组织起来的物流网络设计上,采取整体的方法,来满足单一的标准。有些物流网络被设计成满足所有用户的平均服务需求,但是这种方法忽视了用户需求的差异性;有些物流网络被设计成满足某个用户群最苛刻的需求,但是这种方法没有考虑到并非所有用户都需求代价高的服务。这两种方法都不能实现较高的资产利用水平或为特定细分群体提供优良的物流服务。因此,企业需要根据客户需求和企业可获利情况来设计企业的后勤物流网络,以实现其经济性和灵活性。例如,一家造纸企业发现两个客户群存在截然不同的服务需求:大型印刷企业允许较长的提前期,而小型印刷企业则要求在 24 小时内供货,于是这家造纸企业建立了 3 个大型分销中心和 36 个紧缺物品快速反应中心。

4. 协调需求计划的原则

由于市场需求的剧烈波动,因此距离客户接受最终产品和服务的时间越早,需求预测就越不准确。在供应链中,将产品的生产过程分为通用化阶段与差异化阶段,制造企业事先只生产中间产品或可模块化的部件,尽可能延迟产品差异化的业务,待最终用户对产品的外观、功能与数量等具体要求确定后再完成产品的差异化业务。销售和营运计划必须监测整个供应链,以及时发现需求变化的早期警报,并据此安排和调整计划。

5. 与供应商建立共赢的战略伙伴关系

企业竞争的结果可能是一输一赢，也可能是双输，只有真正达到共赢才可以使企业共同受益，只有相互协作才可以降低整个供应链的成本。

6. 公共信息平台支持的原则

信息流是供应链的四大流之一，信息传输和共享是供应链的重要环节，信息技术是供应链的基础支撑，因此在供应链上需建立公共信息平台，来支持多层次的决策信息传输和共享，如需求计划和生产计划；应该根据大部分来自企业之外的信息进行前瞻性的策略分析。

7. 整体绩效考核监督的原则

供应链运作需要各节点企业适时地进行整体评估，以监督、调整各成员企业的行为，满足市场的变动需求。因此，不能只从个别企业的角度而要从整体系统的角度去考察整个供应链的绩效。供应链的整体绩效水平最终体现在客户的满意度和忠诚度上。

1.2.4 供应链管理的横向一体化思想

随着社会经济的发展，传统的"纵向一体化"的管理模式已经不能适应企业管理的需求。"纵向一体化"的管理模式，即企业出于对制造资源的占有要求和对生产过程直接控制的需要所采取的管理模式。传统上企业常采用的策略是扩大自身规模，或参股到供应商企业，一个产品所需要的各种零部件基本上都是在自己投资的企业内加工出来的，因此，"纵向一体化"的管理模式也称为"大而全""小而全"的管理模式。

随着市场环境的急剧变化，企业出于快速响应市场需求、提高自身核心竞争力的目的，需要不断征求外部领域的资源合作，努力寻求和充分利用外部资源。由此，企业管理理念和组织结构发生重大变革，从多年奉行的"纵向一体化"转向"横向一体化"思维管理模式。

供应链管理的基本思想就是把原来由企业自己生产的零部件外包出去，充分利用外部资源，与外包企业形成了一种水平关系，人们形象地称其为"横向一体化"（Horizontal Integration）。供应链管理跟我们通常所讲的一个组织内部的管理是不一样的。组织内部的管理体现为一种权力关系，即上级可以指挥下级。而供应链是具有独立法人地位的企业的合作链，各企业无论大小都是平等的，因此供应链管理主要体现为如何加强合作、加强对资源的协调运作和提升管理水平。"横向一体化"的管理模式的本质核心在于提高企业核心竞争力，即企业只需注重核心业务，而将非核心业务交由外部承担，以最大限度地赢得核心价值的竞争优势。

典型的供应链上有一个起核心作用的企业。核心企业是供应链上信息流和物流的协调中心。它的下游端是从销售商一直到用户，上游端是供应商和供应商的供应商。它获得下游的需求信息，经过组合处理后再传向上游企业（供应商），因此它是一个中心。同时，典型的供应链上要有一个物流协调中心。零部件供应商将各种零部件传递过来，经过核心企业的装配或者其他形式的处理，再经由下游企业传递到用户。显然，信息流和物流必须有机地协调运作，才能使供应链真正获得竞争力，否则，供应链管理的整体效益就无法实现。例如，美国福特公司在推出新车 Festiva 时，采用了新车由美国设计、发动机由日本马自达生产、其他零部件由韩国生产、最后运往世界市场销售的方式。福特公司充分利用其他企业的优势资源促使自己的产品快速上马，避免了由自己完全投资所带来的基建周期过长问题，追求产品的低成本、高质量,提高竞争力。由此可见,Festiva 在设计、试制、制造、运输、销售、服务的整个过程中采用了"横向一体化"的全球制造战略:体制上,这些群体组成一个核心企业的利益共同体;运行模式上,则构成一条从供应商、制造商、分销商到用户的链条。

实践证明,供应链管理的效益很明显,可以给企业带来很多好处,如降低成本、改善客户服务、加快资金周转、增加产品市场占有率等。比如在如何减少削价处理的损失方面,过去由于信息不协调,企业生产或订货批量决策具有盲目性,而且越往原材料这个方向移动,投入的批量越大,即理论上所讲的"需求放大效应",这样就导致多余的货物只能降价处理。实施供应链管理之后,就加强了信息和物流的协调,信息可以及时、准确地传递到合作企业,于是就减少了削价处理的损失。更重要的是,供应链上各节点企业,不论大小,都能够成为受欢迎的业务伙伴,从而增强自己的生存能力。

1.2.5　供应链管理的意义及发展趋势

1.供应链管理的意义

（1）为现代流通方式的创新提供支撑

流通方式在传统称谓上通常是指批发和零售。在电子商务的环境下,批发被称为 B2B,零售被称为 B2C 或 C2C。应该说 B2B 即传统的批发在社会商品的流通中占据相当大的份额,对社会资源的配置起到巨大的作用。实际上在流通方式的革命中,企业一直都希望自己的上下游企业相对稳定,并积极寻求这一路径。供应链管理提供了这一方法,是新的利润源。在供应链中,上下游企业形成了战略联盟,因此它们的关系是相对稳定的。它们通过信息共享形成双赢关系,实现社会资源的最佳配置,降低社会总的成本,避免了企业间的恶性竞争,提高了各企业和整个供应链及全社会的效益。可见供应链向企业展示了现代的、全新的流通方式。

（2）加速现代生产方式的产生和发展

供应链管理是适应现代生产方式而产生和发展起来的现代流通方式;反过来,它的不断完善和水平的提高又加速了现代生产方式的发展。现代生产方式依据比较优势的理论,以现代信息技术为手段,以企业的核心竞争优势为中心,实现全球化的采购、全球化的生产组织和全球化的销售。于是现代物流成为与现代生产方式相衔接的枢纽,与现代物流共生的供应链管理成为现代生产和现代物流的有力工具。

（3）改变现代社会竞争的方式

在传统的生产和流通中,竞争方式主要是企业之间的竞争,既有同行业之间的竞争,也有供应链中上下游企业之间的竞争。这种竞争的结果往往破坏了生产和流通的规律和秩序,使企业的效益下降,更有甚者则导致了产品的加速灭亡。这是一种低档次的竞争,往往以降价为主要手段。

现代的供应链管理使上下游企业形成战略联盟,社会竞争从企业间的竞争转为供应链之间的竞争。其竞争的核心是组织和管理手段的现代化程度,是现代信息技术更高水平的竞争。这将推动整个社会现代化程度的提高。

（4）导致企业机构和供应链的重构

供应链的管理不仅涉及技术和管理方法,还涉及企业组织和产业组织的重构等深层次的问题。要真正实施供应链的管理,在企业内部就要进行业务流程的重构、企业组织机构的重构。在重构中,要冲破"大而全""小而全"的传统生产和流通方式,以核心竞争力的思想为指导。在企业外部要进行供应链的重构,选择好自己的战略联盟伙伴,规范联系的程序和技术,并对风险和利益进行合理的承担。

2.供应链管理的发展趋势

目前,供应链管理发展迅速,特别是随着智能制造时代的到来,全球供应链管理呈现出从传统制造到新型"智"造的五大新趋势。

一是供应链着眼全球化。近些年,经济全球化发展不断推进,区域经济协定不断升级,供应链管理也从国内企业间协同合作发展到区域或全球企业间协同合作模式,智能化这一趋势会日益明显。以美国新百伦(New Balance)产品制造生产为例,原材料采购与制造生产环节布局在越南、柬埔寨等国,销售及服务则布局在主要市场目标国如中国、美国以及欧盟各国。供应链管理着眼全球化也对供应链管理软件及系统提出全球适用、协作的新要求。

二是供应链趋于敏捷化。敏捷化主要体现在供应链管理的应变能力与柔性处理能力上。智能时代加强从客户需求到生产方的信息对接是关键。应变能力主要强调制造企业在制造生产过程中对外界的环境变化拥有极高的应变能力。能够对外部环境的变化迅速做出判断并采取相应的措施应对是当前供应链管理的发展方向之一,如大型制造生产企业不断进行自动化设备更新升级等。柔性处理能力主要侧重于产品的个性化与精细化需求,产品生命周期的改变以及企业间交货期的改变均需要供应链管理做出相应的柔性处理。

三是供应链立足绿色化。如何构建稳定且可持续发展的供应链条,降低供应链条在运行中的能耗与污染物排放,是绿色供应链管理的根本要求,也是供应链绿色发展的根本之道。供应链中的节点企业通过信息流、物流等协同合作,降低在物流运输环节的产品损耗率,提高包装箱等综合利用率,实现绿色供应链管理。

四是供应链发展集成化。供应链包含计划、生产、物流、销售等多个层面,不同环节在实现信息流共享的同时,更应注重自动化设备在信息流中的重要地位,机器人和无人机的普遍使用将在这一领域发挥重大作用。在订单处理过程中,运输与分配设备的全智能化能将产品信息融入企业间信息流的共享体系中,极大地提高物流运输效率,降低仓储成本。产业互联网是供应链管理模式未来发展的重点方向。

五是供应链发展智慧化。随着智能终端设备的不断普及,供应链管理的方式也越发多元化。原来只能在设备上进行操作发布指令,现在也逐步发展为智能终端操作,如智能手机等。供应链条上下游企业成员之间也可以通过智能终端设备进行及时沟通调整,进而对工作流等环节进行及时管控。随着大数据技术、云计算、"互联网 + "的发展,供应链的智慧化发展越来越迅速。

●知识小结

供应链是围绕核心企业,通过对信息流、物流、资金流的控制,从采购原材料开始,制成中间产品以及最终产品,最后由销售网络把产品送到消费者手中,将供应商、制造商、分销商、零售商、最终用户连成一个整体的网链结构和模式。供应链管理是对供应链中涉及的全部活动进行计划、组织、协调与控制。因此,供应链管理的实现,是把供应商、生产商、分销商、零售商等在一条供应链上的所有节点企业都联系起来进行优化,使生产资料以最快的速度,通过生产、分销等环节变成增值的产品,到达消费者手中。

供应链管理的基本思想就是把原来由企业自己生产的零部件外包出去,充分利用外部资源,跟这些企业形成了一种水平关系,人们形象地称其为"横向一体化"。

供应链管理的内容涉及四个主要领域:供应(Supply)、生产计划(Schedule Plan)、物流(Logistics)、需求(Demand)。供应链管理是以同步化、集成化生产计划为指导,以各种技术为支持,尤其以 Internet/Intranet 为依托,围绕供应、生产作业、物流以及满足需求来实施的。供应链管理主要包括计划、合作、控制从供应商到用户的物料(零部件和成品等)和信息,其目标在于提高用户服务水平和降低总的交易成本,但这两个目标往往有冲突,因此,供应链管理还要寻求这两个目标之间的平衡。

思考题

一、选择题

1. 供应链的主要内容包括(　　)。
   A. 供应　　　　　　　　　　B. 物流
   C. 需求　　　　　　　　　　D. 资金流
2. 供应链的基本特征是(　　)。
   A. 增值性　　　　　　　　　B. 全局性
   C. 简单性　　　　　　　　　D. 交叉性
3. 供应链的类型包括(　　)。
   A. 企业内部供应链和企业外部供应链
   B. 稳定的供应链和动态的供应链
   C. 平衡的供应链和倾斜的供应链
   D. 有效性供应链和反应性供应链

二、简答题

1. 如何理解供应链的含义及特征?
2. 什么是供应链管理?供应链管理的内容有哪些?
3. 通过举实例,阐述供应链管理的"横向一体化"思想。

●知识拓展

新零售时代:五大趋势组成供应链的新方向

企业运营一般有三个重点:产品、营销、供应链。在新零售时代,供应链变得越来越重要。很多顶尖的企业供应链做得非常好,相反它们不怎么做营销,比如 ZARA、宜家这样的零售商。

1. 零售业态冰火两重天

最近这两年,零售业发生了很大的变化,这就是一个重构的过程,零售业态可以说是冰火两重天。但是每年社会消费品零售总额还在持续地增长,这说明什么问题呢?

市场是在持续增长的,只不过在里面出现了一些结构性的调整,比如,我们会看到,现在下滑最严重的是专业店的业态,包括各类专门店、专营店、专卖店,很多传统的零售商、品牌商在持续地关闭店铺,如百丽、美邦等。

但实际上不能光看数字,因为会有误导,比如我们也看到很多店铺在持续增长,像迪卡侬、宜家,现在又冒出很多新的专营店,像名创优品、小米之家等。

这其实是说明不是这个业态不行,而是这个业态经营者的商业模式不行。比如,你会发现下滑最多的是代理、加盟这些模式,反而自营、直营专营店模式还在增长。

另外百货也是最近两年普遍下滑的业态,特别是一些区域性的单体百货。我们看这些上市的百货集团,新的规划都在往购物中心转型,但也不能讲百货业就不行。比如河北有一家地区百货店——信誉楼,这两年还在持续扩展,这又是为什么呢?

它的商业模式98%都是自营,柜台主任都是买手,依靠供应链不断优化供需匹配。所以,我们不能简单地说某种商业业态不行,而是要思考商业业态背后的商业逻辑是什么。

这两年,我们看到大型超市增长疲软,营业利润下滑得比较厉害,但是这里面也有分化,比如这两年食品超市就是一个热点,包括永辉超市,还有盒马鲜生等。超市里还有一个细分的业态即便利店。

便利店现在成了一个投资风口。根据普华永道的调研,便利店的毛利率是最高的,超市的毛利率大概只有17%,百货商场的毛利率也只有17%~18%,但便利店的毛利率可以达到20%以上。另外,便利店的每平方米效益也是最高的,特别是50~100平方米的小型便利店。所以便利店成为投资的一个热点。同时,我们也看到便利店是天然的流量入口,还是高频消费的地方。

当然增长最快的还是购物中心(Shopping Mall)。全球新建的购物中心几乎一半都在中国。不过,中国购物中心已经出现了地产过剩的趋势。所以在一线城市,Shopping Mall间的竞争非常激烈,如何做到差异化的竞争、特色化的竞争,是一个很重要的课题。

2. 零售业是如何赚钱的

总体上,最近这几年整个零售业态还在持续地分化。另外,我们来看零售业是如何赚钱的。

我们把零售业态大致分为两类:一类是自营性的零售业态,比如各类专业店、超市;还有一类是零售的基础设施型业态,比如 Shopping Mall、联营的百货。例如,Shopping Mall 在日本不被看作一种零售业态,而被看作一个商业的基础设施,是一个多业态的集合体,一般会有一个中心店、百货或大型超市,再配以专业店、餐饮、娱乐、百货、购物中心等。

而自营性的零售业态,其基本的营业逻辑是"低毛利 + 高周转"。高毛利当然很好,但这是很难做到的,你凭什么比别人定的价格要高?例如,美国有一家食品超市,全部售卖天然、有机食品,价格是普通超市的一倍以上。但是这两年营业额下滑得厉害,因为有新的竞争对手进来。所以,零售业定高价是一件很难的事情,等于给竞争对手机会。从普遍意义上说,零售业靠的是高速周转赚钱。

但我们知道,中国的零售业企业的库存周转的天数一般是非常高的,比如超市普遍在52天以上,还有40%的超市在60~90天,但在国外这个周转期大多是30多天。由于中国零售业周转速度慢,所以普遍由供应商来提供资金。此外,还有后台毛利等各种隐形规则。

所以,我们认为未来整个零售业会回归正常,这也是我们基本的判断。再讲到新零售,我们认为有很多可以探讨的东西,业界也有很多的实践,但我们还是要从结果来检验零售。

如果你采用新的技术,适应新的消费需求,获得超过行业平均绩效水平的经营结果,那么你就是新零售。当然,这些都需要时间的检阅,五年后我们也许才能看清楚谁是真正的新零售。

3. 新零售的内核是商业模式的转变

（1）新零售至少有一些新的特征

比如，我们认为新零售重构了人、货、场这三个商业要素。

第一是人。过去的"人"是不可见的，对它的认知也是模糊的，而我们现在有技术可以实现对人的识别、到达、交互。我们可以搞清楚一个客户进来，逛了哪些楼层、进了哪些店铺、停留了多长时间、拿取了哪些商品。我们知道这些数据是有价值的。

第二是货。过去我们对货品的管理比较粗放，特别是联营的百货，其实是不管理库存的，库存不可见，单品不可管理。

新零售要求对货品进行精准的管理。因为货是对人的需求的满足，要做到对需求的精准匹配，只有进行基于单品的数据化的管理，才可以做得很精准。

第三是场。过去是各自割裂的实体卖场，而现在是线上线下融合联通，多个场景融合；过去是以地理位置为中心的商业，现在是场景化的、以人为中心的商业。

（2）新零售的内核是商业模式的转变

从 B2C 的商业模式转向 C2B 的商业模式。C2B 是阿里巴巴提出的互联网时代新的商业模式，但是很多人把它理解得比较狭窄，局限在定制和零售方面。其实，它还有更广阔的商业应用前景。

我们对 C2B 有一个架构方面的解释，可把它分成四个要素：与客户共创价值、个性化营销、拉动式配销和柔性化生产。这四个要素配合起来构成了 C2B 完整的闭环。

第一个要素：与客户共创价值

过去，我们很多企业是火箭发射式的企业。企业内有专业的研发部门，有很多聪明的头脑，经过秘密研发突然宣布推出了新的产品。而新零售时代，我们需要探讨在企业与消费者之间构建一个新的消费者社区，通过跟客户之间高效的互动来共创产品。这个产品具备什么功能、怎么定价、多少数量，都是跟客户一起商量制订的。我们很多企业、淘宝上很多新兴品牌都在往这方面探索。比如，海尔定制平台构建了一个母婴社区，有几万的粉丝与海尔一起，通过超过 10 万次的创意交互，开展了全流程共创，海尔从中发现她们喜欢什么样的洗衣设备，共同开发了 Sunny 壁挂干衣机这样的产品，非常受欢迎。

第二个要素：个性化营销

在产品越来越个性化、种类越来越多的情况下，传统、单向、广播式、灌输式的营销方式失效了。我们必须依靠精准营销的方式。

通过大数据洞察，通过 SNS（Social Networking Services）传播方式，能把碎片化的需求聚集起来，形成商业上的可能性。其中，SNS 的方式，包括网红的社群化方式，本身就是一种好的方式，因为它实现了产销合一。大数据营销还是 B（商家）与 C（个人、消费者）的割裂，但是社群化营销是产销合一的方式，这是一种营销的高级形态，是品牌的互联网化。

第三个要素：拉动式配销

我们根据市场需求的真实反馈来决定给客户提供什么产品，什么时候提供，提供多少数量，这在供应链管理体系里已经是非常成熟的做法了。

第四个：柔性化生产

中国零售业发展到现在，缺少一个环节，就是制造业零售业。在日本，全渠道和 O2O 之前经历了这样一个制造业零售的阶段，但中国没有，我们发现全渠道非常难做，因为缺乏自主品牌的产品。

所以,我们认为做零售一定要关注工业思想,关注智能制造和工业4.0。如果你不关注制造业,就做不到产品快速迭代更新,做不到小批量对市场的快速反应。永远基于现货做分销、做零售,这不是产业的终局。

因为消费需求变化太快了,未来零售业拼的是PB(自有品牌)的商品。所以这是我们对C2B的理解。

4. 零售业供应链的发展现状及趋势

我们谈一下对零售业供应链的发展趋势,其实也不是一个趋势,应该很多已经是现状了。

(1) 第一个趋势:供应链未来是网状协同的价值网络

当我们在谈供应链的时候,它还是一个线性的、链式的结构,可以作为整个工业时代的思考。

当产品的需求是确定的,信息是少量的、结构性的时候,供应链是链式结构。而未来,当海量个性化需求出现,数据也是海量、非结构化的时候,链性的供应结构是很难满足市场需求的。这时候,我们需要一个网状的供应结构,因为网状结构是最具有弹性的,而且反应速度是最快的。每一个网络节点都可以单独或联合供给。

我们看到一些企业正在做一些探索,比如一些品牌的设计、生产、仓配等环节,它们直接服务客户,听取客户的反馈和评价,而不是像过去由链主——品牌商来管控。

这有些像滴滴和UBER,它完全是一个网状形的结构。一个剧场散场之后,可能同时产生5 000人的用车需求,而完全个性化的需求,依靠社会化的供应网络短期内可以被满足,而依靠一个组织是很难做到这一点的。

2017年5月26日第一届阿里巴巴供应链开放日的时候,曾鸣教授提出了一个观点:"在供应链和协同网络价值之间,还有一个过渡商业模式,就是S2b。"S2b(Supply Chain Platform to Business)是一个供应链平台来赋能小写b,通过一些小写b来服务平台客户,我觉得这是非常重要的一个观点。以前我们讲行业的B2B是一个风口,但是S2b这个概念可能更为准确。赋能型供应平台提供所有小写b所需要的基本能力,包括技术能力、货品服务、金融服务、信用保障、售后服务等。这是商业上很重要的一个趋势。

(2) 第二个趋势:供应链一定是端到端的

过去,很多人谈供应链时,谈的东西不一样。比如有些人谈的是仓储和物流,制造业的专家谈的是生产制造,而我们认为一定是端到端的。从消费端到分销领域,一直到品牌方再到生产制造、原料采购,一定是端到端的服务。

在整个过程中,我们发现价值链互联网化的程度是不一样的,我们非常真切地感受到这两年整个后端互联网的成熟度是非常高的,比如零售业;比如营销端的互联网化,特别是中国的营销端的互联网化,其品牌的互联网化,比欧美应该领先十年以上,很多玩法已经非常极致了。而且,我们零售业的互联网化占比是非常高的,达到13%左右,欧美也只有英国可以达到这样的占比。但是在整个上游,包括分销端,生产制造和采购的互联网化才刚刚开始,估计互联网化占比只有5%左右,甚至更低。而整个制造互联网化,就是现在方兴未艾的智能制造和工业4.0,其仅仅是凤毛麟角,所以这方面的潜力非常大。

(3) 第三个趋势:供应链的起点是研发和设计环节

这是最重要的一个环节。在具体的运营过程中,我们都能够体会到设计和研发已经决定供应链80％的成本运营、生产和物流的成本。一个商品被设计出来,已经决定了它是否会滞销,是否会形成库存。只要设计出来,我们就知道它的生产成本是多少,整个物流配送的成本是多少。

在整个供应链的后端花很大精力做流程改善、成本节省,也只有20％的空间。所以新品的研发变得非常关键。在这个环节,我们必须用新的技术,包括大数据、AI去提升整个研发过程的效率。这个非常好理解,在个性化时代,产品的批量越来越小,过去新品研发成本可能是1万元,批量10万件,摊到每个产品上研发成本只有1角钱;但现在我们的所有产品都是小批量的,研发出一个产品只能卖300～500件,研发成本如果还是1万元的话,研发成本分摊就会非常高。

(4)第四个趋势:弹性、敏捷、智慧化会成为供应链非常重要的特征

①弹性。弹性实际上就是我们讲的柔性供应链部分,是指生产线和供应链体系,能够在个性化、小批量、大批量之间自由切换,同时交期、成本不会变化很大。比如,现在国内一些企业,青岛红领做西服定制,索菲亚做家具定制,生产一件和一万件的成本是差不多的。弹性特征的主要目的是为了实现供应链随需而动,实现供需和谐。

②敏捷。产品的生命周期越来越短,要快速出货、供货以捕捉市场需求。所有的行业都能感受到"快"这个趋势。例如,服装行业,过去提前6～9个月做设计,现在只需提前3～4个月,而像ZARA这样的企业只需2～3周的时间,从设计到摆上货架非常快。

③智慧化。我们最终要实现商业智能化,这里面有三个主要因素:第一是数据,第二是算法,第三是产品。首先我们要产生数据,实现初始化过程,这是成本很高的过程,但必须处理好。只有有了数据,通过算法,最后产品化,才能实现商务的智能化。

(5)第五个趋势:人工智能在整个供应链领域的每个环节都起着非常关键的作用

我们现在具有一些已经比较成熟的应用,比如天猫超市的数据化选品,还有智能补货系统。当一个企业管理的SKU数非常巨大,比如几万件的时候,则通过机器算法的工具去做。未来智慧门店里怎么陈列、采用什么样的装修风格,其实都可以通过数据化的方式指引。

5.另外一个工业4.0

我们都知道MES系统是当下非常热门的产品。MES可以实现生产工序每一个设备的在线化,在此基础上还可以实现自动排产和多款式混合自动排产。一个生产线可以生产多个品种,前提是必须知道哪个工位、哪个工序、哪台设备是空闲和冗余的。所以在整个流程上,我们觉得人工智能有很多应用的空间。

最后,强调一下我们做供应链的目标是帮助零售端更赚钱,而不是让自身的效率更高,所以整个供应链存在的最重要的目的就是产销的协同。

我们把商业的本质概括为对需求的精准和快速满足。首先是精准地满足,市场需要什么商品,我们就给它提供什么商品。其次是快速地满足,速度很慢是赚不到钱的。商业的本质就是怎么快速实现价值流动。如果商品流速很慢,则库存一定会很高或者断货,运营成本高,所以供应链未来还有很大的潜力可以去挖掘。

(资料来源:阿里巴巴供应链研究中心　希疆,云栖大会上海峰会新零售论坛上演讲整理发布)

问 题

1. 谈谈本案例给你的启示。
2. 谈谈新零售时代供应链的发展趋势。

项目二 供应链管理方法的应用

●学习目标

知识目标

了解快速反应(QR)的产生背景及概念;了解有效客户反应(ECR)的产生背景及概念;能正确理解 QR 与 ECR 的异同。

技能目标

能根据企业的供应链实际运作案例制定出快速反应(QR)和有效客户反应(ECR)的具体实施策略。

●案例导入

优衣库的供应链策略

优衣库是日本迅销集团旗下的实力核心品牌,是一家以售卖休闲服以及工作套装为主的仓库式零售服饰企业,采用超市型的自助购物方式,在日本本土以低价格、高品质占领市场;在中国地区则以与日本同样的价格或者高于日本本土的价格进行售卖,中国区的负责人把优衣库定位为一个中产阶级品牌。优衣库堪称"亚洲最会卖衣服"的企业,那么该企业到底是如何在中国市场取得成功的呢?

优衣库 SPA 模式实现了"向供应链管理迈进",换言之,就是实现了从计划到生产、物流、销售流程的精细化管理,做到实时掌控市场所需。其模式具体应用如下:采购阶段:全球采购,定制研发。优衣库十分重视原材料在产品开发销售中的重要性,认为具有稳定供给的原材料才是生产不断发展的根基。生产阶段:业务外包,节约成本。优衣库对于产品的生产策划严格按照企业的经营口号"质优价廉"进行,在产品策划时优先考虑顾客的偏好,确保生产的产品能够适销对路。销售阶段:直营销售,减少库存。优衣库的门店采用服装超市运营方式,大大提高了客户的购买效率,并且优衣库还将消费人群定位到10~30岁,这种轻松、便捷的运营方式深受广大消费者的喜爱。

从市场表现看,优衣库的供应链管理主要呈现以下四大特点:

(1)直接掌握消费者信息,策划独特、新颖的商品。优衣库具有强大的信息收集系统,不仅可以对时尚潮流的发展趋势进行信息整合,还可以对顾客的需求做出快速反应。据悉,优衣库拥有世界一流的时尚设计师,他们密切关注世界各地的时尚发布会及明星的穿着打扮,以便从中获得灵感。从设计风格看,优衣库的衣服款式简单而百搭,因此拥有最广泛的顾客群体。此外,优衣库还特别重视来自顾客的意见,可根据顾客的反馈或者要求来设计出顾客需要的产品。通过利用优秀的信息系统,以最快的速度将信息传达到设计总部,经过设计师的分析提炼,设计出市场需要的服装,而这一过程可以说是精准且快速的。

(2)简化供应链环节,大幅度压缩物流费用和时间。毫无疑问地说,优衣库低成本运作的秘密则在于完美的"自产自销"体制。据悉,优衣库是在本公司内进行筹划并预先确保原材料供应的,在此基础上,再向自己的工厂发出产品订单。这样一来,就能避免衣料品从工厂到消费者手中要经过多重中间商,从而简化供应链环节,大大降低产品成本,并且减少了中间商之间的流通,从而加快了商品进入市场的速度。中国的成本竞争力是无与伦比的,Fast Retailing委托加工生产的优衣库产品中有九成产自中国。而优衣库也正是充分利用了这一成本优势,才取得了今日的成功。可以说,低成本的真正源泉是省略了从生产到销售的中间环节,实行无退货销售。

(3)ECR模式,最大限度地降低需求预测风险。渠道扁平化是规模化企业必须具备的基本功,无论是对中国本土企业,还是对跨国公司都是如此。与传统服装业不同的是,优衣库的流通管理采用的是快速反应(QR)系统,该系统侧重于缩短交货提前期,可消除缺货带来的影响,快速响应客户需求。

据悉,优衣库采用的是食品行业常用的有效客户反应(ECR)系统,这一系统侧重于建立消费导向型的零售模式,以高效满足消费者的需求为核心,提升供应链和需求链的效率。

此外,优衣库固有的低品类、高库存周转率和低利润率的经营模式,在结合ECR系统之后,直接分析零售门店即时数据,清除滞销商品,对空缺商品快速补货,评估潜在的有效消费需求,制定工厂订单。

通过对下放订单节奏的把控,使工厂大量订单依存于优衣库门店,使其更好地发挥订单下放的权利,实现工厂供给和市场需求之间的调控转换。

在ECR系统下,优衣库不仅能最大限度地满足消费需求,更能灵活应对追加的订单,改进周转效率,做到良性库存,从而达到控制成本的可预期效果。

(4)重视供应商选择与维护,建立战略合作伙伴关系。为了打造核心竞争力,优衣库对服装品牌的设计制造和配货能力也提出了更高的要求。优衣库一般指定一家工厂生产一种或少数几种品类,与遍布亚洲的70家工厂协同合作,形成了一套良好的订单、流程管理办法,进一步分摊采购、生产和物流等供应链成本,并与供应链上的各节点企业达成长期、战略性的合作,形成命运共同体。

在这种长期捆绑式的紧密合作模式下,厂商进行大量生产时,产品的品质也得到较好的保障。为了更好地管理生产商,优衣库采用了外派技术工匠的方式,通过向合作企业派出从事产品开发、金融管理等工作的技术工匠专才,常驻工厂生产一线,向工人传授从纤维、编织、纺织、染色、缝制到成品供应的一整套工厂管理技能。

在技术工匠的参与下,引导合作工厂采用与日本相同的生产工艺和生产方式,可以大幅度提升工厂的品质,有效实现对产品质量的管理与控制。

总之,优衣库就是通过高效的供应链管理,挖掘到独特的核心竞争力,创新了崭新的运营形态,从而成就了其在全球服饰零售业的领军地位。

问 题

谈谈本案例对你的启示。

任务一
快速反应(QR)策略

2.1.1 快速反应(QR)产生的背景

1984 年,美国纺织服装及化纤行业成立了一个委员会,1985 年该委员会与克特·萨尔蒙公司合作,对服装行业进行了调查分析。结果发现,尽管行业系统的每个部分效率都较高,但是系统作为一个整体,其效率十分低下。整个服装供应链,从原材料到消费者的购买,总时间为 66 周,其中 11 周在车间制造,40 周在仓库或运转,15 周在商店,因此各种费用非常大。此外,不精确的需求预测导致生产数量过多或过少而造成更大的损失。整个服装供应链系统的总损失每年可达 25 亿美元,其中三分之二的损失来自零售商或制造商对服装的降价处理以及零售时的暂时缺货。通过进一步调查发现,消费者离开商店而没有购买的主要原因是找不到尺寸和颜色合适的商品。这项研究导致了快速反应策略的应用和发展。为此,克特·萨尔蒙公司建议零售业者和纺织服装生产厂家合作,共享信息资源,建立一个快速反应(Quick Response,QR)系统来实现销售额的增长。由此,快速反应策略开始应用和发展。

快速反应是零售商及其供应商密切合作的策略,应用这种策略,零售商和供应商通过共享系统信息、联合预测未来需求,对消费者的需求做出快速的反应。

2.1.2 快速反应(QR)的概念

1.快速反应(QR)的概念

概念 1:快速反应(QR)是指物流企业面对多品种、小批量的买方市场,不是储备了"产品"，而是准备了各种"要素"，在用户提出要求时，能以最快的速度抽取"要素"及时"组装"提供所需服务或产品。

概念2：快速反应（QR）是指供应链成员企业之间建立战略合作关系，利用 EDI 等信息技术进行信息交换与信息共享，用高频率、小数量配送方式连续补充商品，以实现缩短交货周期、减少库存、提高客户服务水平和企业竞争力的供应链管理方法。

概念3：快速反应（QR）是指在供应链中，为了实现共同的目标，零售商和制造商建立战略伙伴关系，利用 EDI 等信息技术进行销售时点的信息交换，以及订货、补货等其他经营信息的交换，用多频度、小数量配送方式连续补充商品，以实现缩短交货周期、减少库存、提高客户服务水平和企业竞争力的供应链管理方法。

我国国家标准《物流术语》（GB/T 18354—2006）将快速反应（QR）定义为"快速反应（QR）是供应链成员企业之间建立战略合作伙伴关系，利用 EDI 等信息技术进行信息交换与信息共享，用高频率、小数量配送方式补充商品，以实现缩短交货期、减少库存、提高顾客服务水平和企业竞争力的供应链管理策略"。

根据以上定义，我们可以将快速反应理解为：

第一，QR 以交易企业间的"战略联盟"为基础。

第二，建立"适当的商品在适当的时期，以适当的价格，并在适当的场所供给的系统"。

第三，QR 的目标是在最少的供货周期和最小的风险下构筑最大的竞争力。

2. 供应链中的共同目标

(1) 提高客户服务水平

在正确的时间、正确的地点用正确的商品来满足消费者的需求。

(2) 降低供应链的总成本

增加零售商和厂商的销售额，从而提高零售商和厂商的获利能力。

3. 快速反应(QR)的三要素

快速反应包含控制（Control）、交互（Communication）和协同（Collaboration）三个要素，简称3C。

(1) 控制

为了应对复杂多变的服装市场，服装公司的各个单位、部门必须具有明确、有效的控制系统，特别是商品的营销计划。营销计划、日程安排、产品数据管理、产品预测、生产线管理分析、材料管理、产品采购、生产系统、库存管理以及产品销售量都必须通过准确快速的反应系统而得到控制。为了使服装款式和新的概念能够及时注入生产进程之中，在 QR 环境中，产品的开发和设计必须能够有效、快速地反映微妙的、瞬息变化的市场。同样，生产和采购过程也必须维持较低的库存以快速反应市场，并提供一个稳定的直至最终顾客的商流。企业必须建立一个准确的时间表以确保能够成功地应用快速反应策略。如果能够有效地利用控制系统，那么所有加工过程便可以得到有效监控，及时获取成本和消耗，并给管理者提供决策的重要信息。当然，公司的上层领导者和组织结构完善的团队是有效快速管理的前提，计算机技术是必不可少的条件。

(2) 交互

服装公司内部各部门以及供应链上合作伙伴之间的有效沟通和交流是获得供应链收益的

重要因素。据分析,供应链中存在的很多等待时间主要是由原材料或产成品的不合理库存引起的。通过产品的条形码、EDI、UPC(Universal Product Code)等技术可以在全球范围内快速识别产品并使管理者获得及时、准确的数字信息。

（3）协同

QR 系统的建立基于服装供应链上所有的节点企业,各成员之间必须共享信息、共同决策、进行协同,只有协同才能获得良好的收益。为了达到有效协同,服装供应链上合作伙伴之间必须使用并行通信(Parallel Communication)以获得及时、多元化的决策信息,而在串行通信(Serial Communication)的条件下,任一成员必须等待前一成员传递信息,故不能达到有效协同。

2.1.3 快速反应（QR）的实施

1.快速反应(QR)成功实施的条件

美国学者布莱克·本(Black Bum)在对美国纺织服装业研究的基础上,指出 QR 的流程、组件和系统运行都需要一定的环境。要成功地实施 QR,必须具备以下五个条件:

（1）改变传统的企业经营方式、经营意识和组织结构

企业不能局限于依靠本企业独自的力量来提高经营效率,要树立通过与供应链上各方建立合作伙伴关系,努力利用各方资源来提高经营效率的现代经营意识。

零售商在垂直型 QR 系统中起主导作用,零售店铺是垂直型 QR 系统的起始点。在垂直型 QR 系统内部,通过 POS 数据等销售信息和成本信息的相互公开与交换,来提高各个企业的经营效率。明确垂直型 QR 系统内部各个企业之间的分工协作范围和形式,消除重复作业。必须改变传统的作业方式,通过利用信息技术实现作业的无纸化和自动化。

（2）开发和应用现代信息处理技术

QR 系统的基础是先进数据管理系统,而建立先进数据管理系统的前提是开发利用现代化信息处理技术,这些信息技术有条码技术、电子订货系统、POS 系统、电子数据交换(EDI)技术、电子资金划拨(EFT)系统、供应商管理库存(VMI)、连续补货等。

（3）与供应链各方建立合作伙伴关系

具体内容包括两个方面:一是积极寻找和发现合作伙伴;二是在合作伙伴之间建立分工和协作关系。合作的目标定为削减库存、避免缺货现象的发生、降低商品风险、避免大幅度降价现象的发生、减少作业人员和简化事务性作业等。

（4）改变传统的对企业商业信息保密的做法

必须改变传统的对企业商业信息保密的做法,应将销售信息、库存信息、生产信息、成本信息等与合作伙伴交流共享,并在此基础上,要求各方一起发现问题、分析问题和解决问题。

（5）供应商必须缩短生产周期,降低商品库存

具体来说,供应商应努力做到:缩短商品的生产周期;进行多品种、少批量生产和多频度、少数量配送,降低零售商的库存水平,提高客户服务水平;在商品实际需要将要发生时采用准时制方式组织生产,降低自身的库存水平。

2.快速反应(QR)的实施步骤

QR 的实施需要额外的投资,通常要经过六个步骤(如图 2-1 所示),并且每个步骤都需要

以前一个步骤为基础,比前一个步骤有更高的回报。

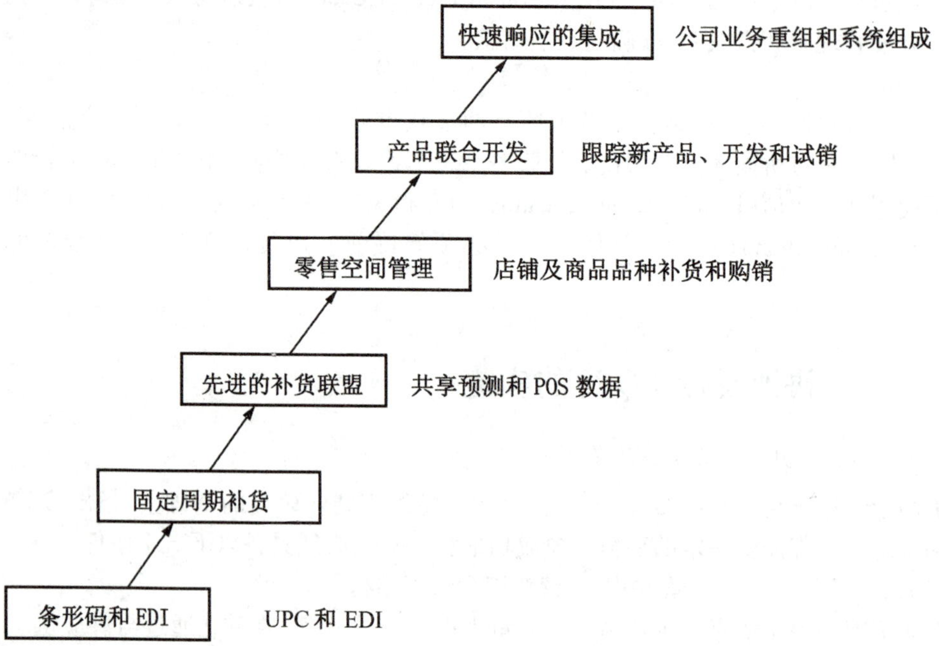

图 2-1　QR 的实施步骤

（1）条形码和 EDI

零售商首先必须安装条形码（UPC 码）、POS 扫描和 EDI 等技术设备,以加快 POS 机收款速度、获得更准确的销售数据并使信息沟通更加流畅。POS 扫描用于数据输入与数据采集,即在收款、检查时用光学方式阅读条形码,然后将条形码转换成相应的商品代码。

通用商品代码（UPC 码）是行业标准的 12 位条形码,用作产品识别。正确的 UPC 码对 POS 端的顾客服务和有效的操作至关重要。扫描条形码可以快速准确地检查并记录交易。

电子数据交换（EDI）是通过电子方式,采用标准化的格式,利用计算机网络进行的结构化数据的传输和交换,俗称“无纸化贸易”。EDI 要求公司将其业务单证转换成行业标准格式,并传输到某个增值网（VAN）,贸易伙伴在 VAN 上接收到这些单证,然后将其从标准格式转到自己系统可识别的格式。EDI 可传输的单证包括订单、发票、订单确认、销售和存货数据及事先运输通知等。

（2）固定周期补货

QR 的自动补货要求供应商更快、更频繁地运输重新订购的商品,以保证店铺不缺货,从而提高销售额。自动补货是指基本商品销售预测的自动化。自动补货使用基于过去和目前销售数据及可能变化的软件进行定期预测,同时考虑目前的存货情况和其他一些因素,以确定订货量。自动补货是由零售商、批发商在仓库或店铺内进行的。

（3）先进的补货联盟

成立先进的补货联盟是为了保证补货业务的流畅。零售商和消费品制造商联合起来检查销售数据,制订关于未来需求的计划和预测,在保证有货和减少缺货的情况下降低库存水平。另外,还可以进一步由消费品制造商来管理零售商的存货和补货,以加快库存周转速度,提高投资毛利率。

（4）零售空间管理

零售空间管理是指根据每个店铺的需求模式来规定其经营商品的花色品种和补货业务。一般来说，对于花色品种、数量、店内陈列及培训或激励售货员等决策，消费品制造商也可以参与甚至制定决策。

（5）产品联合开发

这一步的重点不再是一般商品和季节商品，而是服装等生命周期很短的商品。厂商和零售商联合开发新产品，其关系的密切程度超过了购买与销售的业务关系，缩短了从新产品概念到新产品上市的时间，而且经常在店内进行新产品试销。

（6）快速响应的集成

通过重新设计业务流程，将前五步的工作和公司的整体业务集成起来，以支持公司的整体战略。这一步要求零售商和消费品制造商重新设计其整个组织、业绩评估系统、业务流程和信息系统，设计的中心围绕着消费者而不是传统的公司职能。它们需要得到集成的信息技术。

任务二
有效客户反应（ECR）

2.2.1　有效客户反应（ECR）产生的背景

有效客户反应（ECR）的产生可归结于20世纪商业竞争的加剧和信息技术的发展。20世纪80年代，特别是到了90年代以后，美国日杂百货业零售商和生产厂家的交易关系由生产厂家占据支配地位转换为零售商占主导地位。在供应链内部，零售商和生产厂家为取得供应链主导权，为商家品牌（PB）和厂家品牌（NB）占据零售店铺货架空间的份额展开激烈的竞争，使得供应链各个环节间的成本不断转移，供应链整体成本上升。

从零售商的角度来看，新的零售业态如仓储商店、折扣店大量涌现，日杂百货业的竞争更趋激烈，企业开始寻找新的管理方法。从生产商角度来看，为了获得销售渠道，直接或间接降价，牺牲了厂家自身利益。生产商希望与零售商结成更为紧密的联盟，这对双方都有利。从消费者的角度来看，过度竞争忽视了消费者的需求——高质量、新鲜、服务好和价格合理。许多企业通过诱导型广告和促销来吸引消费者转移品牌。可见ECR产生的背景市场是要求企业从消费者的需求出发，提供满足消费者需求的商品和服务。

基于这些因素的影响，美国食品市场营销协会联合Coca-Cola、P&G等几家公司对供应链进行调查、总结、分析，得到了改进供应链管理的详细报告，提出了ECR的概念体系，被零售商和制造商采用而广泛应用于实践。

2.2.2　有效客户反应（ECR）的概念

1. 有效客户反应（ECR）的概念

自 20 世纪 90 年代 ECR 的概念被提出后,零售商和制造商积极地参与实践。由于各国零售行业的业态分布不同,不同国家对 ECR 的概念定义也不同。

日本学者认为:"ECR 是基于从生产厂家到零售商供应链上的全部企业协同作业,以提高供应链整体的效率的想法,将业务流程在整个日杂百货业内标准化、统一化,以使合作作业顺利进行的经营体制改革运动。"

ECR 欧洲执行董事会对其的定义是"ECR 是一种通过制造商、批发商和零售商各自经济活动的整合,以最低的成本,最快、最好地实现消费者需求的流通模式"。ECR 强调供应商和零售商的合作,尤其在企业间竞争加剧和需求多样化发展的今天,产销之间迫切需要建立相互信赖、相互促进的协作关系,通过现代化的信息和手段,协调彼此的生产、经营和物流管理活动,进而在最短的时间内应对客户需求变化。

我国国家标准《物流术语》（GB/T 18354—2006）将有效客户反应（ECR）定义为"有效客户反应（ECR）是以满足顾客要求和最大限度地降低物流过程费用为原则,能及时做出准确反应,使提供的物品供应或服务流程最佳化的一种供应链管理策略"。

从以上定义可以看出,有效客户反应（ECR）是由生产厂家、批发商和零售商等供应链节点组成各方相互协调合作,更好、更快并以更低的成本满足消费者需要为目的的供应链管理系统。ECR 的优点在于供应链各方为了提高消费者满意度这个共同目标进行合作,分享信息和诀窍。ECR 是一种把以前分离状态的供应链联系在一起来满足消费者需要的工具。

2. 有效客户反应（ECR）的战略内容

克特·萨尔蒙公司在 1993 年的研究报告中指出,ECR 可以使成本降低 11%,其活动贯穿食品行业的厂商、批发商和零售商各方的四个核心过程,如图 2-2 所示。ECR 策略主要集中在有效的新产品导入、有效的促销活动、有效的店铺空间安排和有效的补货四个领域,各个领域的目标见表 2-1。

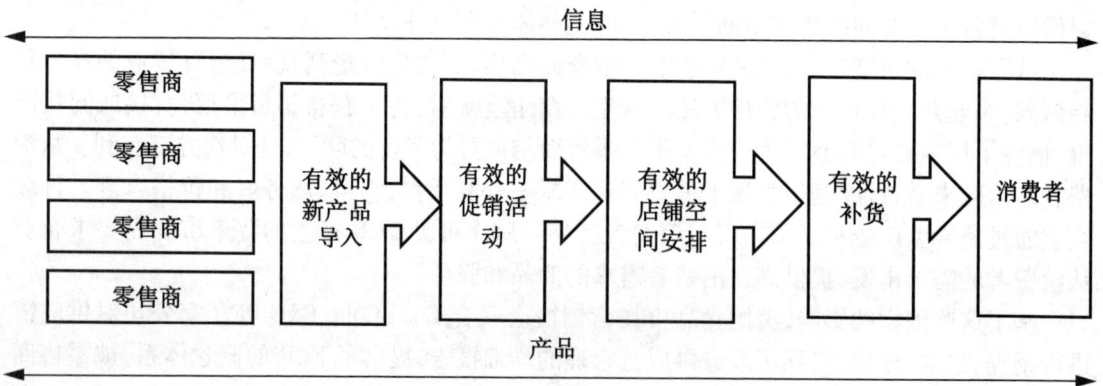

图 2-2　ECR 的四个核心过程

表 2-1　ECR 的核心策略与目标

领域	目标
有效的新产品导入	减少不成功引进;实现新产品的增值;使新产品的开发与引进活动的效率实现最大化
有效的促销活动	提高贸易与消费者的整体系统效率;提高仓库、运输、政府机构以及制造商的效率;减少超前购买、供应商库存以及仓储开支
有效的店铺空间安排	增加每平方英尺的销售额,加快库存周转率;使仓储生产效率与存储空间优化
有效的补货	自动操作的零售与仓库指令,减少物流过程中的损失,减少供应商和销售商的总体库存;使时间与成本得到优化

3.有效客户反应(ECR)的特征

(1)合作意识强

传统的产销双方的交易关系大多是一种此消彼长的对立型关系,即交易各方以对自己有效的买卖条件进行交易。简单地说,它是一种输赢关系。ECR 要求产销双方的交易关系是一种合作伙伴关系,即交易各方通过相互协调合作,实现以低成本向消费者提供更高价值服务的目标,在此基础上追求双方的利益。

(2)供应链整体协调

传统流通活动缺乏效率的主要原因在于厂家、批发商和零售商之间存在企业间联系的非效率性,企业内采购、生产、销售和物流等部门或职能之间存在部门间联系的非效率性。传统的组织以部门或职能为中心进行经营活动,以各个部门或职能的效益最大化为目标。这样虽然能够提高各个部门或职能的效率,但容易引起部门或职能间的摩擦。同样,传统的业务流程中各个企业以各自的效益最大化为目标,这样虽然能够提高各个企业的经营效率,但容易引起企业间的利益摩擦。ECR 要求对于各部门、各职能以及各企业之间的隔阂,进行跨部门、跨职能和跨企业的管理与协调,使商品流和信息流在企业内和供应链内能够顺畅地流动。

(3)关联企业多

既然 ECR 要求对供应链整体进行管理和协调,ECR 所涉及的范围必然包括零售、批发和制造等相关的多个行业。为了最大限度地发挥 ECR 的作用,必须对关联的行业进行分析研究,对组成供应链的关联企业进行管理和协调。

2.2.3　有效客户反应(ECR)的实施

1.有效客户反应(ECR)的实施前提

(1)ECR 理念认知

有效实施 ECR 的前提是首先对 ECR 的理念进行认知并认同。对大多数组织来说,改变对供应商或客户的内部认知过程,即从供应商或客户的敌对态度转变为将其视为同盟的过程,将比 ECR 的其他相关步骤更难、花费时间更长。创造 ECR 的最佳氛围首先需要内部教育以及通信技术和设施的改善,同时也需要采取新的工作措施和回报系统。公司或组织必须具备言行一致的强有力的高层领导。

（2）选择合适的 ECR 同盟伙伴

对大多数刚刚实施 ECR 的公司来说，建议成立 2～4 个初期同盟，每个同盟都应首先召开一次会议，来自各个职能区域的高级代表将对 ECR 及怎样启动 ECR 进行讨论。成立2～3个联合任务组，专门致力于已证明可取的巨大效益的项目，如提高火车的装卸效率、减少损毁，由卖方控制的自动连续补货系统。以上计划的成功将增强公司的信誉和信心。经验证明：每个同盟往往要用 9～12 个月的时间，才能赢得足够的信任和信心，才能在开放的非敌对的环境中探讨许多重要问题。

（3）配套的信息技术支持

信息技术是有效实施 ECR 的基础支持，虽然在信息技术投资不大的情况下就可获得 ECR 的许多利益，但具有很强的信息技术能力的公司竞争优势相对更明显。

2. 有效客户反应（ECR）的实施原则

要实施 ECR，首先应联合整个供应链所涉及的供应商、分销商以及零售商，改善供应链中的业务流程，使其最合理有效；然后，再以较低的成本使这些业务流程自动化，以进一步降低供应链的成本和时间。这样，才能满足客户对产品和信息的需求，给客户提供最优质的产品和适时准确的信息。ECR 的实施原则包括如下五个方面：

第一，ECR 必须有相关的商业巨头的带动。该商业巨头决心通过互利双赢的经营联盟来代替传统的输赢关系，达到获利之目的。

第二，以较少的成本，不断致力于向食品杂货供应链客户提供产品性能更优、质量更好、花色品种更多、现货服务更好以及更加便利的服务。

第三，必须利用准确、适时的信息以支持有效的市场、生产及后勤决策。这些信息将以 EDI 的方式在贸易伙伴间自由流动，并将影响以计算机信息为基础的系统信息的有效利用。

第四，产品必须随其不断增值的过程，从生产至包装，直至流动至最终客户的购物篮中，以确保客户能随时获得所需产品。

第五，必须采用共同、一致的工作业绩考核和奖励机制。它着眼于系统整体的效益（即通过减少开支、降低库存以及更好的资产利用来创造更高的价值），确定可能的收益（例如增加收入和利润），并且公平地分配这些收益。

3. 有效客户反应（ECR）的实施步骤

有效客户反应的实施步骤可以分为准备阶段、确认阶段、订立目标阶段、设计阶段、建设阶段与推广阶段六个阶段，如图 2-3 所示。准备阶段要建立 ECR 正确观念并组成 ECR 工作小组；确认阶段要寻找 ECR 合作伙伴，并对问题进行确认；订立目标阶段要订立目标并与合作伙伴共同探讨；设计阶段要对实施过程进行设计；建设阶段要进行系统导入；推广阶段要进行全面上线。

4. 有效客户反应（ECR）实施过程中应注意的问题

ECR 系统自提出以来，在美国得到了较为广泛的采用。欧洲各国、日本等许多国家也纷纷引入该系统的技术来改变本国陈旧的商品供应系统，并已出现了许多成功事例。因此利用 ECR 系统使流通过程合理化是今后不容回避的课题。在实施过程中应注意以下问题：

（1）高层决策者的作用至关重要

ECR 系统是改善企业经营管理工作的大工程，系统涉及产、供、销多个企业部门，任何部门出现错误都会对整个系统的启动产生很大影响。因此,各部门的高层决策者的热情和决心对于推动这项工作非常重要,其积极支持和倡导有利于明确目标,提高业务改革速度,排除浪费,增强 ECR 系统的应用质量。

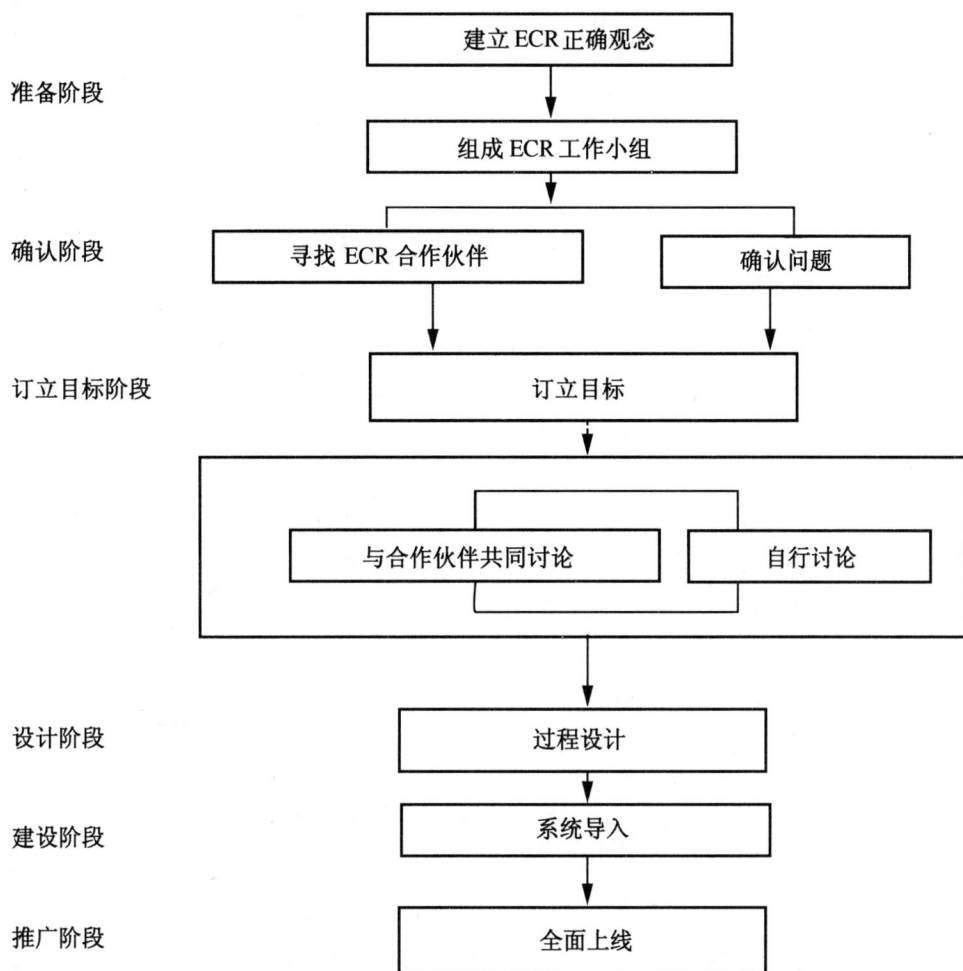

准备阶段

确认阶段

订立目标阶段

设计阶段

建设阶段

推广阶段

图 2-3 ECR 的实施步骤

(2)正确地把握顾客的价值和需求

ECR 系统自始至终把增加消费者的利益和满足消费者的需求作为根本宗旨,所有的业务改善和效率提高都是围绕这一宗旨展开的。只有正确地把握顾客价值和需求,才能制定出 ECR 系统的工作目标,增强系统对顾客的适应能力。正确判断消费者的利益追求,把消费者的利益放在何种位置是开展 ECR 工作的第一步。当前超市消费趋向于商品品质、鲜度、营养、包装、价格等方面,在品种结构上,顾客大多带有一次购妥的愿望。掌握了这些信息,ECR 系统才能真正发挥它的优势。

(3)制定明确的目标和标准

作为一项系统改善工作,ECR 要有明确的目标和工作标准。通过这些目标和标准,可以对照成果进行正确的评价。同时,有了目标和标准,员工才能明确需要完成的任务和达成的尺度。

（4）进行业务流程重组

ECR 系统的有效开展必须获得相应的组织和机构保障。ECR 系统的基本思想是从流通过程和业务活动中寻求改革方案，因而传统职能划分的组织形式是不适应的，应构筑起新型的组织形式。ECR 系统可视为一种广泛的连锁系统，因而可按照连锁的模式来建立组织机构。

2.2.4 QR 与 ECR 的差异

1. 侧重点不同

QR 侧重于缩短交货提前期，快速响应客户需求；ECR 则侧重于减少和消除供应链的浪费，提高供应链运行的有效性。

2. 管理方法的差别

QR 主要借助信息技术实现快速补货，通过联合开发缩短产品上市时间；ECR 除新产品快速有效引入外，还实行有效商品管理、有效促销。

3. 适用的行业不同

QR 适用于单位价值高、季节性强、可替代性差、购买频率低的行业，主要集中在一般商品和纺织行业；ECR 适用于产品单位价值低、库存周转率高、毛利少、可替代性强、购买频率高的行业，主要以食品行业为对象。

4. 改革的重点不同

QR 改革的重点是补货和订货的速度，目的是最大限度地消除缺货，并且只在有商品需求时才去采购；ECR 改革的重点是效率和成本。

2.2.5 QR 与 ECR 的共性

1. 共同的外部变化

实施 QR 和 ECR 的主要行业都受到了两种重要的外部变化的影响：一是经济增长速度的放慢加剧了竞争，因为零售商必须生存并保持顾客的忠诚度；二是零售商变得越来越向全国化甚至是国际化方向发展，使得零售商和供应商之间的交易平衡发生了变化。

2. 面对共同的恶劣关系

在引入 QR 和 ECR 之前，两个行业都陷入了同样的困境：供应商和零售商或批发商都在追求各自的目标，但忘记了经营的真正原因——满足顾客的需求，这使得供应商和零售商或批发商之间为了追求各自的利润，形成了敌对关系。

3. 共同的威胁

供应商和零售商都受到了新的贸易方式的威胁。

对于零售商来说，威胁主要来自大型综合超市、廉价店、仓储俱乐部以及折扣店等新型零售形式，原因在于它们采用新的低成本进货渠道。这些新的竞争者把精力集中在每日低价、绝对的净价采购及快速的库存周转等策略上。

对于供应商来说，压力来自自有品牌的快速增长，这些商品威胁到了它们的市场份额。

4. 共同的目标

在引入 QR 和 ECR 之前，尽管供应链各节点企业都按照各自环节制定自己的业绩测量标准，但从整个供应链来说，它们的效率都非常低。因此，两个系统的业务改善都是围绕着供应链整体效率提高这一宗旨展开的。

5. 共同的构建

QR 和 ECR 的构建都是围绕着信息处理技术、稳定的合作伙伴和核心业务三方面展开的。

第一，QR 和 ECR 都充分利用了信息处理技术，使产、供、销各环节的信息传递实现了非文书化，对迅速补充商品、提高预测精度、大幅度降低成本起到了很大的作用。

第二，稳定的合作伙伴使生产者、批发商和零售商之间构成了连续的、闭合的供应体系，克服了商业交易中的钩心斗角，实现了共存共荣。

第三，QR 和 ECR 都是总体战略的具体实施部分，涉及对其核心业务（如 QR 首先解决的是补货问题，而 ECR 注重的是过量库存问题）的重新设计，以消除资源浪费。

6. 共同的推进方式

导入 QR 和 ECR 策略后，会对企业原有的经营理念、思维方式、管理激励、绩效评估、商品采购等带来冲击，因此，在它们推进的过程中，需要在核心企业的带动下各方面有效地运作，才能获得成功。一般来讲，QR 和 ECR 的推进步骤如下：

第一，寻找合作伙伴——由核心企业拜访上下游的高层决策主管。QR 和 ECR 系统是改善企业经营管理工作的大工程，在它们推进的过程中，如果没有一把手自上而下地关注、发动和督促，供应商和零售商之间长期形成的惯性就无法打破，其理念再好，也是一个不可能实现的目标。

第二，确定合作对象——获得高层决策主管之间的合作共识。QR 和 ECR 涉及产、供、销多个企业部门，任何部门出现错误都会对整个系统的启动产生很大的影响，因此各部门的高层决策者的热情和决心对于推动这项工作非常重要。他们的积极支持和倡导有利于明确目标，提高业务改革速度，排除浪费，增强 QR 或 ECR 系统的应用质量。

第三，成立 QR/ECR 工作小组。供应链节点上的各企业内部应先组成一个 QR/ECR 工作小组，并选出一位小组负责人，由其安排小组的工作进度等。一般来讲，小组负责人应由高层决策主管亲自或授权他人担任，各部门主管（如信息应用、物流配送、品类管理、业务或采购等相关部门的主管）组成小组成员。

第四，确定双方的合作目标。根据供应链中的问题，制订切实可行的计划，如品类管理的重点、自动补货系统的建设。

第五，制订合作计划与进程。它包括双方合作产品的项目、计划实施阶段表、双方合作人员等相关内容。通常，在合作的初期要以较少的品类进行示范，不宜大范围地使用。

第六，不定期召开会议。不定期召开会议主要是为了汇报合作计划的成果，如销售业绩、运营成本、缺货率、库存天数、库存量等相关内容，是否达到指定目标。如果没有达到，要找出相关原因并加以改进。

第七，进行全面推广。推广的内容包括两个方面：一个是推广至其他合作产品，另一个是推广至其他合作伙伴。

●知识小结

快速反应(QR)定义:供应链成员企业之间建立合作伙伴关系,利用 EDI 等信息技术进行信息交换与信息共享,用高频度、小数量配送方式补充商品,以实现缩短交货期、减少库存、提高顾客服务水平和企业竞争力的供应链管理策略。

有效客户反应(ECR)定义:以满足顾客要求和最大限度地降低物流过程费用为原则,能及时做出准确反应,使提供的物品供应或服务流程最佳化的一种供应链管理策略。

快速反应(QR)成功实施的五个条件:

(1)改变传统的经营方式、企业经营意识和组织结构。

(2)开发和应用现代信息处理技术。

(3)与供应链各方建立战略合作伙伴关系。

(4)改变传统的对企业商业信息保密的做法。

(5)供应商必须缩短生产周期,降低商品库存。

ECR 的实施原则:

(1)ECR 必须有相关的商业巨头的带动。

(2)以较少的成本,不断致力于向食品杂货供应链客户提供产品性能更优、质量更好、花色品种更多、现货服务更好以及更加便利的服务。

(3)必须利用准确、适时的信息以支持有效的市场、生产及后勤决策。

(4)产品必须随其不断增值的过程,从生产至包装,直至流动至最终客户的购物篮中,以确保客户能随时获得所需产品。

(5)必须采用共同、一致的工作业绩考核和奖励机制。

思考题

一、选择题

1.快速反应的三要素不包括(   )。

  A.控制   B.交流

  C.协作   D.分享

2.通用商品代码(UPC 码)是行业标准的(   )位条形码,用作产品识别。

  A.11   B.12

  C.13   D.14

3.ECR 的主要目标是(   )。

  A.降低供应链各环节的成本,提高效率

  B.对客户的需求做出快速反应,并快速补货

  C.销售额的大幅度增加

  D.提高顾客服务水平

4.ECR 的特征不包括(   )。

  A.管理意识的创新   B.供应链整体协调

  C.涉及范围广   D.为变革创造氛围

二、简答题

1. 简述快速反应成功实施的条件。

2. 简述 QR 与 ECR 的差异性与共性。

●知识拓展

新协同式供应链库存管理（CPFR）

CPFR（Collaborative Planning Forecasting and Replenishment），即协同式供应链库存管理，也叫协同规划、预测与补货。

一、CPFR 出现的背景

随着经济环境的变迁、信息技术的进一步发展以及供应链管理逐渐为全球所认同和推广，供应链管理开始进一步地向无缝链接转化，促使供应链的整合程度进一步提高。

高度供应链整合的项目就是沃尔玛所推动的 CFAR 和 CPFR，这种新型系统不仅是对企业本身或合作企业的经营管理情况给予指导和监控，更是通过信息共享实现联动的经营管理决策。

CFAR（Collaborative Forecast and Replenishment）是利用互联网，通过零售企业与生产企业的合作，共同做出商品预测，并在此基础上实行连续补货的系统。

CPFR 是在 CFAR 共同预测和补货的基础上，进一步推动共同计划的制订，即不仅合作企业实行共同预测和补货，同时将原来属于各企业内部事务的计划工作（如生产计划、库存计划、配送计划、销售规划等）也由供应链各企业共同参与。

二、CPFR 的定义

CPFR 是一种协同式的供应链库存管理技术，它在降低销售商的存货量的同时，也增加了供应商的销售额。

三、CPFR 的特点

1. 协同

从 CPFR 的基本思想看，供应链上下游企业只有确立起共同的目标，才能使双方的绩效都得到提升，取得综合性的效益。CPFR 这种新型的合作关系要求双方长期承诺公开沟通、信息分享，从而确立其协同性的经营战略，尽管这种战略的实施必须建立在信任和承诺的基础上，但是这是买卖双方取得长远发展和良好绩效的唯一途径。正是因为如此，所以协同的第一步就是保密协议的签署、纠纷机制的建立、供应链记分卡的确立以及共同激励目标的形成（例如不仅包括销量，也同时确立双方的盈利率）。应当注意的是，在确立这种协同性目标时，不仅要建立起双方的效益目标，更要确立协同的盈利驱动性目标，只有这样，才能使协同性能体现在流程控制和价值创造的基础之上。

2. 规划

1995 年，沃尔玛与 Warner-Lambert 的 CFAR 为消费品行业推动双赢的供应链管理奠定了基础，此后当 VICS 定义项目公共标准时，认为需要在已有的结构上增加"P"，即合作规划（品类、品牌、分类、关键品种等）以及合作财务（销量、订单满足率、定价、库存、安全库存、毛利等）。此外，为了实现共同的目标，双方协同制订促销计划、库存政策变化计划、产品导入与中止计划以及仓储分类计划。

3. 预测

任何一个企业或双方都能做出预测,但是CPFR强调买卖双方必须做出最终的协同预测,像季节因素和趋势管理信息等无论是对服装或相关品类的供应方还是销售方都是十分重要的,基于这类信息的共同预测能大大减少整个价值链体系的低效率、多库存问题,促进更好的产品销售,节约使用整个供应链的资源。与此同时,最终实现协同促销计划是实现预测精度提高的关键。CPFR所推动的协同预测还有一个特点是,它不仅关注供应链双方共同做出最终预测,同时也强调双方都应参与预测反馈信息的处理和预测模型的制定与修正,特别是如何处理预测数据的波动等问题。只有把数据集成、预测和处理的所有方面都考虑清楚,才有可能真正实现共同的目标,使协同预测落在实处。

4. 补货

销售预测必须利用时间序列预测和需求规划系统转化为订单预测,并且供应方约束条件,如订单处理周期、前置时间、订单最小量、商品单元以及零售方长期形成的购买习惯等都需要供应链双方加以协商解决。根据VICS的CPFR指导原则,协同运输计划也被认为是补货的主要因素。此外,例外状况的出现也需要转化为存货的百分比、预测精度、安全库存水准、订单实现的比例、前置时间以及订单批准的比例,所有这些都需要在双方公认的记分卡基础上定期协同审核。潜在的分歧,如基本供应量、过度承诺等,双方事先应及时加以解决。

四、CPFR供应链的实施

在沃尔玛等优秀企业的倡导下,特别是美国VICS于1998年发布了CPFR指导准则以后,越来越多的优秀企业开始采用CPFR,推动了企业业绩的大幅提高,尤其是许多世界500强的企业大多已开始实施、建立或研究CPFR。

CPFR正越来越明显地影响着企业运营管理的基本模式,这日益证明CPFR是当今企业供应链管理的主导趋势和骨干框架。

1. CPFR供应链的体系结构

决策层:主要负责管理合作企业领导层,包括企业联盟的目标和战略的制定、跨企业的业务流程的建立、企业联盟的信息交换和共同决策。

运作层:主要负责合作业务的运作,包括制订联合业务计划、建立单一共享需求信息、共担风险和平衡合作企业能力。

内部管理层:主要负责企业内部的运作和管理,包括商品或分类管理、库存管理、商店运营、物流、顾客服务、市场营销、制造、销售和分销等。

系统管理层:主要负责供应链运营的支撑系统和环境管理及维护。

2. CPFR实施的框架和步骤

(1)识别可比较的机遇

CPFR依赖于数据间的比较,这既包括企业间计划的比较,又包括一个组织内部新计划与旧计划,以及计划与实际绩效之间的比较,这种比较越详细,CPFR的潜在收益越大。

在识别可比较的机遇方面,关键在于订单预测的整合:CPFR为补货订单预测和促销订单提供了整合、比较的平台,CPFR参与者应搜集所有的数据资源和拥有者,寻求一对一的比较。

销售预测的协同:CPFR要求企业在周计划促销的基础上再做出客户销售预测,这样将这种预测与零售商的销售预测相对照,就可能有效地避免销售预测中没有考虑促销、季节因素等产生的差错。

CPFR 的实施要求:CPFR 与其他供应和需求系统相整合。对于零售商而言,CPFR 要求整合比较的资源有商品销售规划、分销系统、店铺运作系统;对于供应商而言,CPFR 需要整合比较的资源有 CRM、APS 以及 ERP。

CPFR 的资源整合和比较,不一定都要求 CPFR 系统与其他应用系统直接相连,但是这种比较的基础至少是形成共同的企业数据库,即这种数据库的形成是不同企业计划系统在时间整合以及共同的数据处理基础上产生的。

(2)数据资源的整合运用

①不同层面的预测比较。不同类型的企业由于受自身的利益所驱使,计划的关注点各不相同,造成信息的来源不同,不同来源的信息常常导致预测不一致。

CPFR 要求协同团队寻求不同层面的信息,并确定可比较的层次。例如,一个供应商提供四种不同水果香味的香水,但是零售商不可能对每一种香味的香水进行预测,这时供应商可以输入每种香味的预测数据,CPFR 解决方案将这些数据搜集起来,并与零售商的品类预测相比较。

②商品展示与促销包装的计划。CPFR 系统在数据整合运用方面一个最大的突破在于它对每一个产品进行追踪,直到店铺,并且销售报告以包含展示信息的形式反映出来,这样预测和订单的形式不再是需要多少产品,而是包含了不同品类、颜色及形状等特定展示信息的东西;这样数据之间的比较不再是预测与实际绩效的比较,而是建立在单品基础上、包含商品展示信息的比较。

③时间段的规定。CPFR 在整合利用数据资源时,非常强调时间段的统一,由于预测、计划等行为都是建立在一定时间段的基础上,所以,如果交易双方对时间段的规定不统一,就必然造成交易双方的计划和预测很难协调。

供应链参与者需要就管理时间段的规定进行协商统一,诸如预测周期、计划起始时间、补货周期等。

3.组织评判

一旦供应链参与方有了可比较的数据资源,它们必须建立一个企业特定的组织框架体系,以反映产品和地点层次、分销地区以及其他品类计划的特征。

通常企业往往在现实中采用多种组织管理方法,CPFR 能在企业清楚界定组织管理框架后,支持多体系的并存,体现不同框架的映射关系。

4.商业规则界定

当所有的业务规范和资源的整合以及组织框架确立后,最后在实施 CPFR 的过程中需要决定的是供应链参与方的商业行为规则,这种规则主要表现为对例外情况的界定和判断。

五、CPFR 实施过程中应当关注的因素

(1)以"双赢"的态度看待合作伙伴和供应链的相互作用。

(2)为供应链成功运作提供持续保证和共同承担责任。

(3)抵御转向机会。

(4)实现跨企业、面向团队的供应链。

(5)制定和维护行业标准。

问 题

1. 谈谈你对 CPFR 的认识。
2. 谈谈 CPFR 的发展趋势。

项目 三

供应链的构建

● 学习目标

知识目标

熟悉供应链构建的内容;熟悉供应链构建的原则;掌握供应链构建的策略及步骤,重点掌握基于产品的供应链构建的策略。

技能目标

能够正确识读供应链的结构模型;能够根据供应链的设计原则,构建供应链的网络结构。

● 案例导入

惠普台式打印机供应链的构建

1. 惠普公司及台式打印机概况

惠普公司成立于 1939 年。惠普台式打印机于 1988 年开始进入市场,并成为惠普公司的主要成功产品之一。但随着台式机销售量的稳步上升(1990 年达到 600 000 台,销售额达 4 亿美元),库存的增长也紧随其后。在实施供应链管理之后,这种情况得到改善。DeskJet 打印机是惠普的主要产品之一。该公司有 5 个位于不同地点的分支机构负责该种打印机的生产、装配和运输。从原材料到最终产品,生产周期为 6 个月。在以往的生产和管理方式下,各成品厂装配好通用打印机之后直接进行客户化包装,为了保证 98% 的顾客订单即时满足率,各成品配送中心需要保证大量的安全库存(一般需要 7 周的库存量)。产品将分别销往美国以及欧洲和亚洲,其供应链系统如图 3-1 所示。

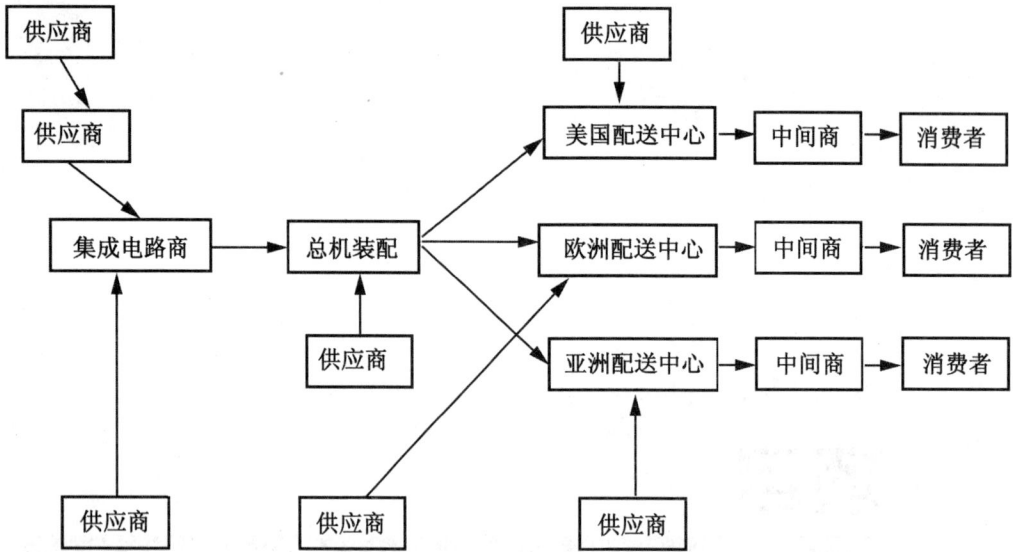

图 3-1 惠普公司 DeskJet 打印机原来的供应链

2. 存在的问题

惠普打印机的生产、研究开发节点分布于 16 个国家,销售服务部门节点分布于 110 个国家,而其总产品超过 22 000 类。欧洲和亚洲地区对于台式打印机电源供应(电压 110 伏和 220 伏,以及插件)、语言(操作手册)等有不同的要求。以前这些都由温哥华的公司完成,北美、欧洲和亚太地区是它的三个分销中心。这样一种生产组织策略,我们称之为工厂本地化(Factory Localization)。惠普的分销商都希望尽可能降低库存,同时尽可能快地满足客户的需求。这样便导致惠普公司感到保证供货及时性的压力很大,从而不得不采用备货生产(Make-to-stock)的模式以保证对分销商供货准时的高可靠性,因而分销中心成为有大量安全库存的库存点。制造中心采用的是拉动式生产模式,生产计划的生成是为了通过 JIT 模式满足分销中心的目标安全库存,同时制造中心本身也必须拥有一定的零部件、原材料安全库存。

零部件原材料的交货质量(到货时间推迟、错误到货等问题是否存在)、内部业务流程、需求等的不确定性是影响供应链运作的主要因素。这些因素导致不能及时补充分销中心的库存,需求的不确定性导致库存堆积或者分销中心的重复订货。

需要用大约 1 个月的时间将产品海运到欧洲和亚太分销中心,这么长的提前期导致分销中心没有足够的时间去应对快速变化的市场需求,因而欧洲和亚太地区就只能以大量的安全库存来保证对用户需求的满足,占用了大量的流动资金。若某一地区产品缺货,为了应急,可能会将原来为其他地区准备的产品拆开重新包装,造成更大的浪费。但是提高产品需求预测的准确性也是一个主要难点。

3. 任务

减少库存和同时提供高质量的服务成为温哥华惠普公司管理的重点,并着重于供应商管理以降低供应的不确定性,减少机器闲置时间。企业管理者希望在不牺牲顾客服务水平的前提下改善这一状况。

4. 解决方案

供应商、制造点(温哥华,Vancouver)、分销中心、经销商和消费者组成惠普台式打印机供应链的各个节点,供应链是一个由采购原材料、把它们转化为中间产品和最终产品、最后交到用户手中的过程所组成的网络。

重新设计的供应链如图3-2所示。

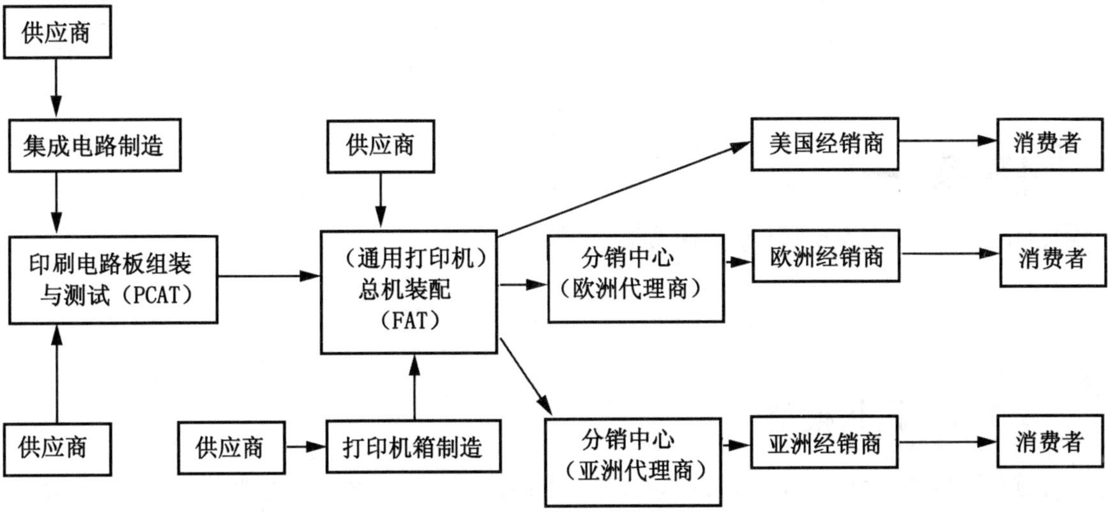

图3-2　惠普公司 DeskJet 打印机新的供应链

在这个新的供应链中,主要的生产制造过程由在温哥华的惠普公司完成,包括印刷电路板组装与测试(Printed Circuit Board Assembly and Test, PCBAT)和总机装配(Final Assembly and Test, FAT)。PCBAT 过程中,电子组件(诸如 ASICs、ROM 和粗印刷电路板)组装成打印头驱动板,并进行相关的测试;FAT 过程中,电动机、电缆、塑料底盘和外壳、齿轮、印刷电路板总装成打印机,并进行相关的测试。其中的各种零部件原材料由惠普的子公司或分布在世界各地的供应商供应。在温哥华生产通用打印机,通用打印机运输到欧洲和亚洲后,再由当地分销中心或代理商加上与地区需求一致的变压器、电源插头和用当地语言写成的说明书,完成整机包装后由当地经销商送到消费者手中,通过将定制化工作推迟到分销中心进行(延迟策略),实现了根据不同用户需求生产不同型号产品的目的。这样一种生产组织策略,称为分销中心本地化(DC-localization)。在产品设计上做了一定变化,电源等客户化需求的部件设计成了即插即用的组件,从而改变了以前由温哥华的总机装配厂生产不同型号的产品,保持大量的库存以满足不同需求的情况。为了达到98%的订货服务目标,原来需要7周的成品库存量,现在只需要5周的库存量,一年大约可以节约3 000万美元,电路板组装与总装厂之间也基本实现无库存生产。同时,打印机总装厂对分销中心实施 JIT 供应,以使分销中心保持目标库存量(预测销售量+安全库存量)。通过供应链管理,惠普公司实现了降低打印机库存量的目标,提高了服务水平。通过改进供应商管理,减少了因原材料供应而导致的生产不确定性和停工等待时间。

5. 效果

安全库存周期减少为5周,从而减少了库存总投资的18%,仅这一项改进便可以每年节省3 000万美元的存储费用。由于通用打印机的价格低于同类客户产品,从而又进一步节省了运输、关税等项费用。除了降低成本,客户化延迟使得产品在企业内的生命周期缩短,从而对需求预测不准确性或是外界的需求变化都具有很好的适应性,一旦发现决策错误,可以在不影响顾客利益的情况下以较小的损失较快地加以纠正。

问 题

谈谈本案例给你的启示。

任务一
供应链的结构模型 ◆Ⅱ

3.1.1 链状模型

链状模型是一种简单的供应链模型,是一维结构模型。链状模型主要研究以一个制造商为核心企业,与其供应商、分销商的链状关系,如图3-3所示。

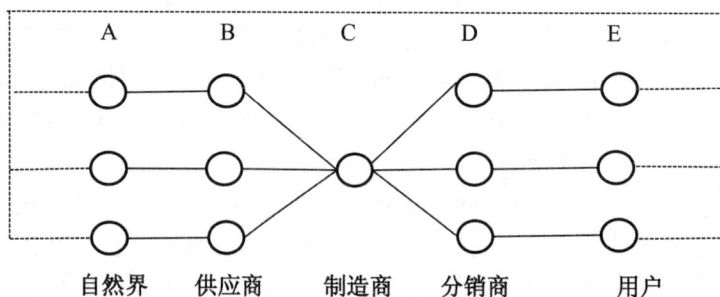

图 3-3　链状模型Ⅰ

如图3-3所示中的模型,我们称其为链状模型Ⅰ。链状模型Ⅰ清楚地表明产品的最初来源是自然界,如矿山、油田、橡胶园等,最终去向是用户。产品因用户需求而生产,最终被用户所消费。产品从自然界到用户经历了供应商、制造商和分销商三级传递,并在传递过程中完成产品加工、装配形成等转换过程。被用户消费掉的最终产品仍回到自然界,完成了物质循环(如图3-3中的虚线所示)。

很显然,链状模型Ⅰ只是一个简单的静态模型,表明供应链的基本组成和轮廓概貌。我们可以将该模型简化成链状模型Ⅱ(如图3-4所示)。链状模型Ⅱ是对链状模型Ⅰ的进一步抽象,它把企业都抽象成一个个的点,称为节点,并用字母或数字表示。节点以一定的方式和顺序联结成一串,构成一条供应链。在链状模型Ⅱ中,若假定C为制造商,则B为供应商,D为分销商;同样地,若假定B为制造商,则A为供应商,C为分销商。在链状模型Ⅱ中,产品的最初来源(自然界)、最终去向(用户)以及产品的物质循环过程都被隐含抽象掉了。从供应链研究便利的角度来讲,把自然界和用户放在模型中没有太大的作用。链状模型Ⅱ着力于供应链中间过程的研究。需要特别说明的是,链状模型Ⅱ的基本特征是一个节点只有一个企业。

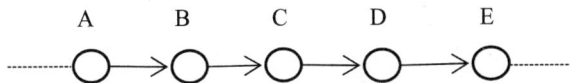

A　B　C　D　E

图3-4　链状模型Ⅱ

1.供应链的方向

在供应链上除了流动着物流(产品流)和信息流外,还存在资金流。物流的方向一般都是从供应商流向制造商,再流向分销商。在特殊情况下(如产品退货),产品在供应链上的流向与上述方向相反。但由于产品退货属于非正常情况,退货的产品也非本书严格定义的产品,所以本书将不予考虑。我们依照物流的方向来定义供应链的方向,以确定供应商、制造商和分销商之间的顺序关系。链状模型Ⅰ中的箭头方向即表示供应链的物流方向。

2.供应链的级

在链状模型Ⅱ中,定义 C 为制造商时,可以相应地认为 B 为一级供应商,A 为二级供应商,还可递推地定义三级供应商、四级供应商;同样地,可以认为 D 为一级分销商,E 为二级分销商,并可递推地定义三级分销商、四级分销商。

3.1.2　网状模型

事实上,在链状模型Ⅱ中,C 的供应商可能不止一家,而是有 B_1,B_2,…B_n 等 n 家,分销商也可能有 D_1,D_2,…,D_m 等 m 家。动态地考虑,C 也可能有 C_1,C_2,…,C_k 等 k 家。这样,链状模型Ⅱ就转变为一个网状模型(如图 3-5 所示)。由于节点企业同时处于几条不同的供应链上,且其不止一个供应商或分销商,使供应链不是表现为一个简单的链状结构,而是表现为一个复杂的、相互交错的网状结构。在理论上,网状模型可以涵盖世界上所有厂家,把所有厂家都看作其上面的一个节点,并认为这些节点存在着联系。当然,这些联系有强有弱,而且在不断地变化着。通常,一个厂家仅与有限个厂家相联系,但这不影响我们对供应链模型的理论设定。网状模型对供应关系的描述性很强,适合于对供应关系的宏观把握。

1.入点和出点

在网状模型中,物流做有向流动,从一个节点流向另一个节点。这些物流从某些节点补充流入,从某些节点分流流出。我们把这些物流进入的节点称为入点,把物流流出的节点称为出点(如图 3-6 所示)。入点相当于矿山、油田、橡胶园等原始材料的提供商,出点相当于用户。

图 3-6 中 A 节点为入点,F 节点为出点。有的厂家既为入点又为出点,为了简化表达,我们将代表这个厂家的节点一分为二,变成两个节点:一个为入点,另一个为出点,并用实线将其框起来。如图 3-7 所示,A_1 为入点,A_2 为出点。同样地,如有的厂家对于另一厂家既为供应商又为分销商,也可将这个厂家一分为二,甚至一分为三或更多,变成两个节点:一个节点表示供应商,另一个节点表示分销商,也用实线将其框起来。如图 3-8 所示,B_1 是 C 的供应商,B_2 是 C 的分销商。

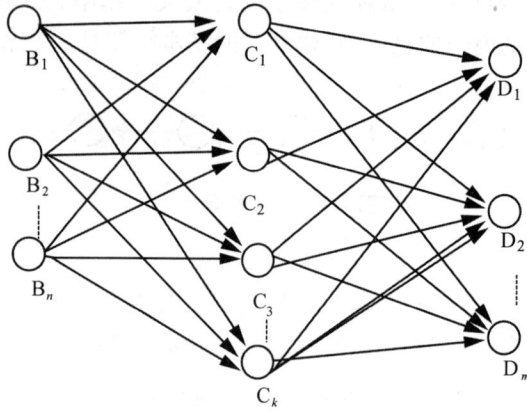

图 3-5　网状模型

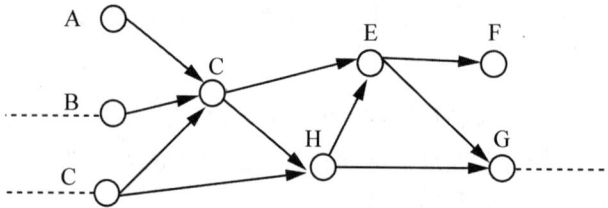

图 3-6　入点和出点

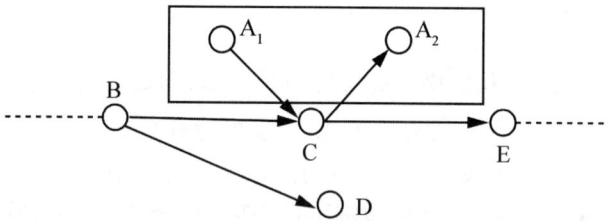

图 3-7　包含出点和入点的厂家

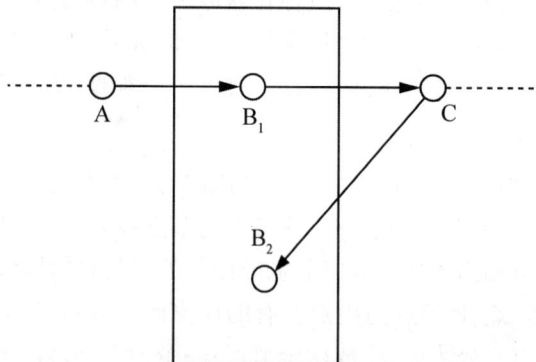

图 3-8　包含供应商和分销商的厂家

2.子网

有些厂家规模非常大,内部结构也非常复杂,与其他厂家相联系的只是其中一个部门,而且内部也存在着产品供应关系,用一个节点来表示这些复杂关系显然不行,这就需要将表示这个厂家的节点分解成很多相互联系的小节点,这些小节点构成一个网,称为子网(如图3-9所示)。在引入子网概念后,研究图3-9中C与D的联系时,只需考虑C_2与D的联系,而不需要考虑C_3与D的联系,这就简化了研究。子网模型很好地描述了企业集团。

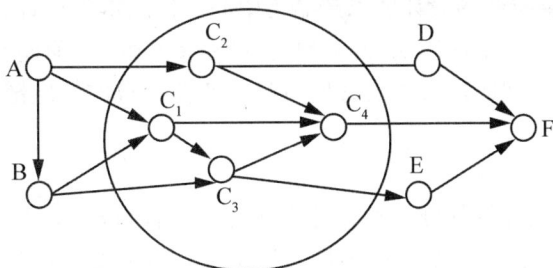

图3-9　子网模型

3.虚拟企业

借助上述对子网模型的描述,我们可以把供应链网上为了完成共同目标、通力合作,并实现各自利益的这样一些企业形象地看成一个企业,这就是虚拟企业(如图3-10所示)。将虚拟企业的节点用虚线框起来。虚拟企业是在经济交往中,一些独立企业为了共同的利益和目标,在一定时间内结成的相互协作的利益共同体。虚拟企业组建和存在的目的就是为了获取相互协作而产生的效益,一旦这个目标达成或利益不存在,虚拟企业就不复存在了。

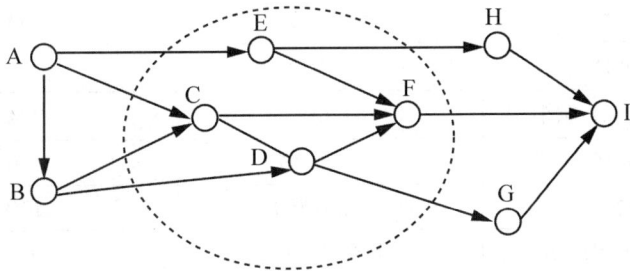

图3-10　虚拟企业的网状模型

任务二
供应链体系设计的策略 ◆Ⅱ

供应链体系设计的策略包括基于产品的供应链设计策略、基于产品生命周期的供应链设计、推拉式供应链战略的选择。

3.2.1　基于产品的供应链设计策略

基于产品的供应链设计（Product-Based Supply Chain Design，PBSCD）策略的提出者是费舍尔（Fisher）。他认为供应链的设计要以产品为中心。供应链的设计者首先要明白用户对企业产品的需求是什么。产品生命周期、需求预测、产品多样性、提前期和服务的市场标准等都是影响供应链设计的重要问题。必须设计出与产品特性一致的供应链，也就是所谓的基于产品的供应链设计策略。

（1）产品类型

根据产品的需求特点可将其分为两大类：功能性产品（Functional Products）与革新性产品（Innovative Products）。功能性产品是指满足人们基本功能需要的产品，有较为稳定且可预测的市场需求、生命周期长、更新换代慢、市场竞争激烈、边际利润较低，如日常生活用品等。革新性产品，也称为创新性产品，是指增加了特殊功能或技术、外观上具有创新性的产品。这类产品往往具有较高的边际利润，对其需求可能无法做出准确预测，生命周期短，在市场上易被竞争者模仿，从而使竞争优势降低，导致边际利润下降，如时尚品、电子产品等。功能性产品与革新性产品的差异见表3-1。

表3-1　功能性产品与革新性产品的比较

比较项目	功能性产品	革新性产品
产品寿命周期	>2 年	3 个月～1 年
边际贡献	5%～20%	20%～60%
产品多样性	低	高
预测的平均边际贡献率	10%	40%～100%
平均缺货率	1%～2%	10%～40%
季末降价率	几乎为 0	10%～25%
按订单生产的提前期	6 个月～1 年	1 天～2 周

从表3-1可以看出，功能性产品一般用于满足用户的基本需求，变化很少，具有稳定的、可预测的需求且较长的寿命周期，但它们的边际利润较低。为了避免低边际利润，许多企业在式样或技术上革新以寻求消费者的购买。革新性产品的需求一般不可预测，寿命周期也较短。正因为这两种产品的不同，才需要有不同类型的供应链去满足不同的管理需要。

（2）基于产品的供应链设计策略

供应链从功能上可以划分为有效性供应链和反应性供应链两类。有效性供应链主要体现供应链的物理功能，以最低的成本将原材料转化成零部件、半成品、产成品，追求的是成本的最小化。反应性供应链主要体现供应链的市场调节能力，追求响应速度的最大化。了解了供应链的特性后，就可以设计出与产品需求一致的供应链。供应链设计与产品类型策略矩阵见表3-2。

表3-2　供应链设计与产品类型策略矩阵

产品	功能性产品	革新性产品
有效性供应链	匹配	不匹配
反应性供应链	不匹配	匹配

功能性产品具有用户已接受的功能,能够根据历史数据对未来或季节性需求做出较准确的预测,产品比较容易被模仿,其边际利润低。与功能性产品相匹配的供应链应当尽可能地降低链中的物理成本,扩大市场占有率。因此,对于功能性产品,应采取有效性供应链。

革新性产品追求创新,不惜一切努力来满足用户差异化需求。这类产品往往具有某些独特的、能投部分用户所好的功能,由于创新而不易被模仿,因而其边际利润高,在产品供货中强调速度、灵活性和质量,甚至主动采取措施,宁可增加成本以缩短提前期。对革新性产品的需求是很难做出准确预测的,因此,追求降低成本的有效性供应链与此是不适应的,这时只有反应性供应链才能抓住产品的创新机会,以速度、灵活性和质量获取高边际利润。

当然,产品与供应链之间是否匹配并非绝对的,匹配与不匹配也会随着情况的变化而发生变化。理论上讲,有效性供应链匹配功能性产品、反应性供应链匹配革新性产品,但实践中,由于市场行情、用户需求、企业经营状况等因素的影响,匹配和不匹配也是相对的。一方面,原本相匹配的产品和供应链可能变成不相匹配的。例如,对于革新性产品采取反应性供应链,这时二者是匹配的,随着时间的推移,革新性产品的创新功能也会被模仿,一旦革新性产品变成功能性产品,如果仍选用反应性供应链,原来匹配的情形就会变成不匹配。另一方面,原本不匹配的产品和供应链随着情况的变化也可能变成匹配的。比如,企业进行产品开发时,由于市场信息不灵,不知对手已推出相同的产品而将自己刚刚开发出的功能性产品误认为革新性产品,并错误地使用反应性供应链,这时就会产生不匹配的情况。如果企业在原有产品的基础上开发出新的功能,这类功能性产品在一段时间内对某些用户可能表现出革新性的特征,企业选用反应性供应链,这时不匹配的情况就会变成匹配的情况。相反,如果在产品表现出革新性特征时,企业没有认清形势,却错误地选用了有效性供应链,就会造成新的不匹配。所以随着诸多因素的变化,匹配与不匹配也会随时发生变化,关键在于企业能否随即做出调整。

3.2.2　基于产品生命周期的供应链设计

在实际生活中,大部分的顾客需求并不能简单地用功能性或创新性来划分。例如,时下国内各汽车厂商纷纷推出经济实用型轿车,每款车型又都有自己独特的个性化设计,这种产品既有功能性存在也有创新性开发。这就使得产品的需求特性难以判断,给企业的战略匹配造成障碍。再如,即使是功能性强的牙膏上市,同样会面临需求不确定的状况,它在导入期的边际收益相对也会比后期高。面对这样低成本的产品,企业应采用有效性供应链还是反应性供应链呢?为了解决这些难题,本书引入风险性概念。新产品刚刚上市,会使得产品的生产销售与需求失衡,一旦失衡,就可能导致产品脱销或积压,给企业造成损失,此时企业的竞争战略具有高风险性,当然高价值产品比低价值产品的风险更高;相反,老产品的风险性则较低。

产品从进入市场到最后退出市场会经历不同的阶段。一般而言,产品的生命周期可以分为四个阶段,即引入阶段、成长阶段、成熟阶段、衰退阶段。在产品生命周期的不同阶段,需要有不同的营销战略和供应链战略。下面讨论在产品生命周期的不同阶段中的供应链战略。

（1）引入阶段

在产品的引入阶段，产品的需求非常不稳定，边际收益比较高。由于需要及时占领市场，产品的供给能力非常重要，但也可能会面临产品滞销、库存积压的风险。在这一阶段，企业应该根据风险程度采取一种以反应为主的供应链战略，也就是需要对不稳定的需求做出快速反应，在一定的前提下考虑成本。可见，在产品引入阶段，企业需要建立反应性供应链，对不稳定的需求做出快速反应。

（2）成长阶段

在成长阶段，产品的销售迅速增长，与此同时，新的竞争者开始进入市场，企业所面临的一个主要问题是需要最大限度地占有市场份额。在这一阶段中，需求基本稳定，风险降低，供应链战略需要逐步从以反应性战略为主转变成以有效性战略为主，也就是需要开始降低成本，以较低的成本来满足需求。也就是说，在产品成长阶段，企业需要从反应性供应链逐步转向有效性供应链。

（3）成熟阶段

在成熟阶段，产品的销售增长放慢，需求变得更加确定，市场上竞争对手增多并且竞争日益激烈，价格成为左右顾客选择的一个重要因素。在成熟阶段，企业需要建立有效性供应链战略，也就是在维持可接受服务水平的同时，使成本最小化。

（4）衰退阶段

大多数的产品和品牌销售最终会衰退，并可能退出市场。在衰退阶段，销售额下降，产品利润也会降低，企业需要评估形势并对供应链战略进行调整。企业在对产品进行评估后确定是继续经营还是退出市场。如果企业决定继续经营，就需要对供应链进行调整以适应市场变化，企业需要调整或者重构供应链。对供应商、分销商和零售商进行评估并做出调整，终止与那些不能为供应链增加价值或者增加价值很少的供应商和零售商的合作，将合作伙伴的数量减少到合适的数量，通过调整或重构供应链，在保证一定服务水平的前提下，不断降低供应链总成本。

3.2.3　推拉式供应链战略的选择

1. 推动式和拉动式供应链

按驱动方式划分，供应链可以划分为推动式供应链和拉动式供应链。

推动式供应链的运作是以生产制造为驱动原点，以制造商为核心，以需求预测为基础并在客户订货前进行运作，产品出厂后通过分销商逐级推向终端客户。其模式如图 3-11 所示。分销商和零售商一般处于被动地位，供应链各节点间的整体协调程度比较低，但产品的生产供给或库存水平一般较高，通常依靠这种较高的生产供给量或库存水平应付市场需求的变动。由于供应链上的产品供给水平较高，这种模式对需求变动的响应速度和柔性变得相对较差。

拉动式供应链的驱动力来源于市场终端需求。整个供应链的驱动力产生于最终的顾客，产品生产是受需求驱动的。其模式如图 3-12 所示。生产是根据实际顾客需求而不是预测需求进行的。在拉动式供应链模式中，需求确定性很高，周期较短，主要的生产战略是按订单进行生产、组装和配置。整个供应链要求集成度较高，信息交换迅速，可以根据最终用户的需求实现定制化服务。

图 3-11　推动式供应链

图 3-12　拉动式供应链

　　从发展趋势来看,拉动方式是供应链运作方式发展的趋势。推动式(左侧)与拉动式(右侧)供应链战略各自的流程如图 3-13 所示。

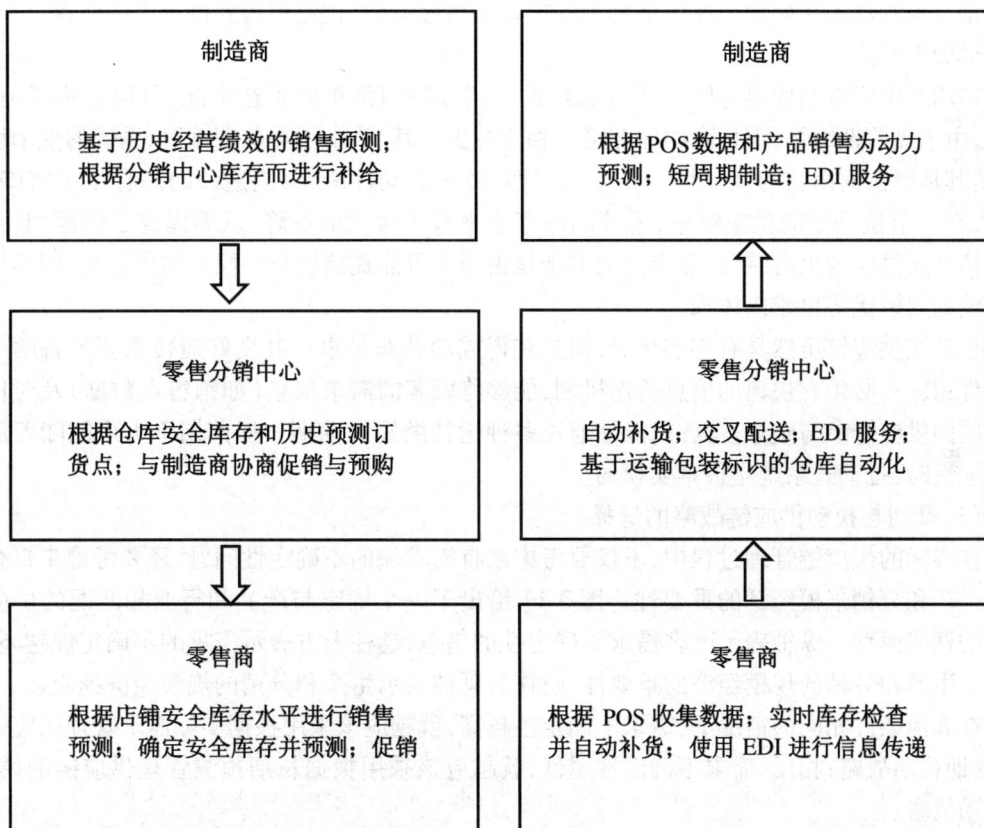

图 3-13　推动式(左侧)与拉动式(右侧)供应链的流程

2.推动与拉动战略的特点

推动战略与拉动战略各有其优点,也各有其缺陷。

(1)推动式供应链的特点及缺陷

　　在一个推动式供应链中,生产和分销的决策都是根据长期预测的结果做出的。准确地说,制造商是利用从零售商和仓库处获得的订单进行需求预测的。事实上,制造商从零售商和仓库那里获取订单的变动性要比顾客实际需求的变动大得多,这就是通常所说的"牛鞭效应",这种现象会使得制造商的计划和管理工作变得很困难。例如,制造商不清楚应当如何确定它的生产能力,如果根据最大需求确定,就意味着大多数时间里制造商必须承担高昂的资源闲置成本;如果根据平均需求确定生产能力,在需求高峰时期需要寻找昂贵的补充资源。同样,对运输能力的确定也面临这样的问题:是以最高需求还是以平均需求为准呢? 因此在一个推动式供应链中,经常会发现由于紧急的生产转换引起的运输成本增加、库存水平变高或生产成本上升等情况。

推动式供应链对市场变化做出反应需要较长的时间,可能会导致一系列不良反应。比如在需求高峰时期,难以满足顾客需求,导致服务水平下降;当某些产品需求消失时,会使供应链产生大量的过时库存,甚至出现产品过时等现象。

(2)拉动式供应链的特点及需具备的条件

在拉动式供应链中,生产和分销是由需求驱动的,这样生产和分销就能与真正的顾客需求而不是与预测需求相协调。在一个真正的拉动式供应链中,企业不需要持有太多库存,只需要对订单做出反应。

拉动式供应链的优点:其一,通过更好地预测零售商订单的到达情况,可以缩短提前期。其二,由于提前期缩短,零售商的库存可以相应减少。其三,由于提前期缩短,系统的变动性减小,尤其是制造商面临的变动性变小了。其四,由于变动性减小,制造商的库存水平将降低。其五,在一个拉动型的供应链中,系统的库存水平有了很大的下降,从而提高了资源利用率。当然拉动式供应链也有缺陷,最突出的表现是由于不可能提前较长一段时间做计划,因而生产和运输的规模优势也难以体现。

拉动式供应链虽然具有许多优势,但要获得成功并非易事。其良好运转需要具备两个相关条件:其一,必须有快速的信息传递机制,能够将顾客的需求信息(如销售点数据)及时传递给不同的供应链参与企业。其二,能够通过各种途径缩短提前期。提前期不太可能随着需求信息缩短时,拉动式系统是很难实现的。

(3)推动与拉动供应链战略的选择

在实际的供应链管理过程中,不仅要考虑来自需求端的不确定性问题,还要考虑来自企业自身生产和分销规模经济的重要性。图3-14给出了一个确定与产品和行业相匹配的供应链战略的框架模型。纵轴表示顾客需求不确定性的信息,越往上方表示需求的不确定性越高;横轴表示生产和分销的规模经济的重要性,越往右延伸表示生产和分销的规模经济越明显。

在其他条件相同的情况下,需求不确定性越高,就越应该采用根据实际需求管理供应链的模式,即拉动战略;相反,需求不确定性越低,就越应该采用根据长期预测管理供应链的模式,即推动战略。

同样,在其他条件相同的情况下,规模效益对降低成本起着重要的作用,如果组合需求的价值越高,就越应当采用推动战略,根据长期需求预测管理供应链;如果规模经济不那么重要,组合需求也不能降低成本,就应当采用拉动战略。

图3-14用两维变量把一个区域划分为四个部分。区域Ⅳ表示的是需求不确定性较低但规模经济性较重要的产品,日用品行业中的啤酒、挂面、食物油等都属于这一类。这类产品的需求相当稳定,企业可以根据长期预测来管理库存,也可以通过满载运输来降低运输成本,对整个供应链成本控制而言十分重要。此时采用拉动式战略就不太合适,传统的推动式战略反

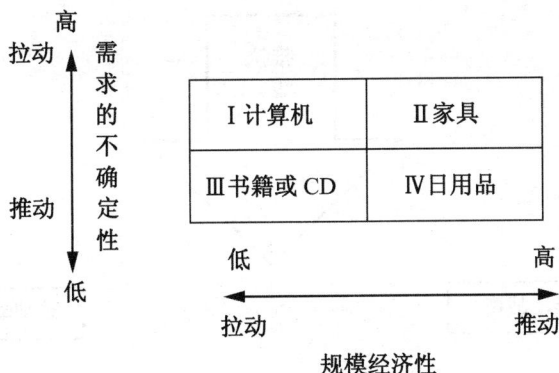

图 3-14　供应链式的推拉战略

而更有利。

区域Ⅲ表示的产品具有较低的需求不确定性,这表明它是一个推动式的供应链,但同时它的规模经济重要性也低,这表明它又应当是一个拉动式的供应链。许多快速移动的书或 CD 就属于这一类。究竟是采取推动式战略或是拉动式战略,这取决于成本与需求是否确定,需要根据具体情况进行慎重的分析。

区域Ⅰ表示具有较高的不确定性,同时生产、安装或分销的规模效益并不十分重要的行业或者产品,如计算机产品,这种产品或行业,理论上讲应当采用拉动型供应链战略。现实中供应链战略完全采用推动式或完全采用拉动式的并不多,尤其是从头拉到尾的很少。这就从战略上提出了推－拉组合的综合战略。比如说供应链的下游即面向客户端应尽可能提高响应性,因为消费者或者客户并不关心整个供应链是怎样运作的,他们最关心的是自己的订单提出后得到的响应速度怎样。所以从供应链运作来讲,应力争做到既提高响应性,同时尽可能地降低成本,或者说以合理的成本完成响应速度。这就要求供应链的一端一方面按照低成本、高效率以及规模经济的要求组织生产和分销,另一方面按照客户的要求尽量提高反应性,形成一种前推后拉或者是前拉后推的供应链组合战略。

（4）推－拉组合战略的选择

在推－拉组合战略中,供应链的某些层次,如最初的几层以推动的形式经营,其余的层次采用拉动式战略。推动式与拉动式的接口处被称为推拉边界,如图 3-15 所示。

仍以图 3-14 中的Ⅰ区域的计算机为例,虽然其需求具有较高的不确定性,规模效益也不十分突出,理论上应当采取拉动战略,但实际上计算机厂商并不完全采取拉动战略。以戴尔公司为例,戴尔计算机的组装完全是根据最终顾客订单进行的,此时它执行的是典型的拉动战略;但戴尔计算机的零部件是按预测进行生产和分销决策的,此时它执行的却是推动战略。也就是说,该供应链的推动部分是在装配之前,而供应链的拉动部分则从装配之后开始,并按实际的顾客需求进行,因此戴尔采取的是一种前推后拉的混合供应链战略。

推－拉组合战略的另一种形式是采取前拉后推的供应链组合战略。图 3-14 中的区域Ⅱ表示的是那些需求不确定性高,但生产和运输过程中规模效益十分明显的产品和行业。家具行业是这种情况最典型的例子。事实上,一般家具生产商提供的产品在材料上差不多,但在家具外形、颜色、构造等方面的差异却很大,因此它的需求不确定性相当高。同时,由于家具产品的体积大,所以运输成本也非常高。此时就有必要对生产、分销策略进行区分。从生产角度

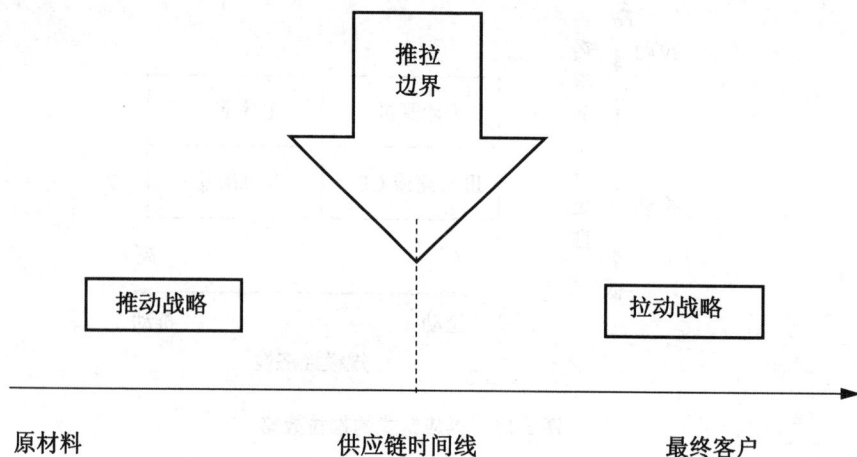

推拉
边界

推动战略

拉动战略

原材料　　　　　　　　　供应链时间线　　　　　　最终客户

图 3-15　推拉边界

看,一方面,由于需求不确定性高,企业不可能根据长期的需求预测进行生产计划,所以生产要采用拉动式战略;另一方面,这类产品体积大,运输成本高,所以,分销策略又必须充分考虑规模经济的特性,通过大规模运输来降低运输成本。事实上许多家具厂商正是采取这种战略。也就是说,家具制造商是在接到顾客订单后才开始生产的,当产品生产完成后,将此类产品与其他所有需要运输到本地区的产品一起送到零售商的商店里,进而送到顾客手中。因此,家具厂商的供应链战略是:采用拉动式战略按照实际需求进行生产,采用推动式战略根据固定的时间表进行运输,是一种前拉后推的组合供应链战略。

任务三
供应链设计的原则及需要注意的问题

3.3.1　供应链设计的原则

为了使供应链的设计更合理,应该遵循以下一些原则:

1. 双向结合原则

在系统建模设计方法中,存在两种设计方法,即自顶向下和自底向上的方法。自顶向下的方法是从全局走向局部的方法,自底向上的方法是从局部走向全局的方法;自顶向下是系统分解的过程,而自底向上则是一种集成的过程。在设计一个供应链系统时,往往先由主管高层做出战略规划与决策,规划与决策的依据来自市场需求和企业发展规划,然后由下层部门实施决策,因此供应链的设计是自顶向下和自底向上方法的结合。

2. 精简原则

为了使供应链具有灵活快速响应市场的能力,供应链的每个节点都应是必要的、精简的、具有活力的、能实现业务流程的快速组合。比如供应商的选择应少而精,通过和少数的供应商建立合作伙伴关系,减少采购成本,推动实施 JIT 采购法和准时生产。生产系统的设计更应以精细思想为指导,努力实现从精细的制造模式到精细的供应链这一目标。

3. 集优原则

供应链各个节点的选择应遵循"强强联合"的原则,达到实现资源互补的目的。每个企业只集中精力致力于各自核心的业务过程,就像一个独立的制造单元,这些所谓的单元化企业具有自我组织、自我优化、面向目标、动态运行和充满活力的特点,能够实现供应链业务的快速重组。

4. 协调性原则

供应链绩效的好坏取决于供应链合作伙伴关系是否和谐,因此与合作企业建立合作伙伴关系是实现供应链最佳效能的保证。

5. 动态性原则

动态性原则又称为不确定性原则。不确定性在供应链中随处可见,许多学者在研究供应链运作效率时都提到了不确定性的问题。不确定性的存在,导致需求信息的扭曲。因此要预见各种不确定性因素对供应链运作的影响,减少信息传递过程中的延迟和失真。降低安全库存总是和服务水平的提高相矛盾。增加透明性,减少不必要的中间环节,提高预测的精度和时效性,对降低不确定性的影响都是极为重要的。

6. 创新性原则

创新设计是系统设计的重要原则,没有创新性思维,就不可能有创新的管理模式,因此在供应链的设计过程中,创新性是一项很重要的原则。要产生一个创新的系统,就要敢于打破各种陈旧的思维框框,用新的角度、新的视野审视原有的管理模式和体系,大胆地进行创新设计。进行创新设计要注意几点:一是创新必须在企业总体目标和战略的指导下进行,并与战略目标保持一致;二是要从市场需求的角度出发,综合运用企业的能力和优势;三是发挥企业各类人员的创造性,集思广益,并与其他企业共同协作,发挥供应链整体优势;四是建立科学的供应链和项目评价体系及组织管理系统,进行技术经济分析和可行性论证。

7. 战略性原则

供应链的建模应有战略性观点,通过战略性观点减少不确定性影响。从供应链战略管理的角度考虑,我们认为供应链建模的战略性原则还体现在供应链发展的长远规划和预见性上,供应链的系统结构发展应和企业的战略规划保持一致,并在企业战略规划指导下进行。

3.3.2 供应链设计需要注意的问题

1. 供应链设计与物流系统设计的区别

物流系统是供应链的物流通道,是供应链管理的重要内容。物流系统设计是指原材料和外购件所经历的采购入厂—存储—投料—加工制造—装配—包装—运输—分销—零售等一系列物流过程的设计。物流系统设计也称通道设计(Channel Designing),是供应链系统设计中最主要的工作之一。设计一个结构合理的物流通道对于降低库存、减少成本、缩短提前期、实施准时制生产与供销、提高供应链的整体运作效率都是很重要的。

但供应链设计却不等同于物流系统设计,(集成化)供应链设计是企业模型的设计,它从更广泛的思维空间(企业整体角度)去勾画企业蓝图,是扩展的企业模型。它既包括物流系统,还包括信息和组织以及价值流和相应的服务体系建设。在供应链的设计(建设)中创新性的管理思维和观念极为重要,要把供应链的整体思维观融入供应链的构思和建设中,企业之间要有并行的设计才能实现并行的运作模式,这是供应链设计中最为重要的思想。

2. 供应链设计与环境因素的关系

一个设计精良的供应链在实际运行中并不一定能按照预想的那样,甚至无法达到设想的效果,这是主观设想与实际效果的差距,其原因并不一定是设计或构想得不完美,而是环境因素在起作用。所以构建和设计一个供应链,一方面要考虑供应链的运行环境(地区、政治、文化、经济等因素),另一方面还应考虑未来环境的变化对实施供应链的影响。因此,我们要用发展的、变化的眼光来设计供应链,无论是信息系统的构建还是物流通道的设计,都应具有较高的柔性,以提高供应链对环境的适应能力。

3. 供应链设计与企业业务流程再造的关系

供应链设计要求企业从事最擅长的业务,将非擅长业务外包,必然要改革工作流程。而企业业务流程再造,又称为企业流程重构,是指为了飞跃性地改善成本、质量、服务、速度等重大的现代企业经营基准,而对工作流程进行根本性的重新思考并彻底改革。

4. 供应链设计与先进制造模式的关系

供应链设计既是从管理新思维的角度去改造企业,也是先进制造模式的客观要求和推动的结果。如果没有全球制造、虚拟制造这些先进的制造模式的出现,集成化供应链的管理思想是很难实现的。正是先进制造模式的资源配置沿着劳动密集—设备密集—信息密集—知识密集的方向发展才使得企业的组织模式和管理模式发生相应的变化,从制造技术的集成演变为组织和信息等相关资源的集成。因此,供应链的设计应把握这种内在的联系,使供应链管理成为适应先进制造模式发展的先进管理思想。

● 知识小结

供应链设计与构建主要包括供应链结构模型,供应链的设计策略、原则及注意问题。

供应链的网络结构模型主要有链状模型、网状模型两种。供应链设计的策略是本模块的重点,也是难点。

● 思考题

一、选择题

1. 关于革新性产品,下列描述错误的是( )。

A. 边际贡献率相对高   B. 季末降价率高

C. 产品寿命长   D. 平均缺货率在10%~40%

2. 功能性产品应选择( )供应链,革新性产品应选择( )供应链。

A. 有效性;反应性   B. 有效性;有效性

C. 反应性;有效性   D. 反应性;反应性

3. 关于拉动式供应链,下列表述正确的有(　　)。

　　A. 可以缩短提前期,系统的变动性减小

　　B. 零售商的库存可以相应减少

　　C. 系统的库存水平有了很大的下降,从而提高了资源利用率

　　D. 不可能提前较长一段时间做计划,因而生产和运输的规模优势也难以体现

二、简答题

1. 供应链设计的内容有哪些?

2. 供应链设计应遵循哪些原则?

●知识拓展

海尔:现代物流创造的奇迹

海尔集团首席执行官张瑞敏在谈起搞物流的原因时曾说:"物流对海尔的发展非常重要,为此我们大约用了两年半时间进行物流的整合和改造。到目前为止,我们认为物流对企业的发展起到了巨大的作用。"

张瑞敏认为:"一个现代企业,如果没有现代物流,就意味着没有物可流。为什么这么说呢? 因为这是由现代企业运作的驱动力所决定的。现代企业运作的驱动力是什么? 就是订单。如果没有订单,现代企业就不可能运作。也就是说,它不可能有物可流。要实现这个订单,就意味着靠订单去采购,为订单去制造,为订单去销售。如果要实现完全以订单销售、采购、制造,那么支持它的最重要的一个流程就是物流。如果没有物流,就不可能有订单的采购;没有订单的采购,那就意味着采购回来的就是库存,因为不知道采购回来的这些物料到底给谁;没有订单的制造,就等于天天虽然非常忙,但是在制造库存,生产出来的产品等于天天增加库存。最后,没有订单的销售,说到家,就是处理库存,因为你不知道卖给谁,唯一的方法、唯一的出路就是降价、削价处理。"

1. 重塑了企业的业务流程,真正实现了市场化程度最高的订单经济

海尔现代物流的起点是订单。海尔把订单作为企业运行的驱动力,作为业务流程的源头,完全按订单组织采购、生产、销售等全部经营活动。从接到订单时起,就开始了采购、配送和分拨物流的同步流程,现代物流过程也就同时开始。由于物流技术和计算机管理的支持,海尔物流通过 3 个 JIT,即 JIT 采购、JIT 配送、JIT 分拨物流来实现同步流程。这样的运行速度为海尔赢得了源源不断的订单。海尔集团平均每天接到销售订单 200 多个,平均每个月接到销售订单 6 000 多个,定制产品包含 7 000 多个规格和品种,需要采购的物料品种达 15 万种。由于所有的采购基于订单,采购周期减到 3 天;所有的生产基于订单,生产过程降到一周之内;所有的配送基于订单,产品一下线,中心城市在 8 小时内、辐射区域在 24 小时内、全国在 4 天内即能送达。总体来说,海尔完成客户订单的全过程仅为 10 天时间,资金回笼一年 15 次(1999 年我国工业企业流动资本周转速度年均只为 1.2 次),呆滞物资降低 73.8%。张瑞敏认为,订单是企业建立现代物流的基础。抓住了订单,就抓住了满足即期消费需求、开发潜在消费需求、创造崭新消费需求这个"牛鼻子"。但如果没有现代物流保障流通的速度,有了订单也会失去。

2. 海尔现代物流从根本上改变了物在企业的流通方式,基本实现了资本效率最大化的零库存

海尔改变了传统仓库的"蓄水池"功能,使之成为一条流动的"河"。海尔认为,提高物流

效率的最大目的就是实现零库存。现在海尔的仓库已经不是传统意义上的仓库,它只是企业的一个配送中心,成了为下道工序配送而暂时存放物资的地方。

建立现代物流系统之前,海尔占用 50 多万平方米的仓库,费用开支很大。目前,海尔建立了两座我国规模最大、自动化水平最高的现代化、智能化立体仓库,仓库使用面积仅有 2.54 万平方米。其中一座是坐落在海尔开发区工业园中的仓库,面积为 1.92 万平方米,设置了 1.8 万个货位,满足了企业全部原材料和制成品配送的需求,其仓储功能相当于一个 30 万平方米的仓库。这个立体仓库与海尔的商流、信息流、资金流、工作流联网,进行同步数据传输,采用世界上最先进的激光制导无人运输车系统、机器人技术、巷道堆垛机、通信传感技术等,整个仓库空无一人。自动堆垛机把原材料和制成品举上 7 层楼高的货位,自动穿梭车则把货位上的货物搬下来,一一放在激光制导无人驾驶运输车上,运输车井然有序地按照指令再把货物送到机器人面前,机器人叉起托盘,把货物装上外运的载重运输车上,运输车开向出库大门,仓库中物的流动过程结束。整个仓库实现了对物料的统一编码,使用了条形码技术、自动扫描技术和标准化的包装,没有一道环节会使流动的过程梗塞。

海尔的流程再造使原来表现为固态的、静止的、僵硬的业务过程变成了动态的、活跃的和柔性的业务流程。未进行流程再造前的 1999 年,海尔实现销售收入 268 亿元,库存资金为 15 亿元,销售资金占用率为 5.6%。2000 年实现销售收入 406 亿元,比 1999 年超了 138 亿元;库存资金降为 7 亿元,销售资金占用率为 1.72%。今年海尔的目标是把库存资金降为 3 个亿,销售资金占用率降到 0.5% 左右,届时海尔将基本实现零库存。在海尔,所谓的库存物品,实际上成了在物流中流动着的、被不断配送到下一个环节的"物"。

3. 海尔现代物流从根本上打破了企业自循环的封闭体系,建立了市场快速响应体系

面对日趋激烈的市场竞争,现代企业要占领市场份额,就必须以最快的速度满足终端消费者多样化的个性需求。因此,海尔建立了一整套对市场的快速响应系统。一是建立了网上订单管理平台。全部采购订单均由网上发出,供货商在网上查询库存,根据订单和库存情况及时补货。二是建立了网上支付系统。目前网上支付已达到总支付额的 20%,支付准确率和及时率达 100%,并节约近 1 000 万元的差旅费。三是建立了网上招标竞价平台。供应商与海尔一道共同面对终端消费者,以最快的速度、最好的质量、最低的价格供应原材料,提高了产品的竞争力。四是建立了信息交流平台,供应商、销售商共享网上信息,保证了商流、物流、资金流的顺畅。集成化的信息平台,形成了企业内部的信息"高速公路",架起了海尔与全球用户资源网、全球供应链资源网和计算机网络的桥梁,将用户信息同步转化为企业内部信息,以信息替代库存,强化了整个系统执行订单的能力,海尔物流成功地运用电子商务体系,大大缩短了海尔与终端消费者的距离,为海尔赢得了响应市场的速度,扩大了海尔产品的市场份额。在国内市场份额中,海尔彩电占 10.4%,冰箱占 33.4%,洗衣机占 30.5%,空调占 30.6%,冷柜占 41.8%。在国际市场,海尔产品占领了美国冷柜市场的 12%、200 升以下冰箱市场的 30%、小型酒柜市场 50% 的市场份额,占领了欧洲空调市场的 10%,占领了中东洗衣机市场的 10%。海尔的出口量已经占到销售总量的 30%。

4. 海尔现代物流从根本上扭转了企业以单体参与市场竞争的局面,使通过全球供应链参与国际竞争成为可能

从 1984 年 12 月到现在,海尔经历了三个发展战略阶段:第一阶段是品牌战略,第二阶段是多元化战略,第三阶段是国际化战略。在第三阶段,其战略创新的核心是从海尔的国际化到

国际化的海尔,是建立全球供应链网络,支撑这个网络体系的是海尔的现代物流体系。

海尔在进行流程再造时,围绕建立强有力的全球供应链网络体系,采取了一系列重大举措。一是优化供应商网络。将供应商由原有的2 336家优化到978家,减少了1 358家。二是扩大国际供应商的比重。目前国际供应商的比例已达67.5%,较流程再造前提高了20%。世界500强企业中已有44家成为海尔的供应商。三是就近发展供应商。海尔与已经进入和准备进入青岛海尔开发区工业园的19家国际供应商建立了供应链关系。四是请大型国际供应商以其高技术和新技术参与海尔产品的前端设计。目前参与海尔产品设计开发的供应商比例已高达32.5%。供应商与海尔共同面对终端消费者,通过创造顾客价值使订单增值,形成了双赢的合作伙伴关系。

在抓上游供应商的同时,海尔还完善了面向消费者的配送体系,在全国建立了42个配送中心,每天按照订单向1 550个专卖店、9 000多个网点配送100多个品种5万多台产品,形成了快速的产品分拨配送体系、备件配送体系和返回物流体系。与此同时,海尔与国家邮政总局、中远集团等企业合作,在国内可调配车辆达16 000辆。

海尔认为,21世纪的竞争将不是单个企业之间的竞争,而是供应链与供应链之间的竞争。谁所在的供应链总成本低、对市场响应速度快,谁就能赢得市场。一只手抓住用户的需求,一只手抓住可以满足用户需求的全球供应链,这就是海尔物流创造的核心竞争力。

问 题

1.海尔供应链的特色是什么?
2.海尔的核心竞争力是如何打造的?

项目四

供应链合作伙伴的选择

● 学习目标

知识目标

了解供应链合作伙伴关系的含义;理解供应链合作伙伴关系与传统企业间关系的区别;理解客户关系管理的含义。

技能目标

能够运用所学知识分析供应链合作伙伴的选择。

● 案例导入

台湾雀巢与家乐福 VMI 合作案例

雀巢公司是世界上最大的食品公司,由亨利·聂斯托(Henri Nestlé)设立于 1867 年,总部位于瑞士的威伟市(Vevey),行销全球超过 81 国,拥有 200 多家子公司,超过 500 座工厂,全球员工总数约有 22 万名,主要产品涵盖婴幼儿食品、乳制品及营养品类、饮料类、冰激凌、冷冻食品及厨房调理食品类、巧克力及糖果类、宠物食品类与药品类等。台湾雀巢为台湾最大的外商食品公司,产品种类包括婴幼儿奶粉、米麦粉、奶粉、乳制品、咖啡、即溶饮品、冰品、快餐汤及粥、厨房调理食品、巧克力及糖果与宠物食品等。台湾雀巢的销售渠道主要包括现代型通路(特别是连锁超市)、军公教代送商(23 家)与专业经销商(14 家),以及非专业经销商(如餐饮店,100 多家)等。家乐福公司为世界第二大的连锁零售集团,设立于 1959 年,总部在法国,全球有9 061家店,24万名员工。台湾家乐福为台湾大型连锁超市龙头,拥有23家店。

(一)项目背景

1.雀巢与家乐福的关系现状

雀巢和家乐福现有关系只是一种单纯的买卖关系,家乐福是雀巢的一个重要客户,家乐福对买卖方式具有充分的决定权,决定购买的产品种类及数量,雀巢对家乐福设有专属的业务人员。在系统方面,双方各自有独立的内部 ERP 系统,彼此不兼容,在实施计划的同时,家乐福也正在进行与供货商以 EDI 方式联机的推广计划,而雀巢的 VMI 计划也打算以 EDI 的方式进行联机。

2.雀巢与家乐福对于 VMI 供货商管理库存系统的认同

雀巢与家乐福双方都认识到 VMI 是有效客户响应(Efficient Consumer Responce, ECR)中的一项运作模式或管理策略,主要的概念是供货商依据实际销售及安全库存的需求,替零售商下订单或补货,而涉及销售的需求则是供货商依据由零售商提供的每日库存与销售资料并以统计等方式预估出来的,整个运作上通常由供货商用一套管理的系统来做处理。

这样的做法可大幅缩短供货商面对市场的响应时间,较早获得市场实际的销售情报;降低供货商与零售商用以适应市场变化的不必要库存,在引进与生产市场所需的商品、降低缺货率上取得理想的提前量。这种理想的运作方式在现实中可能会因供货商与零售商的价格对立关系以及系统和运作方式的不同而很难实施和运用。

3.雀巢与家乐福达成合作的意向

雀巢与家乐福在全球均为流通产业的领导厂商,在有效客户响应方面的推动都是不遗余力的。1999年两家公司签订协议,决定在 ECR 方面增进更密切的合作,台湾地区分公司也只是进行供货商管理库存(Vendor Management Inventory, VMI)示范计划,并要把相关成果移转至其他厂商。台湾雀巢也开始积极与家乐福合作,建立整个计划的运作机制,总目标是:增加商品的供应率,降低客户(家乐福)库存持有天数,缩短订货前置时间以及降低双方物流作业的成本。

(二)VMI 供货商管理库存系统实施

1.VMI 供货商管理库存系统的前期计划阶段

(1)确定计划范围

①确定计划的时间。整个计划主要是在一年之内建立一套 VMI 的运作环境并且可以顺畅地不断执行下去。具体而言,整个计划分为系统与合作模式建立阶段以及实际实施与改善阶段。第一个阶段约占半年的时间,包括确立双方投入资源、建立评估指标或评估表(Scorecard)、分析与协议所需的条件、确立整个运作方式以及系统设置。第二个阶段为后续的半年,以先导测试方式不断修正,使系统与运作方式趋于稳定,并根据评估指标不断寻找问题并加以改善,一直到不需人工介入为止。

②确定计划的人力投入。在人力投入方面,雀巢与家乐福双方分别设置一个全职的对应窗口,其他包括如物流、业务对采购以及信息对信息的团队运作方式。

③经费的投入。家乐福投入的经费主要用于设置 EDI 系统,没有其他额外的投入;雀巢除了设置 EDI 外,还引进了一套 VMI 运作模式及系统,花费了约250万新台币(约合60万元人民币)。

（2）确定计划目标

计划目标主要是建设一套可行的VMI运作模式及系统，还要依据自行制定的评估表以达到如下的目标：

雀巢对家乐福物流中心产品到货率达90%，家乐福物流中心对零售店面产品到货率达95%，家乐福物流中心库存持有天数下降至预设标准，以及家乐福对雀巢建议订货单修改率下降至10%等。另外，雀巢也期望将新建立的模式扩展至其他渠道上，特别是对其占有重大销售比率的配送渠道，以加强调控能力并获得更大规模的效益。相对而言，家乐福也会持续与更多的主要供货商进行相关的合作。

2. VMI供货商管理库存系统实施的子计划阶段

VMI供货商管理库存系统在计划的实际执行上，除了有两大计划阶段外，还可细分至五个子计划阶段。对这五个子计划阶段的说明如下：

（1）评估双方的运作方式与系统在合作上的可行性。根据合作前双方评估各自的运作能力、系统整合与信息实时程度，以及彼此配合的步调是否一致，来判定合作的可行性。

（2）高层主管承诺与团队建立。双方在最高主管的认可下，由部门主管出面协议细节以及取得内部投入的承诺，并且建立初步合作的范畴和对应的窗口，开始进行合作。

（3）密切的沟通与系统建立。双方合作的人员开始进行至少每周一次的会议，讨论具体细节，并且逐步设置合作方式与系统，包括补货依据、时间、决定方式、评估表的建立、系统选择与设置等。

（4）同步化系统与自动化流程。不断地测试使双方系统与作业方式与程序趋于稳定，成为每日的例行工作，并针对特定问题进行处理。

（5）持续性训练与改进。回到合作计划的本身，除了使相关作业人员熟练作业方式和不断改进作业程序外，对库存的管理与策略也不断寻找问题症结以求改进，并坚持长期进行下去，针对促销产品进一步做策略研究。

在系统建设方面，针对数据传输部分，雀巢与家乐福均采用了EDI加网络的方式来进行传输，而在雀巢公司的VMI管理系统部分，则均采用外购产品的方式来建设。雀巢先前曾评估过Manugistics和Infule等公司的产品，最终选用Infule的EWR的产品，其主要原因：一是家乐福推荐，二是法国及其他国家雀巢公司的建议，三是该系统可以满足其计划需求等。

3. VMI供货商管理库存系统运作方式的步骤

目前整个VMI供货商管理库存系统运作方式包括五个步骤，具体说明如下：

（1）每天9:30前家乐福将结余库存与出货资料等信息用EDI方式传送至雀巢公司。

（2）9:30—10:30雀巢公司将收到的资料合并至EWR的销售数据库系统中，并产生预估的补货需求，系统将预估的需求量写入后端的BPCS ERP系统中，以实际库存量计算出可行的订货量，产生所谓的建议订单。

（3）10:30前雀巢公司将建议订单以EDI方式传送给家乐福。

（4）10:30—11:00家乐福公司确认订单并进行必要的修改（量与品项）后转至雀巢公司。

（5）11:30雀巢公司根据经确认后的订单进行拣货与出货。

（三）总结

1. 实施VMI供货商管理库存系统的经验教训

雀巢和家乐福虽然在国际上均承诺要推动VMI计划，但是落实在执行层面却存在许多问题,表现在:首先,彼此的执行人员均习惯于过去的买卖关系而较难有对等及信任的态度;其次,VMI计划本身大部分的参与人员并未有完整的相关知识与实务经验;最后,彼此既有的运用方式与系统的显著差异存在增加了计划执行的复杂性与难度。

所以,在VMI供应商管理库存系统漫长的发展过程中,从团队形成开始,经历了冷淡、争吵与对立等过程,直到彼此有共同的认知与开始乐意分享,而计划就在这种过程之中逐步推进。参与人员也从中互相学习,并取得了小小的成果。但是,未来该计划的进一步发展,仍需要双方组织运作与系统的调整配合。

2. 实施VMI供货商管理库存系统所取得的效益

(1)具体成果的体现

在成果上,除设置了一套VMI运作系统与方式外,在经过近半年的实际上线执行VMI运作以来,在具体目标达成方面也有显著的成果,雀巢对家乐福物流中心的产品到货率由原来的80%左右提升至95%(超越目标值),家乐福物流中心对零售店面的产品到货率也由原来的70%左右提升至90%左右,而且仍在继续改善中,库存天数由原来的25天左右下降至目标值以下,在订单修改率方面也由60%~70%的修改率下降至现在的10%以下。

(2)双方合作关系的体现

除了具体成果,对雀巢来说最大的收获是与家乐福合作的关系:过去雀巢与家乐福是单向的买卖关系,顾客要什么就给什么,甚至是尽可能地推销产品,彼此都忽略了真正的市场需求,导致卖得好的商品经常缺货,而不畅销的商品却有很高的库存量。经过这次合作,一方面双方增进了了解,也愿意共同解决问题,并使原本各项问题的症结点一一浮现,有利于根本性地改进供应链的整体效率;另一方面雀巢也进一步考虑降低各店缺货率以及促销合作等计划的可能性。

从雀巢与家乐福的VMI供货商管理库存系统的应用情况来看,如果信息的运用与电子商务只是单纯地将既有作业电子化与自动化,只能带来作业成本的减少等效益,其本身意义并不大。只有针对经营的本质进行改善,才能产生大幅度的效益提升。

对流通业而言,经营本质的改善就是实施ECR,雀巢与家乐福的VMI计划即为其中的一种应用,通过经营模式的改变而逐步改善库存管理与配置的效益。就供应链的角度而言,ECR更能影响整个后端的工厂制造与前端店面生产与库存效率的提升。然而这些应用最难之处仍在于创造合作的第一步,只有上下游双方均有宏观的思考,愿意共同合作,才会有进步的可能。雀巢与家乐福的合作计划虽然仍有很长的路要走,但仍不失为一个很好的示范,值得其他公司与诸多产业认真思考。

问　题

请谈谈本案例给你的启示。

任务一
供应链合作伙伴关系 ◆ II

4.1.1 企业关系的演变

国内著名的供应链管理专家马士华等将企业之间的关系划分为三个阶段:传统的企业关系、物流同步关系、合作伙伴关系(如图4-1所示)。从传统的企业关系过渡到合作伙伴关系模式,经历了从以技术与管理创新为特征的传统的企业关系(1960—1970 年),到以制造创新与技术研发为特征的物流同步关系(1970—1980 年),再到以战略协作为特征的合作伙伴关系的过程(1990 年至今)。

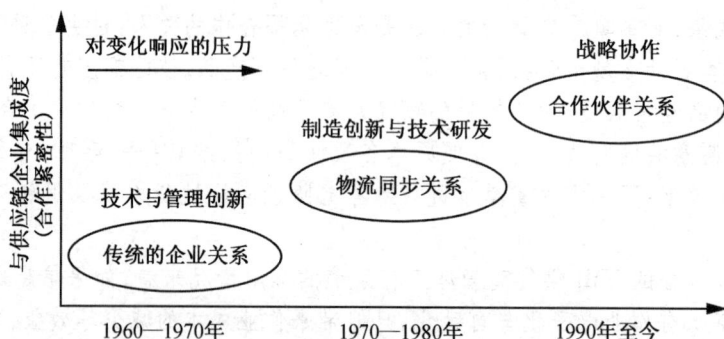

图 4-1　企业关系的演变过程

1. 传统的企业关系

传统的企业关系是指企业之间建立的传统的产品买卖的短期合作关系,是一种临时的、有可能仅为一次性的合作关系。在传统的观念中,供应管理被等同于一般业务管理,企业关系主要是"买卖"关系。基于这种企业关系,企业的管理理念是以生产为中心的,供销处于次要、附属的地位。企业间很少沟通与合作,更谈不上战略联盟与协作。

2. 物流同步关系

从传统的以生产为中心的企业关系模式向物流同步关系模式转化,JIT 等管理思想起着催化剂的作用,因为 JIT 的实施要求所有相关企业的物流必须同步运行,否则就无法使整个系统达到准时生产。为了达到生产的均衡化和物流同步化,必须要加强部门之间、企业之间的合作与沟通。基于物流同步关系的企业合作关系虽然比过去的"买卖"关系更近了一步,但仍可认为是一种处于作业层和技术层的合作,在信息共享(透明性)、服务支持(协作性)、并行工程(同步性)、群体决策(集智性)、柔性与敏捷性等方面都不能很好地适应越来越激烈的市场竞争的需要。企业需要更高层次的合作与集成,于是就产生了基于战略伙伴关系的企业模型。

3. 合作伙伴关系

具有合作伙伴关系的企业体现了企业内外资源集成与优化利用的思想。基于这种企业运作环境的产品制造过程，从产品的研究开发到投放市场，周期大大地缩短了，而且顾客定制化程度更高，模块化、通用化、标准化组件的生产模式使企业在多变的市场中柔性和敏捷性显著增强，虚拟制造与动态联盟加强了业务外包策略的利用。企业集成即从原来的中低层次的内部业务流程重组（BPR）上升到企业间的协作，这是一种最高级别的企业集成模式。在这种企业关系中，市场竞争的策略最明显的变化就是基于时间的竞争和价值链的价值让渡系统管理，或基于价值的供应链管理，从竞争走向竞合。

4.1.2 供应链合作伙伴关系的含义

目前，对供应链合作伙伴关系（Supply Chain Partnership, SCP）尚无统一的定义，有多种不同的说法。有人从较窄的范畴进行描述，有人从更广泛的层面进行界定。

1. 狭义的定义

在我国，关于供应链合作伙伴关系的定义，不得不提到国内著名的供应链管理专家马士华教授。马士华等（2000 年）将供应链合作伙伴关系定义为"供应商与制造商之间，在一定时期内的共享信息、共担风险、共同获利的协议关系"。他们认为，供应链合作伙伴关系也就是供应商 – 制造商（Supplier-Manufacturer）的关系，或者称为卖主/供应商 – 买主（Vendor/Supplier-Buyer）关系，甚至有人将其称为供应商关系（Supplier Partnership）。

2. 广义的定义

马罗尼·本顿（Maroney Benton,1997）将供应链合作伙伴关系定义为"在供应链内部两个或两个以上独立的成员之间形成的一种协调关系，以保证实现某个特定的目标或效益"。从这一定义可以看出，供应链合作伙伴关系不限于制造商与供应商之间的合作关系，还包括供应链中各节点企业之间的协作关系。这一定义也得到了我国一些学者的支持。

对制造商来说，与供应商之间的关系是重要的关系之一。制造商实施供应链合作关系就意味着新产品/技术的共同开发、数据和信息的交换、市场机会共享和风险共担。在供应链合作关系环境下，制造商选择供应商不再是只考虑价格，而是更注重选择能在优质服务、技术革新、产品设计等方面进行良好合作的供应商。供应商为制造企业的生产和经营供应各种生产要素（原材料、能源、机器设备、零部件、工具、技术和劳务服务等）。供应者所提供要素的数量、价格，直接影响到制造企业生产的好坏、成本的高低和产品质量的优劣。

供应链合作伙伴关系是合作伙伴关系和供应链管理结合的产物。在我国，供应链合作伙伴关系早期研究主要集中在制造商的供应环节，其他环节涉及不多。而供应链管理是一种将供应商、制造商、分销商、零售商直到最终用户连成一个整体的先进组织管理模式，其强调的不只是供应环节，而是包括产品产销的所有环节。因此，供应链合作伙伴关系应超越早期合作伙伴关系相对狭窄的研究领域。

根据马罗尼·本顿的定义，本书将供应链合作伙伴关系定义为"供应链成员（供应商、制造商、分销商、零售商等）之间在一定时期内共享信息、共担风险、共同获利的协议关系"。

4.1.3 供应链合作伙伴关系与传统企业间关系的区别

在新的竞争环境下,供应链合作伙伴关系强调直接的、长期的合作,强调共同努力实现共有计划、解决共同问题,强调相互之间的信任与合作。这与传统的企业关系模式有着很大的区别。表4-1以供应商关系为例,将两者进行了对比。

除了表4-1中的区别外,供应链企业在战略上是相互合作的关系,因此必须重视各个企业的利益。供应链获得总的利润后需要在供应链中各个企业之间进行合理的分配,这样才能体现出合作的价值以及对合作者的有效激励。

表4-1 供应链合作伙伴关系与传统企业间关系的比较

比较项目	供应链合作伙伴关系	传统供应商关系
相互交换的主体	物料、服务	物料
供应商选择标准	多个标准并行考虑(交货期、质量和可靠性等)	强调低价格
稳定性	长期、稳定、紧密合作	变化频繁
合同性质	侧重长期战略合同	单一,短期
供应批量	大	小
供应商数量	少(少而精,可以长期紧密地合作)	很多
供应商规模	大	可能很小
供应商的定位	国内和国外	当地
信息交流	信息共享(电子化连接,共享各种信息)	信息专有
技术支持	主动提供甚至介入产品开发	被动提供
质量控制	质量保证(供应商对产品质量负全部责任)	入库验收、检查控制
选择范围	广泛评估可增值的供应商	每年一次投标

任务二
供应链合作关系的建立与形成 ◀▮▮

建立战略性合作伙伴关系是供应链战略管理的重点,也是集成化供应链管理的核心。供应链管理的关键就在于供应链各节点企业之间的连接和合作,以及相互之间在设计、生产、竞争策略等方面良好地协调。它们之间的战略合作伙伴关系将成为决定供应链效率乃至成败的关键因素。

4.2.1　供应链合作关系的类型

在集成化供应链管理环境下,优秀的企业往往在全球范围内寻求最杰出的合作伙伴,以实现强强联合。为了有效选择合作伙伴,需要将合作伙伴分为不同的类型,并进行分类管理。在实践中,一些企业习惯将合作伙伴简单分为重要合作伙伴和一般合作伙伴。重要合作伙伴是少而精的、与自己关系密切的合作伙伴;一般合作伙伴是相对较多的、与自己关系不是很密切的合作伙伴。企业需重视与重要合作伙伴的业务联系,加强与它们的合作。

当然,我们也可以根据更科学合理的标准对供应链合作伙伴进行划分。通常,根据合作伙伴在供应链中的增值性及其竞争力,可以将供应链合作伙伴划分为如图4-2所示的四种类型。图4-2中,纵轴代表的是合作伙伴在供应链中的增值作用,对于一个合作伙伴来说,如果它不能对增值做出贡献,它对供应链的其他企业就没有吸引力。横轴代表某个合作伙伴与其他合作伙伴之间的区别,主要是设计能力、特殊工艺能力、柔性、项目管理能力等方面的竞争力的区别。在实际运作中,应根据核心企业不同的目标、不同的价值趋向,选择不同类型的合作伙伴。对于长期合作而言,要求合作伙伴能保持较强的竞争力和增值率,因此最好选择战略性合作伙伴;对于短期或某一短暂市场需求而言,只需选择普通合作伙伴满足需求即可,以保证成本最小化;对于中期合作而言,可根据竞争力和增值率对供应链的重要程度,选择有影响力的合作伙伴或竞争性/技术性合作伙伴。

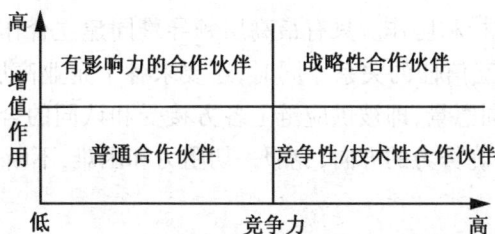

图4-2　供应链合作伙伴分类

4.2.2　建立供应链合作关系的步骤

一个企业在实施供应链战略合作关系获益之前,首先必须认识到这是一个复杂的过程,供应链合作关系的建立不仅在企业结构上有变化,更要在观念上有相应的改变。所以,必须一丝不苟地选择合作伙伴,以确保真正实现供应链合作关系所能带来的利益。建立供应链合作关系可以按下列步骤进行:

1. 建立供应链战略合作伙伴关系的需求分析

企业建立战略合作关系的第一步,必须分析市场竞争环境,明确战略关系对于企业的必要性,同时,还必须评估合作伙伴关系建立后带来的利益以及潜在的风险,以决定是否建立合作伙伴关系。

2. 确立标准,选择合作伙伴

根据合作目标的不同、合作企业在供应链中所处的位置不同、选择的合作伙伴类型不同,企业选择的评价标准也会有差异。比如,对于制造商来说,他们在选择供应商时,标准多集中在产品质量、价格、柔性、提前期、交货准时性、供货批量等方面。核心企业应根据实际情况建立完善的评价标准,并依据该标准对合作伙伴进行评价和选择,确定合作伙伴。

3. 正式建立合作关系

一旦选定合作伙伴,核心企业必须让每一个合作伙伴都认识到相互参与、合作的重要性,真正建立合作关系。

4. 实施和加强战略合作关系

合作关系的稳定和发展是一个长期的过程,而合作伙伴关系带来的效益也需在长时间合作之后才能慢慢显现出来,因此,建立合作关系只是走出了第一步,更重要的是在以后的合作中不断维护和加强这种合作伙伴关系,而对于供应链合作伙伴无益的合作关系则需要解除。

4.2.3 建立供应链合作关系的制约因素

影响供应链合作伙伴关系建立的因素很多。要建立良好的合作伙伴关系,需重点考虑以下五个方面的因素:

1. 企业高层的态度和合作愿景

供应链上各个企业高层的态度对于供应链的合作关系至关重要。良好的供应链关系首先必须得到最高管理层的支持和协作。只有最高层领导赞同建立合作伙伴关系,企业之间才能保持良好的沟通,建立相互信任的关系。同时,还要求各个企业高层有建立战略合作伙伴关系、进行供应链集成的共同愿景,即被供应链上各方接受和认同的合作愿景,通过建立共同愿景可以使供应链上各方明确努力的方向,克服一切阻力和困难,不断努力达到共同的目标。

2. 企业结构和文化

企业结构是指企业的组织结构,它决定了企业内部的相互关系、信息沟通的形式、企业的权力结构以及企业运行的工作流程。企业文化,或称组织文化,是一个组织由其价值观、信念、仪式、符号、处事方式等组成的其特有的文化形象。简而言之,就是企业在日常运行中所表现出的各个方面。解决企业结构和文化中社会、文化和态度之间的障碍,并适当地改变企业的结构和文化。在合作伙伴之间建立一致的运作模式或体制,解决业务流程和结构上存在的障碍。

3. 合作伙伴能力和兼容性

供应链上各个企业的能力(包括研发能力、市场营销能力、技术能力、管理能力等)存在着差异,因此,在供应链合作伙伴间要进行优势互补,突出各个企业各自的核心竞争力,发挥自身的业务专长;同时,还要考虑不同企业在能力、技术和文化等各个方面的兼容性,合理处理好供应链上总成本和利润的分配、文化兼容性、财务稳定性、合作伙伴的能力和定位、自然地理位置分布、管理的兼容性等。

4. 相互信任程度

在供应链战略合作关系建立的实质阶段,需要进行期望和需求分析,相互之间需要紧密合作,加强信息共享,进行技术交流和提供设计支持。在实施阶段,相互之间的信任最为重要。

5. 冲突的解决机制

由于供应链成员之间利益的多元化,也由于供应链组织之间和组织内部各个成员的背景、经验、认识角度各不相同,供应链组织及其成员之间出现冲突与分歧是很自然的。冲突既有破坏性的一面,也有建设性的一面。由于双方目的一致、手段不同而导致的冲突多属于建设性的,而由于双方目的或认识不同导致的冲突多属于破坏性的。由于冲突有不同的影响,处理不好就会挫伤双方合作的积极性,引发供应链合作各方的不信任感,甚至会导致合作联盟的分裂,所以拥有一个健康的冲突解决机制是影响供应链合作伙伴关系的重要因素。

任务三
供应链上供应商的选择及评价

供应链是一个开放的系统,供应商是该系统的一部分,也是较为重要的构成部分。正如前文所述,我国早期关于供应链合作伙伴关系的研究主要集中在制造商的供应环节,也就是"供应商－制造商"的关系。目前一些专家学者所指的"供应链合作伙伴的选择",主要指制造商选择合作伙伴供应商,这正是本书在此处所讨论的"供应链上供应商的选择"。

4.3.1 选择的标准

为了科学评价并合理地选择供应商,必须确立一个有效的评价指标体系。国内外不少专家学者对此进行了讨论。

1. Dickson 供应商评价准则

Dickson 调查了美国数百家企业的经理后发现,产品的质量、交货、历史效益是美国企业选择合作伙伴的三大重要标准。他建立了一个包含 21 个评价准则的供应商选择指标体系,如表4-2 所示。Dickson 的供应商评价准则虽然很全面,但是没有设置权重。

表 4-2　Dickson 的供应商评价准则

排序	准则	排序	准则	排序	准则
1	质量	8	财务状况	15	维修服务
2	交货	9	遵循报价程序	16	态度
3	历史效益	10	沟通系统	17	形象
4	保证	11	美誉度	18	包装能力
5	生产设备/能力	12	业务预期	19	劳工关系记录
6	价格	13	管理与组织	20	地理位置
7	技术能力	14	操作控制	21	以往业务量

2.综合评价指标体系的一般结构

马士华等认为,影响供应商选择的因素主要有企业环境、生产能力、质量系统、企业业绩。为了有效地评价、选择供应商,他们构建了包含三个层次的综合评价指标体系,如表4-3所示。该指标体系的第一层是目标层,第二层是影响供应商选择的具体因素,第三层是与第二层相关的细分因素。

表4-3　供应商综合评价指标体系结构

		社会文化环境
综合评价指标体系	企业环境评价	自然地理环境
		经济与技术环境
		政治法律环境
	质量系统评价	质量管理资源
		质量检验和试验
		制造质量保证
		供应质量保证
		产品开发质量
		质量认证体系
	企业业绩评价	企业发展前景
		企业信誉
		订单交付质量
		成本分析
		员工福利

4.3.2　选择的方法

选择供应商合作伙伴,是对制造商输入物资的适当品质、适当时限、适当数量与适当价格的总体进行选择的起点与归宿。选择供应商合作伙伴的方法较多,一般要根据供应单位的多少、供应单位的了解程度以及对物资需要的时间是否紧迫等条件来确定。目前,在国内外常用的方法有下列五种:

1.直观判断法

直观判断法是指根据征询和调查所得的资料并结合人的分析判断,对合作伙伴进行分析、评价的一种方法。这种方法主要是倾听和采纳有经验的采购人员的意见,或者直接由采购人员凭经验做出判断,常用于选择企业非主要原材料的合作伙伴。

2.招标法

当订购数量大、供应商竞争激烈时,可采用招标法来选择适当的供应商合作伙伴。它是指由企业提出招标条件,各投标方进行竞标,然后由企业决标,与提出最有利条件的供应商合作伙伴签订合同或协议。招标法可以采用公开招标,也可以采用指定竞标。公开招标对投标者的资格不予限制;指定竞标则由企业预先选择若干个可能的合作伙伴,再进行竞标和决标。招标方法竞争性强,企业能在更广泛的范围内选择适当的供应商合作伙伴,以获得供应条件有利的、便宜而适用的物资。但招标法手续较繁杂、办理时间长,不适应紧急订购的需要,且订购机动性差,有时订购者对投标者了解不够,双方未能充分协商,造成货不对路或不能按时到货。

3. 协商选择法

在供货方较多、企业难以抉择时,也可以采用协商选择的方法,即由企业先选出供应条件较为有利的几个合作伙伴,同他们分别进行协商,再确定适当的合作伙伴。与招标法相比,采用协商选择法时由于供需双方能充分协商,所以在物资质量、交货日期和售后服务等方面较有保证,但由于选择范围有限,不一定能得到价格最合理、供应条件最有利的供应来源。当采购时间紧迫、投标单位少、竞争程度小、订购物资规格和技术条件复杂时,协商选择法比招标法更为合适。

4. 采购成本比较法

对质量和交货期都能满足要求的合作伙伴,则需要通过计算采购成本来进行比较分析。采购成本一般包括售价、采购费用、运输费用等各项支出的总和。采购成本比较法是通过计算分析针对各个不同合作伙伴的采购成本,选择采购成本较低的供应商合作伙伴的一种方法。

5. 层次分析法

层次分析法是一种定量分析和定性分析相结合的多因素决策分析方法。该方法将人的主观判断进行量化,在目标因素结构复杂且缺乏必要数据的情况下使用更为方便,因此在实践中应用较为广泛。它的基本原理是根据具有递阶结构的目标、子目标(准则)、约束条件、部门等来评价方案,采用两两比较的方法确定判断矩阵,然后把判断矩阵的最大特征向量的分量作为相应的系数,最后综合给出各方案的权重(优先程度)。由于该方法让评价者对照相对重要性函数表,给出因素两两比较的重要等级,因而可靠性高、误差小,不足之处是当遇到因素众多、规模较大的问题时,用该方法难以进一步对其分组。

4.3.3 选择的步骤

在全球经济一体化的趋势下,越来越多的制造企业在全球范围内与供应商建立起战略伙伴关系,形成一种长期战略联盟的利益共同体。制造商可按照下述流程综合评价选择供应商,并与之建立合作伙伴关系。

1. 分析市场竞争环境(需求、必要性)

市场需求是企业一切活动的驱动源。建立基于信任、合作、开放性交流的供应链长期合作关系,首先必须分析市场竞争环境。其目的在于找到针对哪些产品市场开发供应链合作关系才有效,必须知道现在的产品需求是什么,产品的类型和特征是什么,以确认用户的需求,确认是否有建立供应链合作关系的必要。如果已建立供应链战略伙伴合作关系,则根据需求的变化确认供应链合作关系变化的必要性,从而确认合作伙伴评价选择的必要性,同时分析合作伙伴的现状,分析、总结企业存在的问题。

2. 建立合作伙伴选择目标

企业必须确定合作伙伴评价程序如何实施,信息流程如何运作、由谁负责,而且必须建立实际的目标,其中降低成本是主要目标之一。合作伙伴评价、选择不只是一个简单的评价、选择过程,也是企业自身和其他企业之间的一次业务流程的重构过程,如果实施得好,就可以带来一系列的利益。

3. 建立合作伙伴评价标准

合作伙伴评价指标体系是企业对合作伙伴进行综合评价的依据和标准,是反映企业本身和环境所构成的复杂系统不同属性的指标,按隶属关系、层次结构有序组成的集合。根据系统全面性、简明科学性、稳定可比性、灵活可操作性的原则,应建立集成化供应链管理环境下合作伙伴的综合评价指标体系。不同行业、企业、产品需求,不同环境下的合作伙伴评价标准应是不一样的,但不外乎都涉及合作伙伴的业绩、设备管理、人力资源开发、质量控制、成本控制、技术开发、用户满意度、交货协议等可能影响供应链合作关系的方面。

4. 成立评价小组

企业必须建立一个小组用来控制和实施合作伙伴评价。组员以来自采购、质量、生产、工程等与供应链合作关系密切的部门为主,组员必须有团队合作精神,且有一定的专业技能。评价小组必须同时得到制造商和合作伙伴企业最高领导层的支持。

5. 合作伙伴参与

企业一旦决定进行合作伙伴评价,评价小组就必须与初步选定的合作伙伴取得联系,以确认他们是否愿意与企业建立供应链战略合作伙伴关系,是否有获得更高业绩水平的愿望。企业应尽可能早地让合作伙伴参与评价的设计过程。然而因为企业的力量和资源有限,企业只能与少数关键的合作伙伴保持紧密合作,所以参与的合作伙伴不能太多。

6. 评价合作伙伴

评价合作伙伴的一个主要工作是调查、收集有关合作伙伴的生产运作等全方位的信息。在收集合作伙伴信息的基础上,可以利用一定的工具和技术方法进行合作伙伴的评价。在评价的过程结束后,有一个决策点,即根据一定的技术方法选择合作伙伴,如果选择成功,则可以开始实施供应链合作关系;如果没有合适的合作伙伴可选,则返回步骤2重新进行评价选择。

7. 实施供应链合作伙伴关系

在实施供应链合作伙伴关系的过程中,市场需求将不断变化,可以根据实际情况的需要及时修改合作伙伴评价标准,或重新开始合作伙伴的评价选择。在重新选择合作伙伴的时候,应给予旧合作伙伴足够的时间去适应变化。

4.3.4　供应链上的客户关系管理

在企业外部的供应链上,企业要与下游企业进行业务交往,在与其广义的客户(即供应链中的下游企业)进行业务往来时,如何快速响应他们的需求及其变化,如何与他们实现业务间的紧密联系和协同运作,如何为客户提供优质的产品和满意的服务以留住原有客户并使其成为自己的忠诚客户甚至是终生客户,这些都是关系到企业生存和发展并常常使企业头疼的重大问题。因此,只有应用好客户关系管理系统,充分利用该信息系统的理念、模式和功能,才能实现供应链上企业对下游业务的高效运作。

1.客户关系管理概述

客户关系管理(Customer Relationship Management,CRM)是指企业为了提高核心竞争力,利用相应的信息技术以及互联网技术协调企业与顾客间在销售、营销和服务上的交互,从而提升其管理方式,向客户提供创新式的个性化的客户交互和服务的过程。客户关系管理包括三层含义:①企业管理的指导思想和理念;②创新的企业管理模式和运营机制;③企业管理中信息技术、软硬件系统集成的管理方法和应用解决方案的总和。

客户关系管理的核心思想包括三层含义:①重视客户的个性化。②提高客户的满意度,留住老客户,争取新客户。其包括三个层次:一是保持现有客户,实现现有客户重复购买,这是首要的、最基本的任务;二是开拓新市场;三是吸引新客户。③将客户关怀贯穿营销的全过程。

2.客户关系管理在供应链管理中的地位和作用

在如今的买方市场下,企业在管理层面面临的转变显得日益突出和重要,即职能上从产品管理向客户管理转变,从交易管理向关系管理转变。在以客户为核心的今天,客户主导着企业的生产、销售活动,而不是产品主导这一切活动,客户是主要的市场驱动力。于是,客户的需求、购买行为、潜在的消费偏好等都是企业谋求竞争优势必须争夺的重要资源。而客户作为供应链上的重要一环,在买方市场上,供应链的中心也要由生产者向消费者倾斜。客户管理要成为供应链管理的重要内容。

供应链管理的成功不仅是生产管理的运作,也包括营销管理的运作。供应链管理在服务客户水平的确定上,不应只站在供给一方考虑,而应把握顾客要求,从产品导向转变为市场导向。产品导向型的客户服务是根据供应方自身需要决定的,难以适应顾客需求,容易造成服务设定的失败;而市场导向型的客户服务则是根据经营部门的信息和竞争企业的水平进行定制的,因而能更加接近顾客需求,并能对其及时控制。

20世纪90年代以来,商品进入成熟期以后,顾客对于商品的比较不仅仅在质量方面,更侧重于伴随商品购买所得到的服务。为了靠近顾客,并最大限度地满足顾客的需求,企业在日益激烈的竞争中,越来越重视客户服务,以提升自身竞争力,并保持长期的竞争优势。当客户关系管理成为整个供应链管理的一个重要方面时,则可以更加重视顾客新的需求。

在企业外部下游供应链上,客户关系是最重要的供应链成员关系。因此,客户关系管理也是下游供应链成员之间关系管理的重点。从供应链管理的内容可知,客户是供应链管理的焦点,特别是由于当前的供应链是由市场驱动的拉动式供应链模式,有效的客户关系管理会对整个供应链起到强有力的导向作用,它能导致下游供应链上成员间更好地沟通和信息传递,为企业内部供应链和上游外部供应链带来更准确的需求预测和更大的市场需求,并减少需求变异,使整个供应链的成员能对供应链有快速的响应。如果供应链上的每一个企业都能很好地应用CRM管理好下游业务,则会使整个供应链具有更强的业务沟通和协调能力,以更低的供应链总库存量、更短的提前期、更高的产出率、更快的响应能力和更可靠、更准确的交货和服务能力,快速地推出新产品和满足客户的需求。

3.供应链上客户关系管理的基本原则

供应链上客户关系管理的基本原则就要以客户为中心,及时响应客户需求,实现客户满意,赢得客户忠诚,提高客户价值。

（1）将最终客户与供应链连接起来

这意味着在供应链伙伴之间共享交易数据,利用信息技术在供应链成员企业间构建共享的数据库。如一个生产商或分销商可以利用客户关系管理系统收集客户需求信息,这些来自供应链终端的客户信息可以被供应链上游成员企业获取并使用。将客户与供应链连接起来,实现客户信息在供应链上的传递、交流,供应链便能快速响应客户需求。

（2）对供应链进行动态管理,及时反馈需求信息

在复杂多变的市场环境下,通过营销策略和信息技术掌握确切的市场需求,使供应链上游企业的活动建立在可靠的需求信息的基础上。同时,动态管理可以使上游企业及时把握新的市场机会,发掘潜在客户,拥有更多的市场份额。

（3）与客户间保持良好互动

企业可以选择客户喜欢的方式同客户进行双向沟通,既可方便地获取所需信息,又能更好地服务客户,让客户获得满意,不仅能更好地留住老客户,还能吸引更多的新客户。

（4）全面管理企业与客户发生的各种关系

供应链上的客户关系不仅包括生产商或分销商同最终客户的关系,还包括供应链上成员企业间的合作伙伴关系。这两类关系不仅包括单纯的销售过程中所发生的业务关系,如合同签订、订单处理、发货、收款等,也包括在企业营销、售前及售后服务过程中发生的各种关系,如联合开发、技术支持等。对企业与客户间可能发生的各种关系进行全面管理,将会大大提高企业营销能力、降低营销成本、控制营销过程中可能导致客户抱怨的各种行为。

（5）树立一种面向流程的观点

树立以客户为中心的供应链必须本着一种面向流程的观点。流程的观点打破了以功能划分的组织边界,使得组织将精力集中于最终结果,围绕客户而不是企业内部组织活动。

4.供应链上客户关系管理的策略

（1）了解服务对象的需求

加强对市场和客户的细分,有针对性地设计个性化的服务和业务,通过定制服务、等级服务全力满足客户多样化的需求,成为企业提供服务的有效途径。

（2）树立客户导向的经营理念

重点是树立"以人为本"的服务理念。卓有成效的服务策略必须在有效的服务策略定位、深入的客户服务需求研究和遵循价值原则的客户细分基础上进行,而差异化服务策略则要针对细分客户群进行服务内容、服务渠道和服务方式的设计。通过对客户服务精准的定位,以有限的资源投入服务来实现企业和客户的价值最大化。

（3）加快客户营销创新,树立市场形象

在我国市场主体、市场竞争、市场边界和市场秩序等企业外部环境因素都已经发生根本性变革的今天,传统营销的作用日益弱化,必须不断地采用新的营销策略才能吸引客户。营销创新便是企业在"以客户为中心"的理念指导下,采用区别于传统营销的新观念、新方法、新举措、新途径,更好地为客户服务的营销创意实践活动,也是提升客户满意度的一种有效策略。

（4）调整业务流程及组织结构

供应链中的企业要实施客户关系管理,常常需要对企业业务流程及组织结构进行调整,这个调整需要得到相关部门及其人员的理解与支持,这是在供应链上实施客户关系管理时需要考虑的重要问题。

●**知识小结**

首先从狭义和广义两个角度界定了供应链合作伙伴关系,然后从总体上介绍了建立供应链合作关系的步骤以及制约因素,再从上游和下游两个角度阐述了供应链合作伙伴的选择,主要站在制造商的角度分析了上游合作伙伴的选择,即供应链上供应商的选择,也就是狭义的供应链合作伙伴的选择。在企业外部下游供应链上,客户关系是最重要的供应链成员关系,也是供应链管理的焦点。

思考题

一、选择题

1. 对于长期合作而言,最好选择(　　　)合作伙伴。

　　A. 普通　　　　　　　　　　B. 有影响力的

　　C. 竞争性/技术性　　　　　　D. 战略性

2. (　　　)常用于选择企业非主要原材料的合作伙伴。

　　A. 直观判断法　　　　　　　B. 协商选择法

　　C. 采购成本比较法　　　　　D. 招标法

3. (　　　)是一种定量分析和定性分析相结合的多因素决策分析方法。

　　A. 层次分析法　　　　　　　B. 协商选择法

　　C. 采购成本比较法　　　　　D. 招标法

4. Dickson 调查了美国数百家企业的经理后发现,产品的(　　　)是美国企业选择合作伙伴的三大重要标准。

　　A. 质量　　　　　　　　　　B. 交货

　　C. 历史效益　　　　　　　　D. 价格

二、简答题

1. 建立供应链合作关系的制约因素有哪些?

2. 举例说明在供应链上选择供应商的方法。

3. 如何理解客户关系管理在供应链管理中的地位和作用?

●**知识拓展**

本田供应链案例浅析

随着科技的不断进步和经济的不断发展、全球化的信息网络和全球化的市场的形成及技术改革的加速,围绕新产品的市场竞争也日趋激烈。因此供应链管理也受到越来越多的人重视,成为当代国际上最有影响力的一种企业运作模式。企业与企业之间的竞争也是供应链与供应链之间的竞争。

本田公司通过与供应商建立长期的战略性合作伙伴关系和实施有效的供应商管理,保证采购的低成本、高质量、高效率和高柔性,成为供应链管理中重要而有效的方式。

本田公司将制作过程中一切不能增加产品附加价值的因素都视为浪费,本田的采购就是只在需要的时候,按需要的数量采购企业生产所需的合格的原材料和外购件,而这些活动是不增加附加值的,那么就必须要消除这些浪费,消除原材料与外购件的库存。一个企业中所有的活动只有当需要进行的时候接受服务,才算是最合算的,即只有在需要的时候,把需要的品质和数量提供到所需要的地点,才是最节省、最有效的方式。本田公司让供应商了解了自己企业的生产程序和生产能力,使供应商能够清楚地知道企业需要产品或原材料的期限、质量和数量;向供应商提供自己的经营计划、经营策略及其相应的措施,使供应商明确企业的要求和希望。而供应商可以提供本田需要的零部件,大大节约了投资成本和精力,使它将更多的资金和精力花在自己企业的建设和管理上,提高企业的盈利能力;可缩短产品上市周期,提高企业的反应速度。

本田公司并不是一个只重视自身发展的公司,它与供应商之间是一种长期相互信赖的合作关系。如果供应商达到本田公司的业绩标准,就可以成为它的终身供应商。本田公司与Donnelly 公司的合作关系就是一个很好的例子。本田美国公司开始选择 Donnelly 为它生产全部的内玻璃,当时 Donnelly 的核心能力就是生产车内玻璃,随着合作的加深,相互的关系越来越密切(部分原因是相同的企业文化和价值观),本田公司开始建议 Donnelly 生产外玻璃(这不是 Donnelly 的强项)。在本田公司的帮助下,Donnelly 建立了一个新厂用于生产本田所需的外玻璃。两个公司之间的交易额在第一年为 500 万美元,到 1997 年就达到了 6 000 万美元。由此可见,本田与其供应商之间是双向需要的,供需双方需要生产与发展,供应方的产品为需求方所用;需求方的所需则是供应方的产品出路,因此合作才能实现双赢。同时,身处同一战略联盟,作为一个团队,只有相互信任、相互支持,荣辱与共,才能并肩前进;只有在成本控制与议价能力等方面做到实处,才能有利可图,实现双赢的合作关系。

良好的供需合作关系是供应链管理的关键,那么选择合适的供应商就显得十分重要。本田公司对供应商进行评估时,使用的是 QCDDM 模式,即质量、成本、交付、开发速度和管理态度,其中管理态度极为重要,它是双方能否合作的关键。虽然供应商的管理态度不必与生产商完全一致,但是双方必须感到彼此是朝着一个方向努力的。同时供应商必须表现出对新技术的理解和掌握能力,还要考虑它的发展前景和增长潜力。位于俄亥俄州的本田美国公司,强调与供应商之间的长期战略合作伙伴关系。本田公司总成本的大约 80% 都用在向供应商的采购上,这在全球范围是最高的。因为它选择离制造厂近的供应源,所以与供应商能建立更加紧密的合作关系,能更好地保证 JIT 供货。制造厂库存的平均周转周期不到 3 小时。1982 年,27个美国供应商为本田美国公司提供了价值 1 400 万美元的零部件,而到了 1990 年,有 175 个美国供应商为它提供超过 22 亿美元的零部件。大多数供应商与它的总装厂距离不超过 150英里。在俄亥俄州生产的汽车零部件本地率达到 90%(1997 年),只有少数的零部件来自日本。强有力的本地化供应商的支持是本田公司成功的原因之一。

对供应商采取何种手段管理也十分重要,本田公司对供应商的管理手段更偏向于为他们提供支持帮助。本田公司在以下几个方面提供支持帮助,使供应商成为世界一流的供应商:①2 名员工协助供应商改善员工管理;②40 名工程师在采购部门协助供应商提高生产率和质量;③质量控制部门配备 120 名工程师解决进厂产品和供应商的质量问题;④在塑造技术、焊接、模铸等领域为供应商提供技术支持;⑤成立特殊小组帮助供应商解决特定的难题;⑥直接与供应商上层沟通,确保供应商的高质量;⑦定期检查供应商的运作情况,包括财务和商业计划等;⑧外派高层领导人到供应商所在地工作,以加深本田公司与供应商相互之间的了解及沟通。从以上八点进行归纳,可以得出以下几点:

1. 技能保障

由①②③④得出:本田公司注重自身各部门内部的知识水平,要求采购人员能分清哪种零部件最好、最优,质量控制部门不仅能发现问题所在,更要找出其解决办法。而对于供应商,本田采取渗透管理的做法,从旁协助、主动献技为供应商提供塑造焊接、模铸等技术支持。确保供应商与本田相关的各项业务都能由本田或多或少地控制,于本田自身来说,供应商的安全保障性就大大提高了。

2. 沟通保证

由⑥⑧可得:本田是极为注重沟通的。与供应商上层沟通,目的在于确定共同战略目标,拟订共同发展方向;外派人员驻守,有利于提高供应商信息反馈的真实可信度,有利于信息反馈效率的提高,有利于本田对供应商的管理控制及时做出调整。

3. 管理督导

由⑤⑦可知:相互信任建立在一定的真实信息文件上,比如财务报表、企业发展计划等,双方都有实现监察的权利与履行提供真实情况的义务。在遇到问题时,本田公司主动帮助供应商解决问题,以确保整个业务流程的正常运作。

本田公司与供应商之间是一种长期相互信赖的合作关系,八个方面提供的支持帮助,符合供应链合作伙伴关系的特点,做到了信息共享,提供了管理和技术的支持,实现了双赢,所以本田公司与其供应商之间的供应链合作伙伴关系是取得成功的关键因素。

我们也可以看出,通过与供应商建立长期合作伙伴关系,可以缩短供应商的供应周期,提高供应商的灵活性;可以降低企业的原材料、零部件的库存水平,降低管理费用,加快资金周转,提高原材料、零部件的质量;可以加强与供应商的沟通,改善订单的处理过程,提高材料需求准确度;可以共享供应商的技术与革新成果,加快产品开发速度,缩短产品开发周期;可以与供应商共享管理经验,推动企业整体管理水平的提高。

目前我国很多企业或部门往往过分看重自己的利益,为了追逐眼前的利益,他们把周围所有人看成他们的对手;他们不了解合作的意义,合作意识淡薄,这对供应链的管理有很大的影响。从本田的案例我们可以看出,建立良好的供应链合作伙伴关系是企业获得成功的关键,只有双方建立起一种双赢的合作伙伴关系,才能获得更大的收益,企业才能在激烈的市场竞争中取得胜利。

问 题

请探讨本田公司供应链合作伙伴关系的特点。

项目五

供应链环境下的采购与库存管理

● 学习目标

知识目标

系统了解供应链采购管理、库存管理;能正确理解传统采购与供应链采购的区别,能实施准时化采购策略以及有效管理供应商。

技能目标

能结合企业实际制定合理的供应链管理环境下库存管理策略与方法。

● 案例导入

小米供应链管理模式下的采购

小米公司正式成立于 2010 年 4 月,是一家中国著名的专注于智能手机自主研发的移动互联网公司,定位于高性能发烧手机。小米手机、MIUI、米聊是小米公司旗下三大核心业务。

小米公司首创了用互联网模式开发手机操作系统、发烧友参与开发改进的模式。"为发烧而生"是小米的产品理念。向用户提供参与感,赢得用户参与到小米产品的完善和品牌的树立中来,共同成就一个前所未有的软件、硬件、互联网"铁人三项"公司。

小米的产业链状况具体如下:

1. 采购

原材料的来源单一和不成熟导致小米在销售的过程中存在问题。

小米公司供应链中的 MOS 管和来电显示彩灯是由泰国供应商提供的,零件的组装是由韩国 LG 公司提供的,这就造成了供应链的疲软。小米公司对供应商可能出现的问题缺乏前瞻性和预测性,问题出现之后也缺乏妥善的处理,最终导致小米手机的订购和供应都存在一定的问题。

2. 生产

小米手机的生产模式可称为"类 PC 生产",这是一种"按需定制"的生产模式。

小米手机用户通过网络下单,小米由此获得市场需求,然后通过供应链采购零部件,比如向夏普采购屏幕、向高通采购芯片、向索尼采购摄像头,再向其他厂商采购非关键零部件。

由于小米手机市场供不应求,处于"饥渴"状态,供需尚不需要完全对接。在供需相对平衡的情况下,如能打通供需两端,就能实现真正的"按需定制"。

3. 库存管理模式

对制造业企业而言,降低物料的储存和采购成本很重要。借鉴戴尔的成功经验,小米实现了零库存采购。首先,小米手机用户通过网络下单,形成确定的市场需求量,然后小米根据这个确定的需求量采购零部件。由于是按需采购,零部件等物料的储存和采购成本实现了最小化。

对小米供应链模式下的采购优化具体分析如下:

小米公司通过价值链分析和成本动因分析,将大部分具有成本风险的业务环节,如仓储、生产、营销等外包或者代之以创新的方式,而自身专注于市场需求引导、产品设计这两个领域。

1. 对采购的零部件进行分类管理

小米公司可以按照以下因素将所采购的零部件加以分类:①零部件对企业的重要程度;②零部件获得的难易程度和可靠程度;③供应市场的风险程度;④企业与供应商的相对优劣势。根据这些因素,企业可以考虑用不同的管理模式同这些零部件的供应商发展关系。

2. 选择合适的供应商

摆脱供应商的束缚,就不能过度依赖一个供应商,要与其他手机零部件的供应商建立合作伙伴的关系,降低风险。

在供应链模式下,小米公司与小米供应商具有共同的目标和利益,结成共担风险、全面配合的战略联盟关系。从系统协调角度分析,整条供应链的功能和效应的发挥有赖于供应链的运营环境、运营目标以及供应链各节点企业的互相联系和互相作用,如果各节点企业不能通过协商来妥善处理各种冲突,则供应链的整体功能将由于结构不稳导致无效,甚至产生负效应。

因而,小米在选择供应商时,不仅要评价供应商的服务质量、供应价格,更要评价其拥有的信息、技术、人才、获得资源的能力、企业的战略目标、企业文化、企业信誉等能影响长期经济利益和协调机制的综合能力。

小米公司必须成立一个跨部门的联合小组,组员来自采购、质检、研发、生产及信息技术等与供应链合作关系密切的部门。小组应首先制定合作伙伴的评价标准,建立供应链管理环境下合作伙伴关系的综合评价指标体系。评价合作伙伴关系的一个主要工作是调查收集有关供应商的生产运作、成本控制、技术开发等全方位的信息。

在收集合作伙伴关系信息的基础上,可以利用一定的工具和技术方法对合作伙伴进行评价。小米公司一旦初步选定合作伙伴后,就应该与选定的目标企业取得联系,以确认他们是否愿意与其建立长期的合作关系、是否有获得更高业绩水平的愿望等。

3.对代工企业实施严格监督管理

小米公司将生产的业务外包给了英华达(南京)科技有限公司,这种生产模式属于外包的形式。如果对生产过程不进行严格的把关,就可能会出现一些质量问题,甚至影响到企业的品牌形象。因此,小米公司对代工企业从生产到物流实施严格的监督管理。

问 题

请谈谈本案例给你的启示。

任务一
供应链环境下的采购管理

5.1.1 传统采购与供应链采购

1.传统采购的特点

传统采购的重点放在如何和供应商进行商业交易的活动上,比较重视交易过程中供应商的价格谈判和比较,通过供应商的多头竞争,通常从中选择价格最低者作为合作者。传统采购业务流程如图5-1所示。

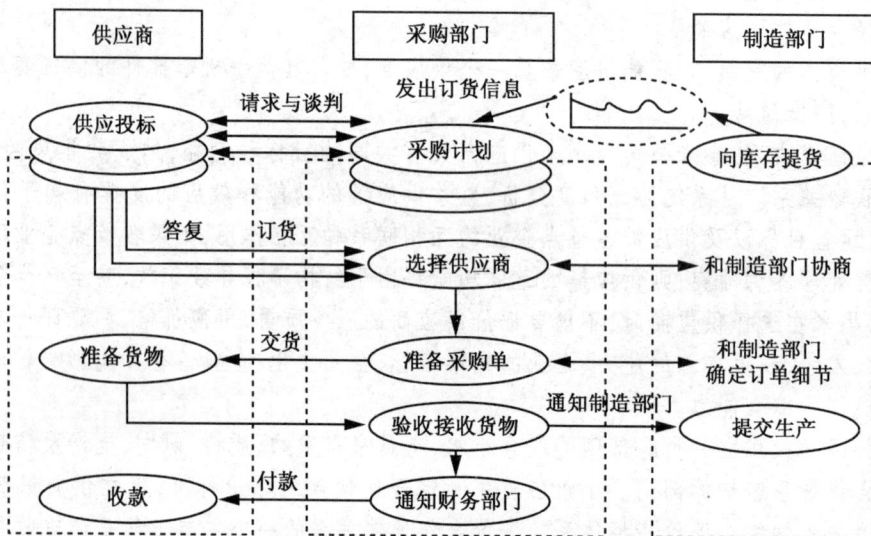

图5-1 传统采购业务流程

由传统采购业务流程可见,传统采购模式的特点主要表现在以下几个方面:

第一,传统采购过程是典型的非信息对称博弈的过程。

第二,验收检查是采购部门的一个重要的事后把关工作,质量控制难度大。

第三,供需关系是临时的或短期的合作关系,而且竞争多于合作。

第四,响应用户需求能力迟钝。

2.供应链采购与传统采购的区别

供应链采购与传统采购的区别见表5-1。

表 5-1 供应链采购与传统采购的区别

项目	供应链采购	传统采购
基本性质	合作型采购:基于客户需求的采购,供应方主动型、需求方进行采购的操作方式	对抗型采购:基于库存的采购,需求方进行采购的操作方式
信息环境	信息共享	信息不通,信息保密
库存关系	供应商掌握和管理库存,需求方可以不设仓库,实现零库存	需求方掌握和管理库存,需求方设立仓库,库存水平较高
送货方式	供应商小批量、多频次连续补充货物	供应商大批量、小频次送货
双方关系	责任共担,利益共享,协调性合作	供需双方敌对,责任自负,利益独享,互斥性竞争
货物检验	基本免检	严格检查

3.供应链采购

供应链采购与传统采购相比,物资供需关系没变,采购的概念没变,但是由于供应链各个企业之间是一种战略合作伙伴关系,采购是在一种合作共赢的环境中进行的,所以采购的观念和采购的实施都发生了很大变化。

(1)供应链采购的特点

供应链采购是指在供应链机制下成员企业之间的采购模式。供应链采购具有以下一些特点:

第一,采购基于需求。供应链采购由客户订单驱动,在供应链管理模式下,根据客户需求产生订单,订单驱动生产,生产驱动采购,产品满足客户需求,这样采购本身就成了满足客户订单的过程。

第二,主动的供应商采购。需求者将其需求信息随时传给供应商,供应商则根据需求状况和变化趋势,及时调整生产计划,及时补充货物,主动跟踪用户需求,适时适量地满足用户的需求。

第三,合作采购。供应链采购的双方为了能获得更大的经济效益,从不同角度相互配合、各尽其力,提高采购效率,最大限度地降低成本。

(2)供应链采购的实施

在供应链管理模式下,采购的目标要做到以下五个恰当:

一是恰当的数量。实现采购的经济批量,既不积压库存又不造成需求短缺。

二是恰当的时间。实现及时化采购,既不因提前造成库存压力,又不因滞后造成生产压力。

三是恰当的地点。实现最优的物流效率,尽可能节约采购成本。

四是恰当的价格。实现采购价格的合理性,避免价格过高造成浪费,价格过低造成质量难以保证。

五是恰当的来源。力争实现供需双方间的合作与协调,达到共赢的结果。

(3)供应链管理中采购的基本要求

要实现以上五个恰当,供应链管理下的采购必须在传统采购模式的基础上进行以下几个方面的转变:一是从库存驱动向订单驱动转变,订单驱动的采购原理如图5-2所示。二是采购管理向外部资源管理转变。传统采购模式中,因供应商对采购部门的需求存在滞后的情况,供应链中的企业无法实现同步化动作。供应链外部资源管理克服了这一缺陷,采购企业"直接"参与供应商的生产和制造流程,从而保证采购的商品质量。外部资源管理实现了供应链管理的系统性、协调性、集成性和同步性,从内部集成走向外部集成。三是从一般买卖关系向战略协作伙伴关系转变。传统采购模式中,供应商与需求企业之间是一种简单的买卖关系,无法解决一些涉及全局性、战略性的供应链问题,而基于战略合作伙伴关系的供应链采购方式则为解决这些问题创造了条件。

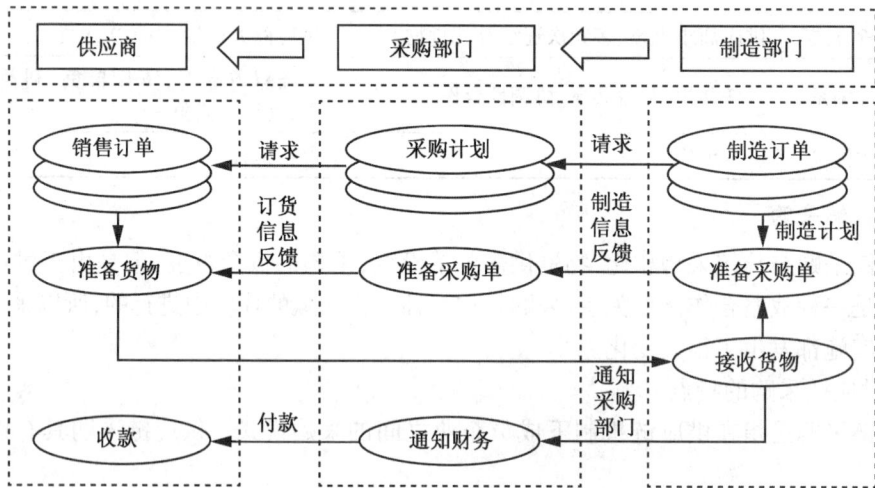

图 5-2　订单驱动的采购原理

(4)供应链管理中采购的基本流程

企业采购管理的基本任务有三个:一是要保证企业所需的各种物资的供应;二是从资源市场获取各种信息,为企业物资采购和生产决策提供信息支持;三是要与资源市场建立友好关系,为企业营造一个有效的资源环境。供应链采购的基本流程如图5-3所示。

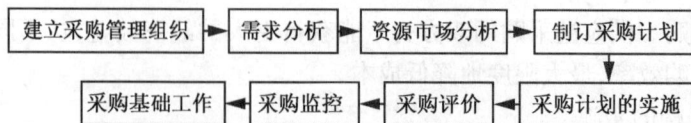

图 5-3　供应链采购的基本流程

5.1.2　准时化采购

1.准时化采购的基本思想

准时化采购又称 JIT 采购,是一种直接面向客户需求的先进采购模式,由准时化生产(Just in Time)管理思想演变而来,其基本思想是在恰当的时间、恰当的地点,以恰当的数量、恰当的质量提供恰当的物品。准时化采购是为了消除库存和不必要的浪费而进行的持续性改造,从而尽可能地降低企业的采购成本和经营成本,以提高企业的竞争力。准时化采购是准时化生产管理模式的必然要求。

2.准时化采购的基本原理

准时化采购的基本原理是以需定供,即供方按照需方需求的品种、规格、质量、数量、时间、地点等要求,将物品配送到指定的地点。

①在品种配置上,保证品种的有效性,拒绝不需要的品种。

②在数量配置上,保证数量的有效性,拒绝多余的浪费。

③在时间配置上,保证所要求的时间,拒绝不按时的供应。

④在质量配置上,保证产品质量,拒绝次品和废品。

⑤在地点配置上,保证送货上门的准确性。

3.准时化采购的特点

(1)用较少的供应商,甚至单供应源

采用传统的采购模式时,一般供应商的数目相对较多。从理论上讲,采用单供应源比多供应源好:一方面,管理供应商比较方便,也有利于降低采购成本;另一方面,有利于供需之间建立长期稳定的合作关系,质量上比较有保证。但是,采用单一的供应源也有风险,比如供应商可能因不确定性因素中断交货,或供应商缺乏竞争意识等。

在实际工作中,许多企业也不是很愿意成为单一供应商。其原因很简单:一方面,供应商是独立性较强的商业竞争者,不愿意把自己的成本数据透露给用户;另一方面,供应商不愿意成为用户的一个产品库存点。实施准时化采购,需要减少库存,但库存成本原先在用户一边,现在转移到了供应商这边,因此用户必须意识到供应商的这种顾虑。

(2)对供应商的选择标准不同

在传统的采购模式中,供应商是通过价格竞争来选择的,供应商与用户的关系是短期的合作关系,当发现供应商不合适时,可以通过市场竞标的方式重新选择供应商。但在准时化采购模式中,由于供应商和用户是长期的合作关系,供应商的合作能力将影响企业的长期经济利益,因此对供应商的要求就比较高。在选择供应商时,需要对供应商进行综合的评估。在评估供应商时,价格不是主要的因素,质量才是最重要的标准。这种质量不单指产品的质量,还包括工作质量、交货质量、技术质量等多方面内容。高质量的供应商有利于建立长期的合作关系。

(3)对交货准时性的要求不同

准时采购的一个重要特点是要求交货准时,这是实施准时(精细)生产的前提条件。交货准时取决于供应商的生产和运输条件。供应商要使交货准时,可从以下几个方面着手:一是不断改善企业的生产条件,提高生产的可靠性和稳定性,减少延迟交货或误点现象。作为准时化供应链管理的一部分,供应商同样应该采用准时化的生产管理模式,以提高生产过程的准时性。二是为了提高交货准时性,运输问题不可忽视。在物流管理中,运输问题是一个很重要的问题,它决定准时交货的可能性。特别是全球的供应链系统,运输过程长,而且可能要先后使用不同的运输工具,需要中转运输等,因此要进行有效的运输计划与管理,使运输过程准确无误。

(4)对信息交流的需求不同

准时化采购要求供应与需求双方信息高度共享,保证供应与需求信息的准确性和实时性。由于双方的战略合作关系,企业在生产计划、库存、质量等各方面的信息都可以及时进行交流,以便出现问题时能够及时处理。

(5)制订采购批量的策略不同

小批量采购是准时化采购的一个基本特征。准时化采购与传统采购模式的一个重要不同之处在于,准时化生产需要减少生产批量,直至实现在生产过程中没有库存。因此采购的物资也应采用小批量办法。当然,小批量采购自然会增加运输次数和成本,对供应商来说,这是很为难的事情,特别是供应商在国外等远距离的情形下,实施准时化采购的难度就更大。解决的办法是可以采用混合运输、代理运输等方式,或尽量使供应商靠近用户等。

4. 准时化采购对供应链管理的意义

采购位于企业内部的起始位置,同时又是整条供应链的关键环节,它是企业与外部供应商联系的纽带,又是企业自身运作的动力。因此,准时采购对供应链管理思想的贯彻实施有着重要的意义。供应链环境下的采购模式在于采用订单驱动的方式,订单驱动使供应与需求双方都围绕订单运作,也就实现了准时化、同步化运作。要实现同步化运作,采购方式就必须是并行的,当采购部门产生一个订单时,供应商即开始着手物品的准备工作。与此同时,采购部门编制采购计划,生产部门进行生产准备,当采购部门把详细的采购单提供给供应商时,供应商就能很快地将物资在较短的时间内交给用户。当用户需求发生改变时,制造订单又驱动采购订单发生改变,面对这样一种快速的改变过程,如果没有准时的采购方法,供应链企业就很难适应这种多变的市场需求,因此,准时化采购提高了供应链的柔性和敏捷性。准时化采购策略体现了供应链管理的协调性、同步性和集成性,供应链管理需要通过准时化采购来保证供应链的整体同步操作。

5. 准时化采购的方法

如何有效地实施准时化采购,可以借鉴以下几种方法:

(1)创建准时化采购团队

世界一流企业的专业采购人员有三个责任:寻找货源、商定价格、发展与供应商的协作关系并不断改进。因此专业化的高素质采购队伍对实施准时化采购至关重要。为此,首先应成立两个小组:一个是专门处理供应商事务的小组。该小组的任务是认定和评估供应商的信誉、能力,或与供应商谈判签订准时化订货合同,向供应商发放免检签证等,同时负责供应商的教育培训。另外一个是专门从事消除采购过程中浪费的小组。这些小组成员对准时化采购的方法应有充分的了解和认识,必要时要进行培训,如果这些成员本身对准时化采购的认识和了解都不彻底,就不可能期望其与供应商合作了。

（2）制订计划，确保准时化采购策略有计划、有步骤地实施

制定采购策略，改进当前的采购方式，减少供应商的数量，正确评价供应商，向供应商发放签证，等等。在这个过程中，要与供应商一起商定准时化采购的目标和有关措施，保持经常性的信息沟通。

（3）精选少数供应商，建立合作伙伴关系

选择供应商应从这几个方面考虑：产品质量、供货情况、应变能力、地理位置、企业规模、财务状况、技术能力、价格、与其他供应商的可替代性等。

（4）进行试点工作

先从某种产品或某条生产线试点开始，进行零部件或原材料的准时化供应试点。在试点过程中，取得企业各个部门的支持是很重要的，特别是生产部门的支持。通过试点总结经验，为正式实施准时化采购打下基础。

（5）做好供应商的培训，确定共同目标

准时化采购是供需双方共同的业务活动，单靠采购部门的努力是不够的，还需要供应商的配合。只有供应商对准时化采购的策略和运作方法有了一定的认识和理解，才能给予支持和配合，因此需要对供应商进行教育培训。通过培训，大家拥有一致的目标，相互之间就能够很好地协调，做好采购的准时化工作。

（6）向供应商颁发产品免检合格证书

准时化采购和传统采购方式的不同之处在于买方不需要对采购产品进行较多的检验手续。要做到这一点，需要供应商提供百分之百的合格产品，当其达到这一要求时，即向其颁发免检证书。

（7）实现配合准时化生产的交货方式

准时化采购的最终目标是实现企业的生产准时化。为此，要实现从预测的交货方式向准时化适时交货方式转变。

（8）继续改进，扩大成果

准时化采购是一个不断完善和改进的过程，需要在实施过程中不断总结经验教训，从降低运输成本、提高交货的准确性和产品的质量、降低供应商库存等各个方面进行改进，不断提高准时化采购的运作绩效。

5.1.3　供应商的选择与管理

1. 供应商的选择

（1）供应商选择的影响因素

供应商隶属于供应链这一个开放的系统，因而供应商的选择也会受到各种经济、政治和其他因素的影响。因此，在选择供应商时，要结合实际综合考虑以下因素：

①质量因素。质量是供应链的生存之本，产品的使用价值是以产品质量为基础的，它决定了最终消费品的质量，影响着产品的市场竞争力和占有率。因此，质量是选择供应商的一个重要因素。

②价格因素。价格低意味着企业可以降低其生产经营的成本，对企业提高竞争力和增加利润有着明显的作用，是选择供应商的重要因素。但是价格最低的供应商不一定就是最合适

的，还需要考虑产品的质量、交货时间以及运输费用等诸多因素。

③交货准时性因素。能否按约定的时间和地点将产品准时送达直接影响企业生产和供应活动的连续性，也会影响各级供应链的库存水平，继而影响企业对市场的反应速度，打乱生产商的生产计划和销售商的销售计划。

④品种柔性因素。要想在激烈的竞争中生存和发展，企业生产的产品必须多样化，以适应消费者的需求，达到占有市场和获取利润的目的。而产品的多样化是以供应商的品种柔性为基础的，它决定了消费品的种类。

⑤其他影响因素。它包括设计能力、特殊工艺能力、整体服务水平、项目管理能力等因素。

（2）选择供应商的步骤

我国企业评价选择供应商时存在较多问题，比如：企业在选择供应商时，主观的成分过多，有时往往根据供应商的印象来确定供应商，供应商选择中还存在一些个人的因素；供应商选择的标准不全面，目前企业的选择标准多集中在供应商的产品质量、价格、柔性、交货准时性、提前期和批量等方面，没有形成一个全面的供应商综合评价指标体系，不能对供应商做出全面、具体、客观的评价。广义的选择供应商过程包括以下步骤：

①分析市场竞争环境。这个步骤的目的在于找到针对哪些产品市场开发供应链合作关系才有效，必须知道现在的产品需求是什么，产品的类型和特征是什么，以确认用户的需求，从而确认供应商评价选择的必要性，同时分析现有供应商的现状，分析、总结企业存在的问题等。

②确立供应商选择目标。企业必须确定供应商评价程序如何实施，信息流程如何，谁负责，而且必须建立具有实质性的实际的目标。其中降低成本是主要目标之一，供应商评价、选择不仅只是一个简单的评价、选择过程，它本身也是企业自身和企业与企业之间的一次业务流程重构过程，实施得好，它本身就可带来一系列利益。

③建立供应商评价标准。供应商综合评价的指标体系是企业对供应商进行综合评价的依据和标准，是反映企业本身和环境所构成的复杂系统不同属性的指标，按隶属关系、层次结构有序组成的集合。根据系统全面性、简明科学性、稳定可比性、灵活可操作性的原则，建立集成化供应链管理环境下供应商的综合评价指标体系。不同行业、企业、产品需求，不同环境下的供应商评价应该是不一样的，但应涉及供应商的业绩、设备管理、人力资源开发、质量控制、成本控制、技术开发、用户满意度、交货协议等方面。

④建立评价小组。企业必须建立一个小组以控制和实施供应商评价。评价小组必须同时得到制造商企业和供应商企业最高领导层的支持。

⑤供应商参与。一旦企业决定实施供应商评价，评价小组必须与初步选定的供应商取得联系，以确认他们是否愿意与企业建立合作关系，是否有获得更高业绩水平的愿望。企业应尽可能早地让供应商参与到评价的设计过程中来。然而因为企业的力量和资源是有限的，企业只能与少数关键的供应商保持紧密的合作，所以参与的供应商不宜太多。

⑥评价供应商。评价供应商的一个主要工作是调查、收集有关供应商的生产运作等全方面的信息。在收集供应商信息的基础上，就可以利用一定的工具和技术方法进行供应商的评价了。在完成评价后，有一个决策点，根据一定的技术方法选择供应商，如果选择成功，则可以开始合作关系；如果没有合适供应商可选，则返回步骤②重新开始评价选择。

⑦实施合作关系。在实施合作关系的过程中，市场需求将不断变化，可以根据实际情况的需要及时修改供应商评价标准，或重新开始供应商评价选择。在重新选择供应商的时候，应给

予旧供应商以足够的时间来适应变化。

2.供应商管理

供应商管理是在新的物流与采购经济形势下提出的管理机制。现代管理学如 MBA、EM-BA 等将其分为竞争式及双赢式两种模式。在供应链采购管理中,供应商管理是一个非常重要的问题,它在实现准时化采购中有很重要的作用。

(1)两种供应关系模式

在供应商与制造商关系中,存在两种典型的关系模式:传统的竞争关系和合作性关系,或者叫双赢关系(Win-Win)。两种关系模式的采购特征有所不同。

一是竞争关系模式,即价格驱动。这种关系的采购策略表现为:①买方同时向若干供应商购货,通过供应商之间的竞争获得价格好处,同时也保证供应的连续性;②买方通过在供应商之间分配采购数量的方式对供应商加以控制;③买方与供应商保持的是一种短期合同关系。

二是双赢关系模式,即一种合作的关系。这种供需关系最先在日本企业中采用。它强调在合作的供应商和生产商之间共同分享信息,通过合作和协商协调相互的行为:制造商对供应商给予协助,帮助供应商降低成本、改进质量、加快产品开发进度;通过建立相互信任的关系提高效率,降低交易/管理成本;长期的信任合作取代短期的合同;比较多的信息交流。

5.1.2 节介绍的准时化采购采用的模式就是合作性的关系模式,供应链管理思想的集中表现就是合作与协调。因此建立一种双赢的合作关系对于实施准时化采购是很重要的。

(2)双赢关系对实施准时化采购的意义

从 5.1.2 节对准时化采购原理和方法的探讨中可以看到,供应商与制造商的合作关系对于准时化采购的实施是非常重要的。只有建立良好的供需合作关系,准时化策略才能得到彻底的贯彻落实,并取得预期的效果。准时化采购中供需合作关系具有非常大的作用与意义。

从供应商的角度来说,如果不实施准时化采购,由于缺乏和制造商的合作,库存、交货批量都比较大,在质量、需求方面就无法获得有效的控制。通过建立准时化采购策略,把制造商的 JIT 思想扩展到供应商,加强了供需之间的联系与合作,在开放性的动态信息交互下,面对市场需求的变化,供应商能够做出快速反应,从而提高其应变能力。对制造商来说,通过和供应商建立合作关系,实施准时化采购,管理水平得到提高,制造过程与产品质量得到有效控制,成本降低了,制造的敏捷性与柔性增加了。

双赢关系对于采购中供需双方的作用如表5-2所示。

表 5-2　双赢关系对于采购中供需双方的作用

供应商方面	制造商方面
增加对整个供应链业务活动的共同责任感和利益的分享; 增加对未来需求的可预见性和可控能力,长期的合同关系使供应计划更加稳定; 成功的客户有助于供应商的成功; 高质量的产品增强了供应商的竞争力	增加对采购业务的控制能力; 长期的、有信任保证的订货合同保证了满足采购的要求; 减少和消除了对购进产品的不必要的检查活动

(3)双赢供应关系管理

双赢关系已经成为供应链企业之间合作的典范,因此,要在采购管理中体现供应链的思想,对供应商的管理就应集中在如何和供应商建立双赢关系以及维护和保持双赢关系上。

第一,信息交流与共享机制。信息交流有助于减少投机行为,促进重要生产信息的自由流动。为加强供应商与制造商的信息交流,可以从以下几个方面着手:

(1)在供应商与制造商之间经常进行有关成本、作业计划、质量控制信息的交流与沟通,保持信息的一致性和准确性。

(2)实施并行工程。制造商在产品设计阶段让供应商参与进来,这样供应商可以在原材料和零部件的性能和功能方面提供有关信息,为实施QFD(质量功能配置)的产品开发方法创造条件,把用户的价值需求及时地转化为对供应商的原材料和零部件的质量与功能要求。

(3)建立联合的任务小组以解决共同关心的问题。在供应商与制造商之间应建立一种基于团队的工作小组,双方的有关人员共同解决供应过程以及制造过程中遇到的各种问题。

(4)供应商和制造商经常互访。供应商与制造商采购部门应经常性地互访,及时发现和解决各自在合作活动过程中出现的问题和困难,建立良好的合作氛围。

(5)使用电子数据交换(EDI)和因特网(Internet)技术进行快速的数据传输。

第二,供应商激励机制。保持长期的双赢关系,对供应商的激励是非常重要的,没有有效的激励机制,就不可能维持良好的供应关系。在激励机制的设计上,要体现公平、一致的原则。给予供应商价格折扣和柔性合同,以及赠送股权等,使供应商和制造商分享成功,同时也使供应商从合作中体会到双赢机制的好处。

第三,供应商评价机制。要实施对供应商的激励机制,就必须对供应商的业绩进行评价,使供应商不断改进。没有合理的评价方法,就不可能对供应商的合作效果进行评价,从而大大降低供应商的合作积极性和合作稳定性。对供应商的评价要抓住主要指标或问题,比如,交货质量是否改善、提前期是否缩短、交货的准时率是否提高等。通过评价,把结果反馈给供应商,和供应商一起共同探讨问题产生的根源,并采取相应的措施予以改进。

任务二
供应链环境下的库存控制

5.2.1 库存管理的基本原理和方法

1.库存的概念

库存,在英语里面有两种表达方式:inventory 和 stock,表示用于将来目的的资源暂时处于闲置状态。一般情况下,人们设置库存的目的是防止短缺,就像水库里储存的水一样。另外,它还具有保持生产过程连续性、分摊订货费用、快速满足用户订货需求的作用。在企业生产中,尽管库存是出于种种经济考虑而存在的,但是库存也是一种无奈的结果。它是由于人们无法预测未来的需求变化,才不得已采用的应对外界变化的手段,也是因为人们无法把所有的工作都做得尽善尽美,才产生的一些人们并不想要的冗余与囤积——不和谐的工作沉淀。在库存理论中,人们一般根据物品需求的重复程度将库存分为单周期库存和多周期库存。单周期需求也叫一次性订货,这种需求的特征是偶发性和物品生命周期短,因而很少重复订货,如没有人会订过期的报纸,人们也不会在农历八月十六这天预订中秋月饼,这些都是单周期需求。多周期需求是指在长时间内需求反复发生,库存需要不断补充。在实际生活中,这种需求现象较为多见。

多周期需求又分为独立需求库存与相关需求库存两种属性。

独立需求是指需求变化独立于人们的主观控制能力之外,因而其数量与出现的概率是随机的、不确定的、模糊的。相关需求的需求数量和需求时间与其他的变量存在一定的相互关系,可以通过一定的数学关系推算得出。对于一个相对独立的企业而言,其产品是独立的需求变量,因为其需求的数量与需求时间对于作为系统控制主体的企业管理者而言,一般是无法预先精确确定的,只能通过一定的预测方法得出。生产过程中的在制品以及需要的原材料则可以通过产品的结构关系和一定的生产比例关系准确确定。

独立需求的库存控制与相关需求的库存控制原理是不相同的。独立需求对一定的库存控制系统来说,是一种外生变量(Exogenous Variable),相关需求则是控制系统的内生变量(Endogenous Variable)。独立需求的库存控制一般是与推动式供应链模式联系在一起的,独立需求的货项的需求不可能精确地预测。相关需求的库存控制一般与拉动式供应链系统以及"外推 – 内拉"即混合式供应链系统联系在一起,需求根据所要生产的单位数量来决定。

归根到底,库存控制要解决三个主要问题:

①确定库存检查周期;

②确定订货量;

③确定订货点(何时订货)。

2. 独立需求库存控制的方法

(1)ABC 管理法

ABC 管理法源于帕累托的"关键少数,次要多数"的观点,即以某类库存物资品种数占总库存物资品种数的百分数大小和该类物资金额占库存物资总金额的百分数大小为标准,将库存物资分为 A、B、C 三类,进行分级管理。

ABC 管理法的基本原理:对企业库存(物料、在制品、产成品)按其重要程度、价值高低、资金占用或消耗数量等进行分类、排序,一般 A 类物资数目占全部库存物资的 10% 左右,而其金额占总金额的 70% 左右;B 类物资数目占全部库存物资的 20% 左右,而其金额占总金额的 20% 左右;C 类物资数目占全部库存物资的 70% 左右,而其金额占总金额的 10% 左右。

A 类库存物资的管理要点:①进货要勤;②发料要勤;③与用户密切联系,及时了解用户需求的动向;④恰当选择安全系统,使安全库存量尽可能减少;⑤与供应商密切联系。

C 类库存物资的管理要点:一般采用比较粗放的定量控制方式,可以采用较大的订货批量或经济订货批量进行订货。

B 类库存物资的管理要点:介于 A 类和 C 类物料之间,可采用定量订货方式为主、定期订货方式为辅的方式,并按经济订货批量进行订货。

(2)定量订货法

定量订货法是指当库存量下降到预定的最低库存数量(订货点)时,按规定数量(一般以经济批量 EOQ 为标准)进行订货补充的一种库存管理方法。该方法的关键在于计算出订购点和订购批量。对于某种商品来说,当订购点和订购批量确定后,就可以利用永续盘存法实现库存的自动管理。

定量订货法中订货点的确定分为两种情况,确定订货点后,再计算出每次的订购量,就可用定量控制法进行库存控制了。

①在需求和订货提前期都确定的情况下,不需设置安全库存:订货点 = 订货提前期(天)× 全年需求量 ÷ 360。

②在需求和订货提前期都不确定的情况下,需要设置安全库存:订货点 = (平均需求量 × 最大订货提前期) + 安全库存。

(3)定期订货法

定期订货法是指按预先确定的订货时间间隔进行订货以补充库存的一种管理方法。定期订货法的原理:预先确定一个订货周期和最高库存量,周期性地检查库存,根据最高库存量、实际库存量、在途订货量和待出库商品数量,计算出每次订货量,发出订货指令,组织订货。

这种方法的关键在于确定订货周期和最大库存量。订货周期是指提出订购、发出订货通知直到收到订货的时间间隔。最大库存量满足订货周期和订货提前期库存及安全库存的要求。

订货量 = 最高库存量 − 现有库存量 − 订货未到量 + 客户延迟购买量

3. 相关需求控制的方法

(1)物流需求计划(MRP)

企业怎样才能在规定的时间、规定的地点,按照规定的数量得到真正需要的物料,换句话说,就是库存管理怎样才能符合生产计划的要求,这是物料需求计划所解决的。物料需求计划的模型结构图如图5-4所示。

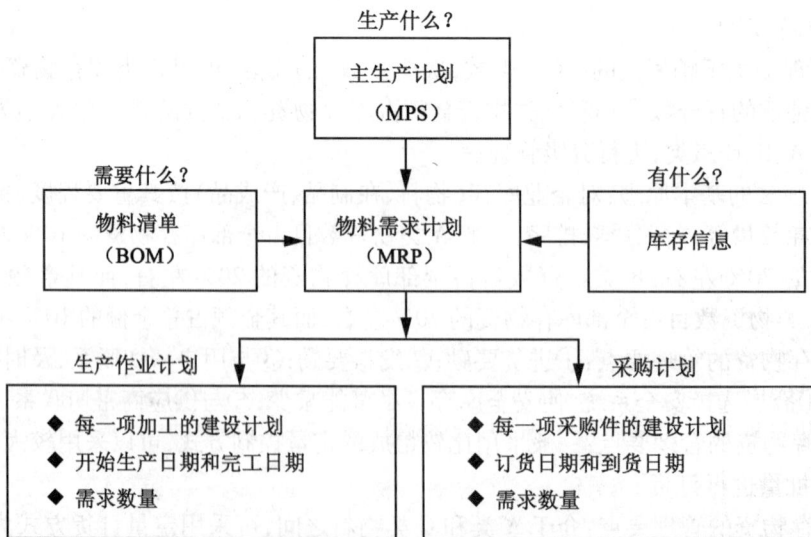

图5-4　MRP 的模型结构图

(2)制造资源计划(MRPⅡ)

制造资源计划(Manufacturing Resource Planning, MRP)一般称为 MRPⅡ,是一种先进的企业管理思想和方法。在这种管理方法中集成了物料流动的管理和资金流动的管理,也就是说,把物流和资金流统筹考虑。而且这个系统中加入了计算机模拟功能,为管理者提供了决策支持功能。MRPⅡ的逻辑流程图如图5-5所示。

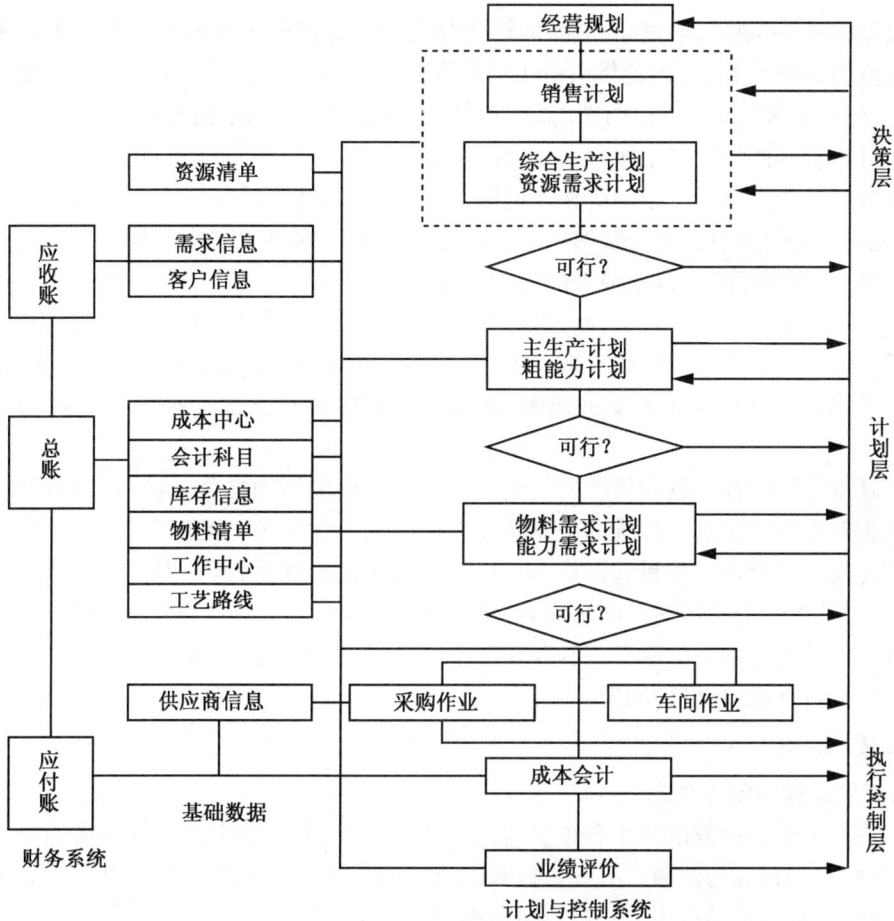

图5-5　MRPⅡ的逻辑流程图

（3）企业资源计划（ERP）

企业资源计划（Enterprise Resource Planning,ERP）是在MRPⅡ的基础上,通过前馈的物流和反馈的信息流、资金流,把客户需求和企业内部的生产经营活动以及供应商的资源整合在一起,体现完全按用户需求进行经营管理的一种全新的管理方法。ERP在MRPⅡ的基础上对企业资源的优化扩展到了包括质量管理、人力资源管理、设备综合管理、电子商务等各个方面,实现对整个供应链的有效管理。其核心思想就是供应链管理的思想。企业资源计划是对企业的所有资源进行管理,继承MRPⅡ的思想（制造、供销、财务）,发展MRPⅡ的管理范围（多厂、质量、设备、运输等）,将MRPⅡ的物流为核心、计划为主线转移成成本为核心、计划为主线。

5.2.2　供应链库存管理的主要问题

库存以原材料、在制品、半成品、成品的形式存在于供应链的各个环节。由于库存费用占库存物品价值的 20%～40%，因此供应链中的库存控制十分重要。库存决策的内容集中于运行方面，包括生产部署策略，如是采用推式生产管理还是拉式生产管理；库存控制策略，如各库存点的最佳订货量、订货点、安全库存水平的确定等。

绝大多数制造业供应链是由制造和分销网络组成的，通过原材料的输入转化为中间和最终产品，并把它分销给用户。在复杂的供应链网络中，不同的管理者担负不同的管理任务。不同的供应链节点企业的库存，包括输入的原材料和最终的产品，都有复杂的关系。供应链的库存管理不是简单的需求预测与补给，而是要通过库存管理获得用户服务与利润的优化。其主要内容包括采用先进的商业建模技术来评价库存策略、提前期和运输变化的准确效果；决定经济订货量时考虑供应链企业各方面的影响；在充分了解库存状态的前提下确定适当的服务水平。

供应链环境下的库存问题和传统的企业库存问题有许多不同之处，这些不同点体现出供应链管理思想对库存的影响。传统的企业库存管理侧重于优化单一的库存成本，从存储成本与订货成本出发确定经济订货量和订货点。从单一的库存角度看，这种库存管理方法有一定的适用性，但是从供应链整体系统的角度看，单一企业库存管理的方法显然是不够的。

目前供应链管理环境下的库存控制存在三个主要问题：供应链的战略与规划问题、供应链的运作问题、供应链的信息管理问题。

1.供应链的战略与规划问题

（1）没有供应链的整体观念

虽然供应链的整体绩效取决于各个供应链的节点绩效，但是各个部门都是各自独立的单元，都有各自独立的目标与使命。有些目标和供应链的整体目标是不相干的，更有可能是冲突的。因此，这种各行其道的行为必将导致供应链整体效率的低下。

例如，美国的一家计算机制造商电路板组装作业采用每笔订货费作为其压倒一切的绩效评价指标，该企业将精力集中放在减少订货成本上。这种做法本身没有不妥，但是它没有考虑这样做对整体供应链的其他制造商和分销商的影响，结果该企业维持过高的库存以保证大批量订货生产。而印第安纳的一家汽车制造配件厂却在大量压缩库存，因为它的绩效评价是由库存决定的。结果，它到组装厂与零配件分销中心的响应时间变得更长和波动不定。组装厂与分销中心为了满足顾客的服务要求而不得不维持较高的库存。这两个例子说明，供应链库存的决定是各自为政的，没有考虑整体的效能。

目前供应链系统没有针对全局供应链的完善的绩效评价指标，这是普遍存在的问题。有些企业采用库存周转率作为供应链库存管理的绩效评价指标，但是没有考虑对用户的反应时间与服务水平，最终用户的满意度应该成为供应链库存管理的一项重要指标。

（2）对用户服务的理解与定义不恰当

供应链管理的绩效好坏应该由用户来评价，或者依靠对用户的反应能力来评价。但是，对用户的服务的理解与定义各不相同，导致对用户服务水平的差异。许多企业采用订货满足率来评估用户服务水平，这是一种比较好的用户服务考核指标。但是用户满足率本身并不保证运作问题,比如一家计算机工作站的制造商要满足一份包含多产品的订单要求,产品来自各个供应商,用户要求一次性交货,制造商要把各个供应商的产品集中到齐后才一次性装运给用户,这时,虽然用总的用户满足率来评价制造商的用户服务水平是恰当的,但是,这种评价指标并不能帮助制造商发现哪家供应商的交货迟了或早了。

传统的订货满足率评价指标也不能评价订货的延迟水平。两家同样具有90%的订货满足率的供应链,在如何迅速补给余下的10%订货要求方面差别是很大的。其他的服务指标也常常被忽视了,如总订货周转时间、平均回头订货时间、平均延迟时间、提前或延迟交货时间等。

2.供应链的运作问题

(1)忽视不确定性对库存的影响

供应链运作中存在诸多的不确定性因素,如订货提前期、货物运输状况、原材料的质量、生产过程的时间、运输时间、需求的变化等。为减少不确定性对供应链的影响,首先应了解不确定性的来源和影响程度。很多企业并没有认真研究和跟踪其不确定性的来源和影响,错误估计供应链中物料的流动时间(提前期),造成有的物品库存积压,而有的物品库存不足的现象。

(2)库存控制策略简单化

无论是生产性企业还是物流企业,库存控制的目的都是为了保证供应链运行的连续性和应对不确定性需求。了解和跟踪不确定性状态的因素是第一步,利用跟踪到的信息去制订相应的库存控制策略是第二步。这是一个动态的过程,因为不确定性也在不断地变化。有些供应商在交货与质量方面可靠性好,而有些则相对差些;有些物品的需求可预测性大,而有些物品的可预测性则小一些。库存控制策略应能反映这种情况。

传统的库存控制策略多数是面向单一企业的,采用的信息基本上来自企业内部,其库存控制没有真正体现供应链管理的思想。因此,如何建立有效的库存控制方法,并能体现供应链管理的思想,是供应链库存管理的重要内容。

(3)缺乏合作与协调性

供应链是一个整体,需要协调各方活动,才能取得最佳的运作效果。协调的目的是使满足一定服务质量要求的信息可以无缝地、流畅地在供应链中传递,从而使整个供应链能够根据用户的要求步调一致,形成更为合理的供需关系,适应复杂多变的市场环境。例如,当用户的订货由多种产品组成,而各产品又是由不同的供应商提供时,如用户要求所有的商品都一次性交货,这时企业必须对来自不同供应商的交货期进行协调。如果组织间缺乏协调与合作,会导致交货期延迟和服务水平下降,同时库存水平也会由此增加。

要进行有效的合作与协调,组织之间需要一种有效的激励机制。在企业内部一般有各种各样的激励机制来加强部门之间的合作与协调,但是当涉及企业之间的激励时,困难就大得多。问题还不仅如此,信任风险的存在更加深了问题的严重性,相互之间缺乏有效的监督机制和激励机制是供应链企业之间合作不稳固的重要原因。

3.供应链的信息管理问题

(1)不准确的交货状态数据

当顾客下订单时,他们总是想知道什么时候能交货。在等待交货的过程中,顾客也可能会对订单交货状态进行修改,特别是当交货被延迟以后。我们并不否定一次性交货的重要性,但我们必须看到,许多企业并没有及时而准确地把推迟的订单交货的修改数据提供给用户,其结果当然是造成用户的不满和良好愿望的损失。如一家计算机公司花了一周的时间通知用户交货日期,有一家公司30%的订单是在承诺交货日期之后交货的,40%的订单的实际交货日期比承诺交货日期偏差10天之久,而且交货日期修改过几次。交货状态数据不及时、不准确主要是由信息传递、共享不及时造成的。

(2)低效率的信息传递系统

在供应链中,各个供应链节点企业之间的需求预测、库存状态、生产计划等都是供应链管理的重要数据,这些数据分布在不同的供应链组织之间,要做到有效、快速地响应用户需求,必须实时地传递数据,为此需要对供应链的信息系统模型做相应的改变。通过系统集成的办法,使供应链中的库存数据能够实时、快速地传递。

但是目前许多企业的信息系统并没有很好地集成起来,当供应商需要了解用户的需求信息时,得到的常常是延迟的信息和不准确的信息。由于延迟引起误差而影响库存的精确度,短期生产计划的实施也会遇到困难。例如企业为了制订一个生产计划,需要获得关于需求预测、当前库存状态、订货的运输能力、生产能力等信息,这些信息需要从供应链的不同节点企业数据库获得,数据调用的工作量很大。数据整理完后再制订主生产计划、物料需求计划,最后才进行生产。时间越长,预测误差越大,制造商对最新订货信息的有效反应能力也就越小,生产出过时的产品和造成过高的库存也就不足为奇了。

5.2.3　供应链环境下的库存管理策略

针对前面分析的供应链管理环境下库存管理和传统的库存管理模式的差别以及目前供应链库存管理面临的问题,结合国内外企业的实践经验及理论研究成果,下面介绍几种先进的供应链库存管理策略,包括供应商管理库存(VMI)、联合库存管理(JMI)、多级库存优化与控制、从工作流管理进行库存控制。

1. 供应商管理库存(VMI)

长期以来,由于各个节点企业各自为政,零售商有自己的库存,批发商有自己的库存,供应商也有自己的库存,并且由于各自的库存控制策略不同且相互封闭,因此不可避免地产生了需求的扭曲现象,从而导致需求变异放大,无法使供应商准确了解下游客户的需求。供应商管理库存(Vendor Managed Inventory, VMI)打破了传统的各自为政的库存管理模式,体现了供应链的集成化管理思想,更适应市场变化的要求,是一种新的有代表性的库存管理思想。

(1) VMI 的基本思想

传统地讲,库存是由库存拥有者管理的。因为无法确切知道用户需求与供应的匹配状态,所以需要库存,库存设置与管理是由同一组织完成的。这种库存管理模式并非总是最优的。例如,一个供应商用库存来应对不可预测的或某一用户(这里的用户不是指最终用户,而是指分销商或批发商)不稳定的需求,用户也设立库存来应对不稳定的内部需求或供应链的不确定性。

VMI 库存管理系统突破了传统的条块分割的库存管理模式,以系统的、集成的管理思想进行库存管理,使供应链系统能够获得同步化的运作。关于 VMI 的定义,国外有学者认为:"VMI 是一种在用户和供应商之间的合作性策略,对双方来说都是最低的成本优化产品的可获性,在一个相互同意的目标框架下由供应商管理库存,这样的目标框架被经常性监督和修正,以产生一种连续改进的环境。"

关于 VMI 也有其他不同的定义,但归纳起来,该策略的关键措施主要体现在如下几个原则中:

①合作性原则:在实施该策略时,相互信任与信息透明是很重要的,供应商和用户(零售商)都要有较好的合作精神,才能够保持较好的合作。

②互惠原则:VMI 不是关于成本如何分配或谁来支付的问题,而是关于减少成本的问题。通过该策略使双方的成本都获得减少。

③目标一致性原则:双方都明白各自的责任,观念上达成一致的目标。如库存放在哪里、什么时候支付、是否要管理费、要花费多少等问题都要回答,并且体现在框架协议中。

④连续改进原则:使供需双方能共享利益和消除浪费。VMI 的主要思想是供应商在用户的允许下设立库存,确定库存水平和补给策略,拥有库存控制权。

精心设计与开发的 VMI 系统,不仅可以降低供应链的库存水平、降低成本,而且还能使用户获得高水平的服务,改善资金流,与供应商共享需求变化的透明性和获得更高的用户信任度。

(2)VMI 的实施步骤

实施 VMI 策略,首先,要改变订单的处理方式,建立基于标准的托付订单处理模式;其次,供应商和批发商一起确定供应商的订单业务处理过程所需要的信息和库存控制参数;再次,建立一种订单的处理标准模式,如 EDI 标准报文;最后把订货、交货和票据处理各个业务功能集成在供应商一边。

库存状态透明性(对供应商)是实施供应商管理用户库存的关键。供应商能够随时跟踪和检查销售商的库存状态,从而快速地响应市场的需求变化,对企业的生产(供应)状态做出相应的调整。为此需要建立一种能够使供应商和用户(分销、批发商)的库存达到透明状态的信息系统。

供应商管理库存的策略可以分如下几个步骤来实施:

第一,建立顾客情报信息系统。要有效地管理销售库存,供应商必须能够获得顾客的有关信息。通过建立顾客的信息库,供应商能够掌握需求变化的有关情况,把由批发商(分销商)进行的需求预测与分析功能集成到供应商的系统中来。

第二,建立销售网络管理系统。供应商要很好地管理库存,必须建立起完善的销售网络管理系统,保证自己的产品需求信息和物流畅通。因此必须解决以下三个问题:①保证自己产品条码的可读性和唯一性;②解决产品分类、编码的标准化问题;③解决商品存储运输过程中的识别问题。

目前已有许多企业采用 MRPII 或 ERP 企业资源计划系统,这些软件系统都集成了销售管理的功能。通过对这些功能的扩展,企业可以建立完善的销售网络管理系统。

第三,建立供应商与分销商(或批发商)的合作框架协议。供应商和销售商一起通过协商,确定处理订单的业务流程以及控制库存的有关参数(如再订货点、最低库存水平等)、库存信息的传递方式(如 EDI 或 Internet)等。

第四,组织机构的变革。这一点也很重要,因为 VMI 策略改变了供应商的组织模式。过去一般由会计经理处理与用户相关的事情,引入 VMI 策略后,订货部门产生了一个新的职能以负责用户库存的控制、库存补给和服务水平。

一般来说,以下的情况适合实施VMI策略:零售商或批发商没有IT系统或基础设施来有效管理他们的库存;制造商实力雄厚,并且比零售商市场信息量大;制造商有较高的直接存储交货水平,因而能够有效规划运输。

(3)VMI的支持技术

VMI的支持技术主要包括EDI/Internet、ID代码、条码、条码应用标识符、连续补给程序等。

2.联合库存管理(JMI)

(1)JMI的基本思想

VMI是一种供应链集成化运作的决策代理模式,它把用户的库存决策权代理给供应商,由供应商代替分销商或批发商行使库存决策的权力。联合库存管理(Jointly Managed Inventory,JMI)则是一种风险分担的库存管理模式。联合库存管理的思想可以从分销中心的联合库存管理功能谈起。地区分销中心体现了一种简单的联合库存管理思想。传统的分销模式是分销商根据市场需求直接向工厂订货,比如汽车分销商(或批发商),根据用户对车型、款式、颜色、价格等的不同需求,向汽车制造厂订货,订的货需要经过一段较长的时间才能到达,因为顾客不想等待这么久的时间,因此各个经销商不得不进行库存备货,这样大量的库存使经销商难以承受,以至于破产。分销中心就起到了联合库存管理的功能,它既是一个商品的联合库存中心,同时也是需求信息的交流与传递枢纽。我们从分销中心的功能得到启发,于是对现有的供应链库存管理模式进行了新的拓展和重构,提出了联合库存管理新模式基于协调中心的联合库存管理系统。

近年来,在供应链企业之间的合作关系中,更加强调双方的互利合作关系,联合库存管理就体现了战略供应商联盟的新型企业合作关系。

联合库存管理是解决供应链系统中由于各节点企业的相互独立库存运作模式而导致的需求放大现象,是提高供应链的同步化程度的一种有效方法。联合库存管理和供应商管理用户库存不同,它强调双方同时参与,共同制订库存计划,使供应链过程中的每个库存管理者(供应商、制造商、分销商)都从相互之间的协调性考虑,保持供应链相邻的两个节点之间的库存管理者对需求的预期保持一致,从而消除了需求变异放大现象。

任何相邻节点需求的确定都是供需双方协调的结果,库存管理不再是各自为政的独立运作过程,而是供需连接的纽带和协调中心。联合库存管理系统把供应链系统管理进一步集成为上游和下游两个协调管理中心,从而部分消除了由于供应链环节之间的不确定性和由需求信息扭曲现象导致的供应链的库存波动。通过协调管理中心,供需双方共享需求信息,从而起到了提高供应链运作稳定性的作用。

(2)联合库存管理的实施策略

①建立供需协调管理机制

为了发挥联合库存管理的作用,供需双方应从合作的精神出发,建立供需协调管理的机制,明确各自的目标和责任,建立合作沟通的渠道,为供应链的联合库存管理提供有效的机制。建立供需协调管理机制可以从以下几个方面着手:

第一,建立共同合作目标。供需双方必须本着互惠互利的原则,建立共同的合作目标。为此,要理解供需双方在市场目标中的共同之处和冲突点,通过协商形成共同的目标,如用户满意度、利润的共同增长和风险的减少等。

第二，建立联合库存的协调控制方法。联合库存管理中心担负着协调供需双方利益的角色，起协调控制器的作用，因此需要对库存优化的方法进行明确确定。这些内容包括库存如何在多个需求商之间调节与分配、库存的最大量和最低库存水平、安全库存的确定、需求的预测等。

第三，建立一种信息沟通的渠道或系统。信息共享是供应链管理的特色之一。为了提高整个供应链的需求信息的一致性和稳定性，减少由于多重预测导致的需求信息扭曲，应增加供应链各方对需求信息获得的及时性和透明性。为此应建立一种信息沟通的渠道或系统，以保证需求信息在供应链中的畅通和准确。要将条形码技术、扫描技术、POS 系统和 EDI 集成起来，并且要充分利用因特网的优势，在供需双方之间建立一个畅通的信息沟通渠道和联系纽带。

第四，建立利益的分配、激励机制。为了有效运行基于协调中心的库存管理，必须建立一种公平的利益分配制度，并对参与协调库存管理中心的各个企业（供应商、制造商、分销商或批发商）进行有效的激励，防止机会主义行为，增加协作性和协调性。

②发挥两种资源计划系统的作用

为了发挥联合库存管理的作用，在供应链库存管理中应充分利用目前比较成熟的两种资源管理系统：MRPII 和 DRP。原材料库存协调管理中心应采用制造资源计划系统 MRPII，而在产品联合库存协调管理中心则应采用物资资源配送计划 DRP。这样就能在供应链系统中把两种资源计划系统很好地结合起来。

③建立快速反应系统

快速反应系统是在 20 世纪 80 年代末由美国服装行业发展起来的一种供应链管理策略，目的在于减少供应链中从原材料到用户过程的时间和库存，最大限度地提高供应链的运作效率。快速反应系统在美国等西方国家的供应链管理中被认为是一种有效的管理策略，它经历了三个发展阶段。

第一阶段为商品条码化，通过对商品的标准化识别处理加快订单的传输速度；第二阶段是内部业务处理的自动化，采用自动补库与 EDI 数据交换系统提高业务自动化水平；第三阶段是采用更有效的企业间的合作，消除供应链组织之间的障碍，提高供应链的整体效率，如通过供需双方合作，确定库存水平和销售策略等。目前在欧美等西方国家，QR 系统应用已达到第三阶段，通过联合计划、预测与补货等策略进行有效的用户需求反应。快速反应系统需要供需双方的密切合作，因此协调库存管理中心的建立为快速反应系统发挥更大的作用创造了有利的条件。

④发挥第三方物流系统的作用

第三方物流系统（Third Party Logistics，TPL）是供应链集成的一种技术手段。TPL 也叫作物流服务提供者（Logistics Service Provider，LSP），它为用户提供各种服务，如产品运输、订单选择、库存管理等。第三方物流系统有的是由一些大的公共仓储公司通过提供更多的附加服务演变而来的，有的是由一些制造企业的运输和分销部门演变而来的。

把库存管理的部分功能代理给第三方物流系统管理，可以使企业更加集中精力处理自己的核心业务，第三方物流系统起到了供应商和用户之间联系的桥梁作用，为企业获得诸多好处。第三方物流系统在供应链中的作用具体如下：

A. 减少成本；

B. 使企业集中于核心业务；

C. 获得更多的市场信息；

D. 获得一流的物流咨询；

E. 改进服务质量；

F. 快速进入国际市场。

面向协调中心的第三方物流系统使供应方与需求方都取消了各自独立的库存,增加了供应链的敏捷性和协调性,并且能够大大提高供应链的用户服务水平和运作效率。

3. 多级库存优化与控制

基于协调中心的联合库存管理是一种联邦式供应链库存管理策略,是对供应链的局部优化控制,而要进行供应链的全局性优化与控制,则必须采用多级库存优化与控制方法。因此,多级库存优化与控制是供应链资源的全局性优化。

多级库存的优化与控制是在单级库存控制的基础上形成的。多级库存系统根据不同的配置方式,有串行系统、并行系统、纯组装系统、树形系统、无回路系统和一般系统。

供应链管理的目的是使整个供应链各个阶段的库存最小,但是,现行的企业库存管理模式是从单一企业内部的角度去考虑库存问题的,因而并不能使供应链整体达到最优。

多级库存控制的方法有两种:一种是非中心化(分布式)库存控制策略,另一种是中心化(集中式)库存控制策略。

(1)非中心化库存控制策略

非中心化库存控制策略是各个库存点独立地采取各自的库存策略。它把供应链的库存控制分为三个成本归结中心,即制造商成本中心、分销商成本中心和零售商成本中心,各个中心根据自己的库存成本最优化原则做出库存控制策略。非中心化库存控制要取得整体的供应链优化效果,需要提高供应链的信息共享程度,使供应链的各个部门及时共享统一的市场信息。

非中心化控制策略在管理上比较简单,能够使企业根据自己的情况独立地做出决策,有利于发挥企业的自主性和灵活性。非中心化库存订货点的确定,可完全按照单点库存的订货策略进行,即每个库存点根据库存的变化,独立地决定库存控制策略。非中心化的多级库存优化策略需要企业之间的协调性比较好;如果协调性差,则有可能导致各自为政的局面。

(2)中心化库存控制策略

中心化库存控制策略是将库存中心放在核心企业上,由核心企业对供应链系统进行控制,协调上游企业与下游企业的库存活动,这样,核心企业也同时成了供应链上的数据交换中心,担负着数据的集成与协调功能。

中心化库存控制策略的优势在于能够对整个供应链系统的运行有一个较全面的掌握,能够协调各个节点企业的库存活动。但当供应链的层次较多时,协调控制较难。检查库存状态时,不但要检查本库存点的库存数据,还要检查其下游需求方的库存数据。各级库存控制策略的决策是基于对其下游企业的库存状态掌握之上的,因此避免了信息扭曲的现象。建立在现代信息技术基础上的全球供应链信息系统为企业之间的快速信息传递提供了保证。

4. 从工作流管理进行库存控制

前面论述的几种供应链库存控制策略对改进供应链企业的库存管理以及供应链的整体优

化是有帮助的,但库存控制是个很复杂的企业综合管理问题,尽管目前已有许多数学模型能够辅助库存管理,但是从管理的战略意义上讲,这些模型和算法都很难真正解决库存控制中的本质问题——战略性库存决策问题。战略性库存决策问题是宏观的管理决策问题,纯粹用传统的、微观的、基于算法求解的方法不能解决战略库存决策问题,多级库存控制的难点也就在这里。

从深层次的研究发现,库存并不是简单的资源储备或闲置的问题,而是一种组织行为问题,这是我们关于库存管理新的理解。库存是企业之间或部门之间没有实现无缝链接的结果,因此,库存管理的真正本质不是针对物料的物流管理,而是针对企业业务过程的工作流管理。

基于传统的库存观点,库存管理就是物料管理,于是人们花大量的时间与精力去优化库存(物料成本优化),但是却没有达到预期效果。而所谓的库存管理也总是围绕物流管理、仓库管理等问题展开,或者基于降低浪费的角度,采用准时制无休止地改进以降低库存。虽然这些都是库存管理的有效方法,但是,从根本上来说,仍然没有解决库存的本质问题。

从传统的以物流控制为目的的库存管理向以过程控制为目的的库存管理转变是库存管理思维的变革。基于过程控制的库存管理将是全面质量管理、业务流程再造、工作流技术、物流技术的集成。这种新的库存管理思想对企业的组织行为产生重要的影响,企业的组织结构将更加面向过程。供应链是多个组织的联合,通过有效的过程管理可以减少乃至消除库存。

在供应链库存管理中,组织障碍是库存增加的一个重要因素。不管是企业内部还是企业之间,相互的合作与协调是实现供应链无缝链接的关键。在供应链管理环境下,库存控制不再是一种运作问题,而是企业的战略性问题。要实现供应链管理的高效运行,必须增加企业的协作,建立有效的合作机制,进行流程革命。因此,库存管理并不是简单的物流过程管理,而是企业之间工作流的管理。基于工作流的库存管理能解决传统的库存控制方法无法解决的库存协调问题,特别是多级库存控制问题。多级库存管理涉及多组织协作关系,这是企业之间的战略协作问题。传统的订货点方法解决不了多组织的物流协作问题,必须通过组织的最有效协作关系进行协调才能解决这个问题。

基于工作流的库存控制策略把供应链的集成推到了一个新的战略高度——企业间的协作与合作。

●知识小结

准时化采购又称 JIT 采购,是一种直接面向客户需求的先进采购模式,由准时化生产(Just in Time)管理思想演变而来。其基本思想是在恰当的时间、恰当的地点,以恰当的数量、恰当的质量提供恰当的物品。准时化采购是为了消除库存和不必要的浪费而进行的持续性改造,从而尽可能地降低企业的采购成本和经营成本,以提高企业的竞争力。准时化采购是准时化生产管理模式的必然要求。

ABC 管理法的基本原理:对企业库存(物料、在制品、产成品)按其重要程度、价值高低、资金占用或消耗数量等进行分类、排序,一般 A 类物资数目占全部库存物资的 10% 左右,而其金额占总金额的 70% 左右;B 类物资数目占全部库存物资的 20% 左右,而其金额占总金额的 20% 左右;C 类物资数目占全部库存物资的 70% 左右,而其金额占总金额的 10% 左右。

VMI 是一种供应链集成化运作的决策代理模式,它把用户的库存决策权代理给供应商,由供应商代理分销商或批发商行使库存决策的权力。联合库存管理(Jointly Managed Inventory，JMI)则是一种风险分担的库存管理模式。

从传统的以物流控制为目的的库存管理向以过程控制为目的的库存管理转变是库存管理思维的变革。基于过程控制的库存管理将是全面质量管理、业务流程再造、工作流技术、物流技术的集成。这种新的库存管理思想对企业的组织行为会产生重要的影响,组织结构将更加面向过程。供应链是多个组织的联合,通过有效的过程管理可以减少乃至消除库存。

思考题

一、选择题

1. 供应链库存管理的主要问题是(　　　)。

　A. 战略问题　　　　　　　　　　B. 规划问题

　C. 信息管理问题　　　　　　　　D. 运作问题

2. (　　　)是一种风险分担的库存管理模式。

　A. YMI　　　　　　　　　　　　B. JMI

　C. 多级库存控制　　　　　　　　D. 工作流管理

二、简答题

1. ABC 管理法的基本思想是什么?

2. 供应链环境下的库存控制策略有哪些?

●知识拓展

啤酒游戏

1. 游戏简介

"啤酒游戏"(Beer Game)源于麻省理工学院,现在被用来模拟供应链简单的生产和分销系统。20 世纪 60 年代该学院的斯隆管理学院开发了"产品分销游戏",后来因人们对啤酒感兴趣,因此将"产品分销游戏"更名为"啤酒分销游戏",甚至将其简称为"啤酒游戏"。虽被称为"啤酒游戏",但并不需要啤酒来完成这一游戏,或许将其称为"生产—分销"游戏更为贴切。"啤酒游戏"经过修改后,产生了很多个教程版本,其中最为完善的当数麻省理工学院的电子版本。

在这个游戏中,参与者分别扮演同一款啤酒的供应链上的不同角色:制造商、分销商、批发商、零售商、顾客。他们唯一的目标:尽量扮演好自己的角色,使利润最大化。零售商只销售啤酒,它的下游是最终的消费者,上游是批发商,接着还有分销商(或代理商)和制造商。制造商只生产一种产品,即啤酒。

2. 游戏规则

游戏规则就是游戏的假定条件,"啤酒游戏"是一个模拟游戏,所以参与者必须遵守一定的规则才能达到预期的实践效果。

(1)只涉及一种商品:啤酒。

(2)作业周期:它们是指每个作业环节的完成时间。作业周期的单位为周。

(3)游戏总执行周数:可以设置为 20 周、30 周或 40 周。教学时根据具体情况设定。

(4)供应链环节数:设置链条的长度,涉及的角色包括最终消费者、零售商、批发商、分销商、制造商等。可以根据实际情况设置3级、4级或5级链条。

（5）游戏人数：如果班级人数较多，则可以分组进行。设置每组各角色的参与人数并确定各组总体参与人数。教师根据情况自主设定各组每个角色的人数。必须注意的是：制造商有且只有一家，下游角色人数必须大于上游角色人数。

（6）游戏过程的决策问题：各决策主体（零售商、批发商、分销商和制造商）基于实现自身利益最大化的目标来确定自身每周的订购量。

（7）供应链为直线型供应链，商品（啤酒）与订单仅仅在相邻的两个节点之间传递，不能跨节点。

（8）供应链最上游是制造商，其原材料供应商视为供应链外部因素，并假设原材料供应商的供应能力无限大。

（9）制造商的生产能力无限大，各节点的库存量也无限大。

（10）不考虑供应链的设备故障等意外事件。

（11）本期到货能够用于本期销售。

（12）订货次数：每周只能发送一次订货单。

（13）供货期（提前期）：

①零售商—最终消费者：0周。

②批发商—零售商：3周（订单响应期为1周，送货时间为2周）。

③分销商—批发商：3周（订单响应期为1周，送货时间为2周）。

④制造商—分销商：3周（订单响应期为1周，送货时间为2周）。

（14）信息透明模式。这里的信息包括库存信息、订货信息、到货信息。简单设定为两个等级：透明和不透明。如果选择"不透明"，除了下游节点向相邻上游节点传递订单信息之外，则供应链节点之间信息隔绝；如果选择"透明"，则游戏中所有角色的库存、订货、到货信息均共享给所有角色。

建议：游戏分两轮或两组进行。第一轮或第一组将信息透明模式设置为"不透明"，第二轮或第二组将其设置为"透明"。

3. 游戏前期准备

（1）准备道具（假设游戏执行30周）

每个最终消费者：客户角色资料卡1张，订货单30张，扑克牌1副。

每个零售商：零售商角色资料卡1张，"发货单""订货单"各30张，"客户订发货情况统计表""情况总表"各1张。

每个批发商：批发商角色资料卡1张，"发货单"（零售商数量×30），"订货单"30张，"客户订发货情况统计表""情况总表"各1张。

每个制造商：制造商角色资料卡1张，"发货单"（批发商数量×30），"客户订发货情况统计表""情况总表"各1张。

注："订货单""发货单"也可用自备纸条代替；每个角色面前都有一个订单盒和一个需求盒。其中，订单盒用来存放各周的订单卡片，需求盒用来存放下游发来的订单卡片；每人自带一支笔、一份打印的游戏规则。

（2）熟悉规则

游戏开始前，每个参与者认真解读并理解游戏规则，将规则熟记于心。

4.游戏流程

(1)分配角色。根据班级人数,设置"供应链环节数"及"游戏人数"两项参数,并确定每个参与者的角色。

(2)分发道具。确保每个参与者都有所需要的道具。

(3)各就各位。布置供应链网络,确定各组成员按照"最终客户—零售商—批发商—分销商—制造商"的顺序排列好,并布置好供应链的节点。

(4)明确游戏初始状态参数。各节点当前库存数均为12,在途货物数为4,订单数量均为4,其他参数为0。

(5)各角色明确任务。最终消费者每周向零售商订货及接收零售商送货,由翻出扑克牌数字得到每周的订货量。其他角色每周主要完成发货、需求预测、订货、填写有关记录表。

发货:填写"发货单"(如表5-3所示),向下游发货,订单允许拆分。

需求预测:根据历史资料并运用有关预测方法预测下一作业周期的需求量。

订货:根据需求预测量进行采购,向上游下达订单,填写"订货单"(如表5-4所示),并执行订单向上游的传递(注意:如果是"信息不透明"的游戏模式,传递时要求订单正面朝下)。

填写记录表:将期初库存量、订货量、发货量、欠货量、期末库存量等信息正确地填写在"客户订、发货情况统计表"(如表5-5所示)及"情况总表"(如表5-6所示)中。

(6)教师带领学员(参与者)初步体验游戏。教师强调游戏重要的注意事项,可向参与者展示操作流程示意图。教师带领参与者完成前两周的操作,并了解零售商、批发商、分销商、制造商的操作情况,及时纠正操作中的错误。

(7)重复作业。进入第3个作业周期,重复操作,直至游戏结束。游戏总执行周数可以设置为20周、30周或40周,等等。

(8)游戏结束,分析探讨。可按这样的顺序进行:各参与者自行分析—各组讨论反思—各组发言—教师点评。

5.游戏拓展

增加库存成本、缺货成本、产品成本、售价、生产成本、运输成本等具体参数值,计算各个节点的利润与供应链利润。通过这种方式对各小组的绩效进行对比,并分析胜出的原因。例如:假设"剩余库存"每期每件啤酒的储存成本为1元,每期每件累计啤酒需求的成本为2元。游戏结束后,按此成本标准对整个供应链进行测算,核定总成本并在不同的游戏组之间进行比较,看哪组成绩最好。某阶段的成本也要与其他组同期比较业绩。分析优秀小组胜出的原因。

利润计算公式如下:

某节点第 t 周的利润 = 第 t 周订单响应量 × (销售价 – 采购价或者生产成本) – 第 t 周缺货量 × 缺货成本 – 第 t 周末库存量 × 库存成本

总利润 = $\sum$ 第 t 期的利润

注:销售价、采购价、生产成本可以由老师根据当地啤酒市场确定。

表5-3 发货单

发货单
客户名称：
客户编号：
发货周次：
发货数量：

表5-4 订货单

订货单
订货单位：
单位编号：
订货周次：
订货数量：

表5-5 客户订、发货情况统计表

周次	客户 A				客户 B				客户 C			
	订货量	发货量	欠货量	累计欠货	订货量	发货量	欠货量	累计欠货	订货量	发货量	欠货量	累计欠货
1												
2												
3												
4												
5												
6												
7												
8												
9												
10												
11												
12												
13												
14												
15												
16												
17												
18												
19												
20												

表5-6　情况总表

第_____组　　　角色_____　　　角色标号_____

周次	期初库存 A	下游订单总量 B	发货总量 C	我欠下游		上游送货量 F	上游欠我		订货量 I	期末库存 J
				本期总欠货量 D	累计欠货量 E		本期欠货量 G	累计欠货量 H		
1										
2										
3										
4										
5										
6										
7										
8										
9										
10										
11										
12										
13										
14										
15										
16										
17										
18										
19										
20										

填表说明：

(1)第 t 周的期初库存量 = 第 $(t-1)$ 周的期末库存量

$A(t) = J(t-1)$

(2)第 t 周的总欠货量(我欠下游) = 第 t 周的下游订单总量 - 第 t 周的发货总量

$D(t) = B(t) - C(t)$

(3)第 t 周的累计欠货量(我欠下游) = 第 $(t-1)$ 周的累计欠货量(我欠下游) + 第 t 周的总欠货量(我欠下游)

$E(t) = E(t-1) + D(t)$

(4)第 t 周的累计欠货量(上游欠我) = 第 $(t-1)$ 周的累计欠货量(上游欠我) + 第 t 周的欠货量(上游欠我)

$H(t) = H(t-1) + G(t)$

(5)第 t 周的期末库存 = 第 t 周的期初库存 + 第 t 周的上游送货量 - 第 t 周的发货总量

$J(t) = A(t) + F(t) - C(t)$

项目六

供应链环境下的生产运作与物流管理

● **学习目标**

知识目标

了解供应链环境下的生产运作管理、物流管理；了解供应链环境下的新型物流；掌握供应链管理环境下物流管理的特点和策略。

技能目标

能制定供应链环境下相应的生产运作策略和生产运营规划。

● **案例导入**

青岛啤酒供应链管理案例：像送鲜花一样送啤酒？

6月的青岛，天气异常闷热。此时，青岛啤酒销售分公司的吕大海手忙脚乱地接着电话，应付着销售终端传来的一个又一个坏消息。"车坏了？要过几天才能回来？""货拉错地点了？要隔一天才能送到？""没有空闲的车辆来运货了？"……当时身为物流经理的吕大海每天都把精力花在处理运输的麻烦事上，对于终端的销售支持简直就是有心无力。都说到了炎炎夏季，正是啤酒巨头较劲的开始，而那时的青岛啤酒，却因为自己内部混乱的物流网络先输一着。"有时候仓库里明明没有货物了，还要签条子发货。而到了旺季，管理人员更是不知道仓库里还有没有货……""当时我们在运输的环节上，简直可以用'失控'来形容。由于缺乏有效管理,送货需要走多长时间我们弄不清楚,司机超期回来我们也管不了。最要命的是,本应送到甲地的货物被送到了乙地,这一耽误又是好几天……"

随着啤酒市场的逐渐扩大,在青岛啤酒想发力的时候,混乱的物流网络成了瓶颈。

吕大海举例说,由于运输的灰色收入比较多,司机出去好几天拉别的客户,青岛啤酒也不知道。通常司机说一句"车坏了",然后过了几天,运货的车辆才迟迟归来。在旺季前方需要大量供货的时候,不能及时调配车辆可谓是青岛啤酒的心头之痛。而运输的混乱使啤酒的新鲜度受到了极大的考验。可以说,新鲜是啤酒品牌竞争的利器,注重口感的消费者如果碰上了过期酒,品牌忠诚度绝对会大打折扣。而在青岛啤酒原产地青岛,由于缺乏严格的管理监控,外地卖不掉的啤酒竟流回了青岛,结果不新鲜的酒充斥市场,使青岛啤酒的美誉度急剧下跌,销量自然上不去。就这样,青岛啤酒人坐不住了。如果没有合适的解决办法,青岛啤酒制定的"新鲜度战略"根本实施不下去。而此时,供应链管理(SCM)的概念被引入青岛啤酒,这个百年企业的变革也随之开始。

青岛啤酒销售分公司总经理陆文金回忆说,自己接触供应链管理的概念是在1997年。当时由于同日本的朝日啤酒有合作关系,青岛啤酒便组织大家去参观学习。陆文金在参观以后可谓感触颇深,他感慨地说,朝日啤酒的"鲜度管理"不仅实现了生产8天内送到顾客手里的目标,库存还控制在1.5～1.6天,"供应链管理让他们的啤酒保持了最新鲜的口感,当时的我们只能望其项背啊!"

而陆文金的供应链管理情结延伸到2001年,才从构想落到了实处——青岛啤酒提出要获得自己的供应链管理了。2001年,青岛啤酒面向全国进行销售物流规划方案的招标,最终,招商局下属的物流集团胜出,与青岛啤酒同征战场。为形容这次的结盟,吕大海用了"结婚"这个词,形容双方都是诚心诚意地"过日子"。因为他们知道,"供应链管理"在当时还被视为一件新鲜事,迎接他们的必然是荆棘重重的障碍,要实施成功,他们必须密切合作。"当时很多人不理解也不支持,为此我们还辞退了青岛啤酒的两个物流操作方面的经理,招商物流那边也换过人。"吕大海回忆起当时的情景,不禁有些感慨。在三年跌跌撞撞的摸索中,青岛啤酒意识到,供应链管理给予企业的影响是巨大的。它不是简单地调整物流配送网络,在没实施之前,大家都认为只要拥有以物料需求计划(Material Requirement Planning,MRP)为核心的ERP系统就足够解决问题。不少制造企业都认为,ERP等软件能解决以下的问题:制造什么样的产品? 生产这些产品需要什么? 需要什么原料,什么时候需要? 还需要什么资源和具备什么生产能力,何时需要它们? 而这些问题解决完了,制造商们似乎就可以高枕无忧了。"但供应链管理的意义,并不是一个软件、一个操作系统就能涵盖的。而我们这三年在苦心操作的,也不过是整条供应链里的营销供应链一环而已。"吕大海解释说。可以说,企业从原材料和零部件采购、运输、加工制造、分销直至最终送到顾客手中的这一过程被看成一个环环相扣的链条。供应链管理将对原始供应商到终端用户之间的流程进行集成,从而为客户和其他所有流程参与者增值。在整个供应链中,良好的供应链系统必须能快速准确地回答这些问题:什么时候发货? 哪些订单可能被延误? 为什么造成这种延误? 安全库存要补充至多少? 进度安排下一步还存在什么问题? 现在能够执行的最佳进度计划是什么?

上面的问题几乎个个切中了青岛啤酒的要害。可以说在以前,一想起何时能发货,仓库里还有多少货品,管理人员不由得"头皮发麻",因为他们对这些都不能做到心中有数。但现在,情况逐渐有所好转。"我们希望能改进每个环节。采购—生产—营销,如果都能全部改革,形成一个完整的供应链,这当然是最佳的。但在研究后发现,营销供应链是当时我们最短的一块'短板',所以,以运输和库存为主的变革迫在眉睫了。"而操刀这次变革的陆文金和吕大海,对供应链管理的认识也在摸索中逐渐清晰。"可以说我们以前80%的精力都投入在处理物流的问题上,但现在,我们可以把精力完全放到营销上了。"

变革一开始,青岛啤酒就狠心地在服务商和经销商上"动刀子"。"在严格的评估后,只在山东一个省,我们就几乎把运输方面的服务商全部换掉,区域的经销商则换掉了一半。这些改变可谓牵一发而动全身。"吕大海解释说,虽然青岛啤酒自己拥有进口大型运输车辆46台,但实际上是远远不够用的,必须靠大批的运输服务商来解决运力问题。而以前这些服务商都由青岛啤酒自己管理,精力有限。现在评估筛选以后,青岛啤酒挑选了最优质的服务商,然后交给招商物流来运作。由于有严格的监控,现在每段路线都规划了具体的时间,从甲地到乙地,不仅有准确的时间表,而且可以按一定的条件、客户、路线、重量、体积等自动给出车辆配载方案,提高配车效率和配载率,这些都是之前不能做到的。而对于区域的经销商的要求,则是要有自己的仓库。青岛啤酒将各销售分公司改制为办事处,取消了原有的仓库及物流职能,形成统一规划的 cdc – rdc 仓库布局。cdc – rdc 仓库布局,可以说重新规划了青岛啤酒在全国的仓库结构。青岛啤酒的员工解释说:"青岛啤酒原本在各地设立了大量的销售分公司,而每家分公司都租有一定规模的仓库并配备车辆、人员、设备来负责当地的物流配送。"让人感到不可思议的是,这些仓库的管理方式仍是传统的人工记账,所以出错率高,更无法保证执行基本的"fifo"先进先出原则。这样直接导致总部对分公司仓库的情况无法进行监控,成为管理盲点。而 cdc – rdc,则是先设立了中央分发中心(distribution center built by cataloguesaler, cdc)、多个区域物流中心(region distribution center, rdc)和前端物流中心(front distribution center, fdc),一改以前仓库分散且混乱的局面。这样,青岛啤酒从原有的总部和分公司都有仓库的情况,变成了由中央分发中心至区域物流中心,再到直供商,形成了"中央仓—区域仓—客户"的配送网络体系,对原来的仓库重新整合。吕大海说,在全国设置了4个rdc,分别位于北京、宁波、济南和大连。在地理上重新规划企业的供销厂家分布,以充分满足客户需要,并降低经营成本。而 fdc 方面的选择则是考虑了供应和销售厂家的合理布局,能快速、准确地满足顾客的需求,加强企业与供应和销售厂家的沟通与协作,降低运输及储存费用。不仅仓储发生了变化,库存管理中还采用信息化管理,提供商品的移仓、盘点、报警和存量管理功能,并为货主提供各种分析统计报表,例如进出存报表、库存异常表、商品进出明细查询、货卡查询和跟踪等等。对比以前,分公司不仅要做市场管理和拓展工作,还要负责所在范围内的物流运作。由于将全部的精力投入市场终端,销售人员对终端的情况能及时掌控,所以缺货的要求能步步紧跟,青岛啤酒的销量也就慢慢往上走了。

吕大海对此表示欣慰:"物"与"流"的相辅相成在实施供应链管理后产生了明显效果。

🧠 问　题

请谈谈本案例给你的启示。

任务一
供应链环境下的生产运作管理 ◆◇ ‖

6.1.1 生产运作管理概述

生产运作是指将输入（生产要素）转化为输出（产品或服务）的过程,也即创造产品和提供服务的过程。

生产运作管理是指对生产运作系统的设计、运行与维护过程的管理。它包括对生产运作活动进行计划、组织、协调和控制。传统生产管理主要是以工业企业,特别是制造业为研究对象,其关注点主要是一个生产系统内部的计划和控制,一般称之为狭义的生产管理学,其主要内容是关于生产的日常管理和在制品管理。供应链环境下的生产运作管理除考虑生产系统内部的计划和控制外,还需考虑供应链上企业之间的生产和计划的共享,保障供应链上各企业的生产运作正常,努力实现供应链的多赢。

6.1.2 生产运作选址

影响生产运作效率的因素有很多方面,比如选址、设备、人员安排等,其中生产运作选址在供应链环境下尤其重要。选址不仅可以缩短供应链相关企业的运输距离,还可以节省上下游企业的库存成本。

1.选址的概念及必要性

（1）概念

选址是指如何运用科学的方法决定设施的位置,使之与企业的整体经营运作系统有机结合,以便有效地、经济地达到企业的经营目的。通俗地讲,选址就是确定在何处建厂或建立服务设施。它包括选位与定址两个层面的内容。

（2）必要性

选址决策成为生产系统设计的重要组成部分有两个主要原因:第一,它们是一个长期责任范畴,一旦出错,就很难克服;第二,选址决策经常会影响投资需要、运作成本、税收及运作。

选址不仅关系到设施建设的投资和建设速度,而且在很大程度上决定了所提供的产品和服务的成本,从而影响到企业的生产管理活动和经济效益。特别是服务设施的选址,直接关系到营业额的多少。而不好的选址将会导致成本过高、劳动力缺乏、丧失竞争优势、原材料供应不足或与此类似不利于运作的结果。就服务业而言,不好的区位将导致顾客量减少并使运作费用较高。因此,针对制造业和服务业两者而言,选址对于竞争优势将会产生重要的影响。

2.影响选址的因素

（1）经济因素

①运输条件与费用

在企业的输入输出过程中会有大量的物料进出,有的企业输入运输量大,有的企业输出运输量大。在选址时,要考虑是接近原材料供应地,还是接近消费市场。

②劳动力的可获性与费用

对于劳动密集型企业,人工费用占产品成本的大部分,必须考虑劳动力的成本。工厂设在劳动力资源丰富、工资低廉的地区,可以降低人工成本。

③能源的可获性与费用

④厂址条件与费用

建厂所在地的地势、土地利用情况和地质条件都会影响到建设投资,同时地价也是影响投资的重要因素。

(2)政治因素

政治因素包括政治局面是否稳定、法制是否健全、税赋是否公平等。

(3)社会因素

社会因素包括居民的生活习惯、文化教育水平、宗教信仰和生活水平等。

(4)自然因素

自然因素包括气候条件和水资源状况等。

3.选址的基本方法

(1)成本—利润—产量定址法

①步骤

A.确定每一个被选地点的固定成本和可变成本;

B.在同一张图表上绘出各地点的总成本线;

C.确定在某一预定的产量水平上,哪一地点的总成本最少或者哪一地点的利润最多。

②几点假设

A.产出在一定范围时,固定成本不变;

B.可变成本与一定范围内的产出成正比;

C.所需的产出水平能近似估计;

D.只包括一种产品。

在成本分析中,要计算每一地点的总成本:总成本 = FV + VC × Q(其中 FV 为固定成本,VC 为单位变动成本,Q 为销量)。

③举例:某一机动汽化器制造商考虑将新建一处生产制造厂,在 A、B、C 三个城市进行选择,条件如表 6-1 所示。

表 6-1 方案条件

方案	固定成本/万元	单位变动成本/元	预测销量/个	预计销售价格/元
A	30	750	2 000	1 200
B	60	450	2 000	1 200
C	110	250	2 000	1 200

据此绘制图 6-1。

$TC_A = 300\ 000 + 750 \times 2\ 000 = 1\ 800\ 000$(元)

$TC_B = 600\ 000 + 450 \times 2\ 000 = 1\ 500\ 000$(元)

$$TC_C = 1\ 100\ 000 + 250 \times 2\ 000 = 1\ 600\ 000(元)$$

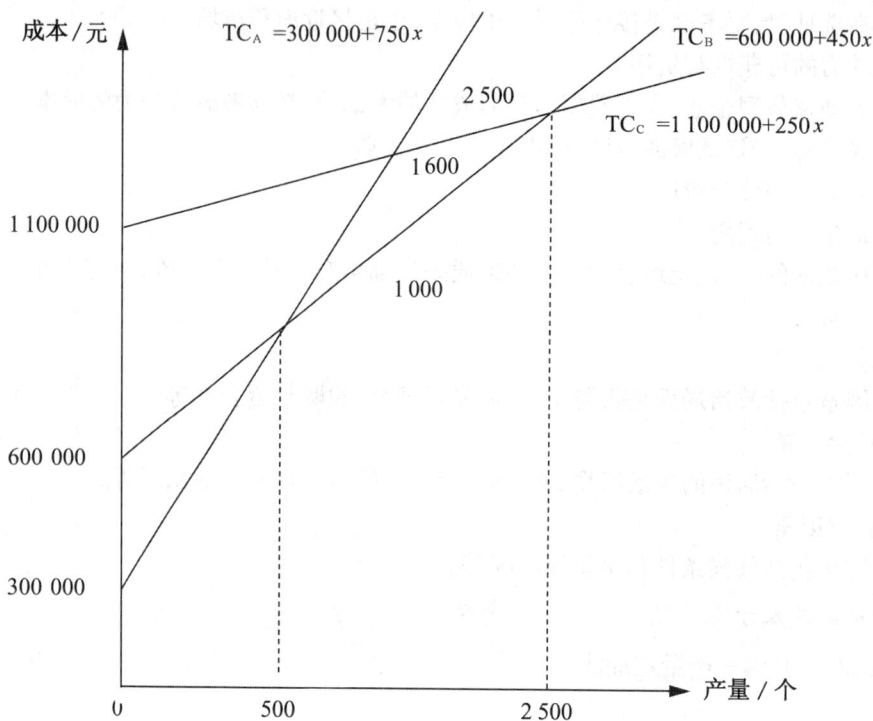

图 6-1　成本与产量的关系

（2）因素分析法

这是一种普遍的地点评估方法，它考虑了质和量的输入。

①步骤

A.选择有关因素（如市场位置、能源供应、停车场、潜在收入等）。

B.赋予每个因素一个比重，以此显示它与所有其他因素相比的相对重要性。各因素比重总和一般是 1。

C.给所有因素确定一个统一的数值范围（如 0～100）。

D.给每一可供选择的地点打分。

E.把每一因素的得分与它所占的比重值相乘，再把各因素乘积值相加就可供选择的地点的总分。

F.选择其中综合得分最高的地点。

②举例：一家摄影公司打算开一家分店，表 6-2 所列是两个可供选择的地点的信息。

表 6-2　两个可供选择的地点的信息

因素	比重	得分(100)		衡量值	
		地点 1	地点 2	地点 1	地点 2
邻近已有商店	10%	100	60	10%×100＝10	10%×60＝6
交通繁华	5%	80	80	5%×80＝4	5%×80＝4
租金	40%	70	90	40%×70＝28	40%×90＝36
面积大小	10%	86	92	10%×86＝8.6	10%×92＝9.2

（续表）

因素	比重	得分(100)		衡量值	
		地点 1	地点 2	地点 1	地点 2
布局	20%	40	70	20% × 40 = 8	20% × 70 = 14
运营成本	15%	80	90	15% × 80 = 12	15% × 90 = 13.5
合计	1			70.6	82.7

地点 2 综合得分高,是更好的选择。

（3）重心法

①概念

重心法是一种选择销售中心的位置,从而使销售成本降至最低的方法。这种方法包括利用地图显示目的地的位置。

②步骤

A. 画出显示目的地的地图;

B. 在地图上加上坐标系;

C. 标出重心。

③计算公式

A. 当运往各地的商品数量一样时,其公式为:

$$x = \sum x/n, y = \sum y/n$$

B. 当运往各地的商品数量不一样时,其公式为:

$$x = \sum xQ / \sum Q, y = \sum yQ / \sum Q$$

6.1.3　基于供应链管理的生产运作

1. 基于供应链的生产管理技术

（1）准时化生产

准时化生产(Just in Time,JIT)(如图 6-2 所示)是日本丰田汽车公司在 20 世纪 60 年代创立的一种生产方式。该生产方式在减少生产批量的同时,实现了低成本生产,且产品质量大幅度提高,对提高企业的竞争力和灵活性起到很大作用。

（2）精益生产

精益生产是指在需要的时候,按照需要的数量,生产所需的产品。

（3）敏捷制造(AM)

敏捷制造是指制造企业采用现代通信手段,通过快速配置各种资源(包括技术、管理和人员),以有效的方式响应用户需求,实现制造的敏捷性。传统制造与敏捷制造的区别如表 6-3 所示。

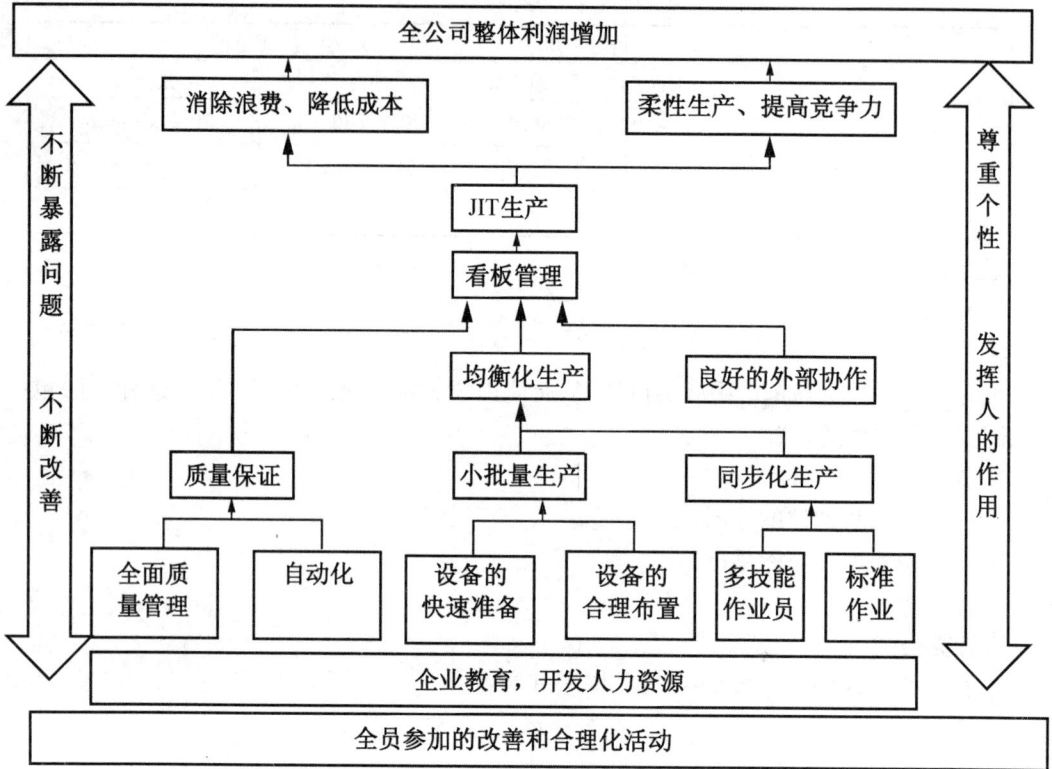

图 6-2 准时化生产

表 6-3 传统制造模式和敏捷制造模式的区别

模式	传统制造模式	敏捷制造模式
强调的重点	首先是成本,其次是时间	首先是时间,其次是成本
对网络的要求	企业内部局域网或无要求	国际互联网、企业内联网
驱动方式	推动方式,依赖相关订货预测	拉动方式,根据用户需求快速响应市场变化
功能实现手段	固定的生产协作单位	通过国际互联网全面集成伙伴能力
适应性	环境适应性差	环境适应性强,供应具有柔性
覆盖范围	企业、车间	全球

(4) 最优化生产技术(OPT)

OPT 是一种新的管理思想。OPT 提出了一种新的均衡编制安排生产的方法,与传统的强调生产作业优先级的确定、能力计划的编制等的管理方法不同,OPT 强调物流的优化。

(5) 约束理论(TOC)

约束理论(Theory of Constraints, TOC)由 Goldratt 博士创建,旨在通过指导企业找出运作上的瓶颈,尽量利用有限的资源,在短时间及无须大量额外投资的情况下,实现运作及盈利上的显著改善。

（6）高级计划与排产技术（APS）

APS 的核心是数学算法或解决方案。但 APS 所采用的并不是单一的技术，而是具体应用的算法，视需要解决问题的类型而定。APS 从 ERP 系统下载数据到专用服务器上做常驻内存的处理，实现计划的反复运算或对可选方案进行评估，直至得到可行的或基本上可获利的计划及进度表。由于这些系统通常不存在数据库查询和存取的问题，APS 的反复运算可以很快完成。

（7）协同生产管理

协同论是一种系统理论，它研究的是各种不同的系统从混沌无序状态向稳定有序结构转化的机理和规律。协同论认为，不论是非平衡态还是平衡态，在一定条件下，都可以从无序到有序。

2. 供应链库存成本的降低措施

（1）选择合适的供应商

选择供应商时，首先需要考虑的是产品质量，其次需要考虑的是供应商交货是否准时，最后才是产品价格，三者缺一不可。选择合适的供应商对于企业减少库存占用资金以及库存成本有着极其重要的意义。

（2）推行 JIT 采购方式

JIT 采购方式也叫作准时采购法，是一种为消除库存和不必要的浪费而发明的先进的采购模式。这种方法的基本思想就是在恰当的时间、恰当的地点，以恰当的数量、恰当的质量从上游成员企业为下游成员企业提供恰当的产品。它可以协调供应与制造的关系，使供应链得以准时响应顾客需求，大大缩短提前期，从而降低库存成本，提高库存周转速度。

（3）实施连续补货方式

连续补货是指供应商与零售商建立伙伴关系，两者共享零售商的库存数据和销售信息，供应商根据这些数据和信息来对零售商进行补货的过程。其具体方式包括供应商管理库存（VMI）、联合库存管理（JMI）以及合作计划、预测与补给（CPFR）。

（4）采用直接运输策略

供应链上的各个组织或部门为了保证其在供应链上的利益不受意外干扰，往往要设置一定的安全库存。安全库存降低了缺货成本却又增加了储存成本。为减少安全库存和缩短提前期，企业实施的以制造商为核心的供应链管理可以采取直接运输策略，即商品直接运送到零售商，而不经过销售商、批发商、配送中心等中间环节；而企业实施的以零售商为核心供应链管理则可以采取直接转运的办法，即商品从制造商经仓库送达客户。

（5）实施延迟化策略

延迟化策略是降低企业成本、提高企业柔性及快速响应能力的重要手段之一。其基本做法是让产品在供应链的终端——顾客附近最后成型，处于供应链前端的工厂生产基础样式的产品运送到顾客附近的存储设施，根据客户的订单加工为最终产品。

（6）加强供应链企业信息共享

通过信息共享，供应链的每一阶段都可根据最终消费者的实际需求数据来进行更准确的需求预测，而不是仅仅依赖于下游企业发出的订单。同时，由于实现了信息共享，企业可以清楚地了解各供应商的备货情况，消除了企业的市场预期对需求量的影响。因此，信息共享可以有效控制牛鞭效应，抑制需求放大。

（7）寻求更广范围的合作

由于能源危机、环境污染等问题的日益严重，可持续发展越来越受到人们的重视。同样，在降低供应链库存成本时，也应当考虑到这一点。这就不仅要求参与产品生产和销售过程的企业之间的合作，而且还需要同类企业以及全社会的合作。

6.1.4 生产运营规划

1. 生产运营规划概述

生产运营规划是为了实现公司目标而编制和实行的、指导公司全部生产经营活动的综合性计划；是在公司战略的指引下，按照公司的方针、结合公司内外部环境分析，来达到经营预期而制订的一系列行动方案；是指导公司计划生产活动的纲领性方案。

2. 生产运营规划的重要性

在市场经济条件下，企业间的竞争异常激烈，企业要生存、要发展、要保持可持续发展的态势，任何一项经营活动都不允许处于盲目的、盲动的状态，其经营效果必须处于可控状态下。换言之，规划是企业经营决策者意志和理念的具体体现。因此，规划是企业经营活动的基础，经营决策者为了实现自己的意志和理念，必须要不断地夯实和巩固这个基础，不断提高计划的科学性。计划管理应在科学预测的基础上，为企业的发展方向、发展规模和发展速度提供依据。

企业的发展目标和愿景是制定企业长远发展规划的依据，在长远目标的基础上制订各项短期实施计划，使全体人员既有奋斗的目标，又有具体的可实施的行动步骤，就不会出现"盲人骑瞎马"的迷茫状态。

3. 生产计划运作管理流程

（1）组织架构

组织架构如图6-3所示。

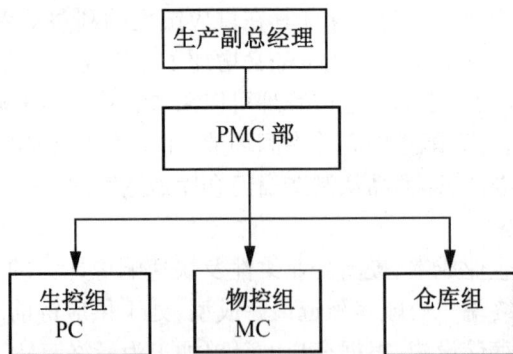

图6-3 组织架构

（2）生产计划（PC）管理运作流程

生产计划管理运作流程包括工厂产能与负荷的分析、生产计划的制订、生产计划的变更管理、生产进度控制和生产异常管理五项内容。下面主要介绍前两项内容。

①工厂产能与负荷的分析

A. 目的。规范生产计划前对产能与生产负荷之间是否平衡的分析,使生产计划合理、可靠,并可作为事前设备、人力申请的依据。

B. 工作中心区分。为方便产能预估计算,PMC 将生产车间依功能区分为若干个工作中心,作为产能与负荷的管制单位。按工厂现有的部门划分,把五金部拉丝、成型、点焊、抛光,木制品部开料、成型、喷漆,装配部组装、包装,后段部组装、包装、电镀各个大工段的人员和操作方法相同的一组设备作为一个工作中心进行产能的规划与评估。

C. 产能与负荷分析管制表。PMC 将各个工作中心每个月的产能与负荷分别换算成相同的可比单位,五金和后段部组装以产值评估、木制品部以难易程度和配件数量评估,并折算出工时,以比较分析当月的生产能力与生产任务之间是否平衡。

D. 产能与负荷预估分析

a. 产能预估分析:

月份产能预估分析在每月 20 日前,PMC 依据各工作中心分别填写下月(或下周)的产能状况。

正常产能指一个月或一周依公司规定正常上班的总时间内的产能状况,在表格中依次填入可安排工作天数、可出勤人数、可使用设备数、每日班次、工作时间。

设备产能时间 = 每日正常上班时间 × 每日班次 × 可安排工作天数 × 可使用设备数

人力产能时间 = 每日正常上班时间 × 每日班次 × 可安排工作天数 × 每班人数

b. 负荷预估分析:

月份负荷预估分析在每月 20 日前,PMC 根据订单状况,依据各工作中心分别填写负荷状况。

负荷工时 = 生产预定量 × 标准工时

合计负荷工时为各批的负荷工时相加而成。

c. 分析结论与对策:

如果预估次月(或下周)产能大于负荷,一般的应对措施有:将下月(或下周)的订单提前;安排富余人力或设备支援其他工作中心;安排富余设备保养及人员培训教育;安排调休、减少加班;必要时评估设备变卖,人员裁减、辞退。

如果预估次月(或下周)产能小于负荷,一般的应对措施有:向其他工作中心请求设备、人力支援;不足工作量由外协加工弥补;必要时增购设备、增加人力;延长工作时间;必要时与客户协调将部分订单延迟交货或取消。

②生产计划的制订

A. 目的。列出制订生产计划的目的。

B. 月份生产排程与负荷计划。按订单的出货时间和各工作中心的生产能力排定一个月的生产订单量,并作为负荷分析计算的依据,而未明确每个工作日的生产计划量。

C. 工作日历的制订

PMC 在每年年底依据次年公司行事年历制订次年度各月份之工作日历,将必要的节假日予以扣除,作为生产计划安排时的主要依据;每月 20 日前,PMC 依据具体状况,视需要修订次月份之工作日历,作为更精确的生产排程之用;每周由 PMC 依据生产状况,确定该周原工作日历之中的节假日是否依计划休息或加班。

D. 订单评审

a. 定义：

常规订单是指经常重复下的订单，订单产品与现行工艺基本相同，货号产品数量不超过2万个的订单。

专线大单是指单一产品数量超过2万个，工艺复杂，占用当月某一工作中心产能超过60%以上的订单。

b. 评审流程：

常规订单：由业务部发放意向订单交由PMC部，PMC计划员接到意向单咨询后根据现有生产能力与负荷、物料状况、当月订单分布情况进行统筹，排定订单出货日期并回复业务员。

专线大单：PMC部接到业务部门的意向订单后，召集业务部、生产部、工程部、品管部、采购部对订单产品工艺流程、品质要求、产能评估、物料采购周期等进行讨论并决定此单的生产出货日期。

c. 异常情况处理办法：

异常情况包括PMC回复的交期导致客户取消订单、罚款或紧急插单，在此情况下，PMC部须做好发外加工计划或调整其他订单的出货时间，以满足客户的要求。

E. 月份生产计划制订依据

月份交货目标：它是指根据公司年销售目标制订出的月生产交货目标计划。

业务订单交期：它是指经过订单评审后确定的订单出货时间，编排汇总一个月的订单安排。

月份负荷计划：它是指以每个工作中心的生产能力与订单负荷分布情况在一定程度上达到平衡而制订的计划。

人力、设备状况：根据订单产能与负荷分析，做到人力与设备负荷的平衡，对无法达到的计划进行及时调整。

物料状况：根据订单出货日期制订物料需求计划，物料需求计划需满足月度生产计划的要求。

产品工艺流程：产品工艺流程是评估产能的重要依据。

F. 月份生产计划制订流程

每月5日前，PMC依据月份交货目标、业务订单交期、月份产能与负荷计划、人力和设备状况、物料状况、产品工艺流程排定下一个月的订单生产计划，此份为待确认稿，只排定每一份订单的计划完成时间，没有具体到每个产品的完成时间。

月生产计划待确认稿分发到生产部的五金部、木制品部经理，由经理确认此份计划的生产可行性，于7个工作日内交回PMC部进行汇总，如无重大调整，将此表再交由后段部进行确认。

汇总后的生产计划表交由后段部对编织产能、电镀和包装产能进行评估，于4个工作日内将此份计划表交回PMC部，PMC部收到此确认表后再进行汇总，对确认情况进行评估，如无重大改变，则以此份计划表为确定稿分发到工厂各相关部门。

如待确认稿被生产各部门进行重大调整，各部门无法按PMC所排定日期完成生产计划，PMC计划员需要根据实际情况重新调整订单排期，调整的前提必须考虑如下几个方面：客户可接受的最后交期、产能是否已超出负荷、人员和设备状况、产品工艺占用设备的产能情况，必要时召集生产各部门经理、业务部经理进行订单的协调工作。

经确认和调整过后的月度生产计划表作为全厂生产工作目标的指令,不得随意变更和调整。生产计划表经副总签字确认后,分发给生产部统计级以上管理人员,工程部、品管部、采购部、业务部等相关人员。

如果月份生产计划分发之后遇客户订单变更、取消、临时增加或其他变化需要调整计划的,要在每周生产例会中对调整情况进行说明和安排,并以书面或邮件的形式下发给各相关人员。

重大变更确需做大量调整时,PMC 修订月份生产计划并通知各个相关单位。

G. 日生产计划的制订

a. 定义:

日生产计划是指详细安排生产进度的计划。它可以明确各个生产批次及各个工序的投产日、每日产量及完工日。

b. 日生产计划制定流程:

日生产计划是以月计划为基础,以 7 天为一个周期,排定每张订单每个货号各工段每日的完成时间。

此计划制订时需考虑的主要因素:人员和人员技术水平,设备分布情况、工艺流程,每天做什么、做多少、开始和完成的时间,综合这些条件因素后,把生产通知单按货号对工序进行分解,以此排定整个工作中心下一工作日或三个工作日准确的生产计划。

以生产日报表跟踪每日生产计划执行情况,对无法按计划完成的工序要及时进行调整,以最大努力完成当日计划任务,可通过增加人员、调整工作时间等方式进行调整,如果进行了调整还无法按计划完成的,须向部门经理进行反馈,部门经理对反馈情况进行核实后要拿出解决的方案。

日生产计划必须落实到个人的生产计划,各工作中心须明确责任到人,每日须开早会,检讨与总结前一天的工作和安排,还须落实今天和明天的工作。如有生产异常情况,须向上级领导进行如实反馈,保持沟通的顺畅。

任务二
供应链环境下的物流管理

6.2.1 供应链环境下的物流管理概述

随着现代科学技术和全球经济一体化的发展,企业的市场竞争优势越来越取决于现代物流的速度、成本、服务以及效率。因此,企业需要对物流过程进行控制,特别是实施合理、有效的物流管理,以提高运行效率,获取更大的竞争优势。那么,如何有效地管理供应链中的物流过程,使供应链将物流、信息流、资金流有效集成并保持高效运行,是供应链环境下物流管理策略的一个重要问题。

1.供应链中物流管理的特点

物流管理作为现代供应链管理思想的起源,同时是供应链管理的一个重要组成部分,与传统的物流管理有着很大的区别。因此,了解供应链中物流管理的特点,对理解供应链管理思想的实质以及供应链管理中物流管理的作用很有必要。

供应链环境下的物流管理的特点主要体现在以下几个方面:

(1)信息流量大大增加,实现了信息共享

在供应链管理环境下,需求信息和反馈信息不是逐级传递的(如图6-4所示),而是网络式传递的(如图6-5所示),企业通过 EDI/Internet 可以很快掌握供应链上不同环节的供求信息和市场信息。因此在供应链环境下的物流系统有三种信息在系统中运行,它们分别是需求信息、供应信息和共享信息。共享信息的增加对供应链管理是非常重要的。由于共享信息的存在,供应链上任何节点的企业都能及时地掌握市场的需求信息和整个供应链的运行情况,每个环节的物流信息都能透明地与其他环节进行交流与共享,从而避免了需求信息的失真现象。

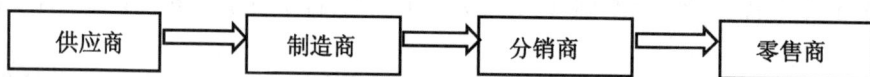

图6-4　传统的物流供应链

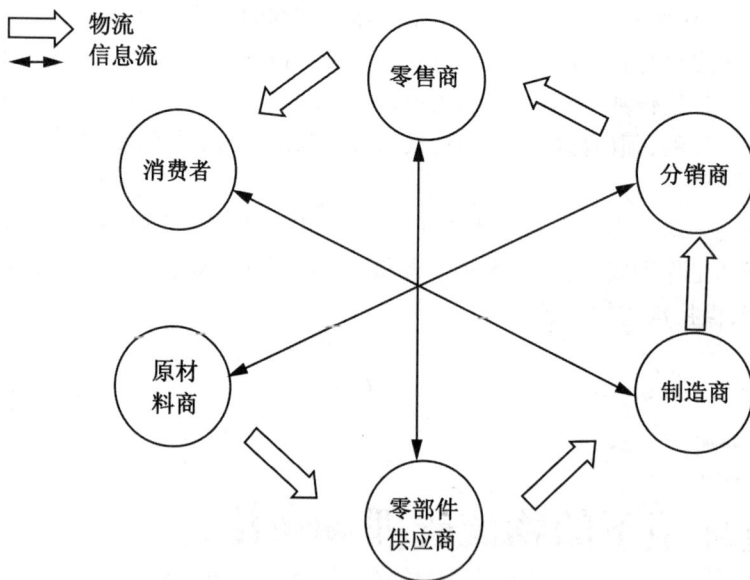

图6-5　供应链环境下的物流和信息流

(2)对物流网络的规划能力大大增强

对物流网络规划能力的增强也反映了供应链管理环境下的物流特征。它充分利用第三方物流系统、代理运输等多种形式的运输和交货手段,降低了库存的压力和安全库存水平。

(3)作业流程的快速重组能力极大地提高了物流系统的敏捷性

通过消除不增加价值的过程和时间,使供应链的物流系统进一步降低成本,为实现供应链的敏捷性、精细化运作提供了基础性保障。

(4)对信息跟踪能力的提高,使供应链物流过程更加透明化,也为实现控制物流过程提供

了条件

在传统的物流系统中,许多企业有能力跟踪企业内部的物流过程,但没有能力跟踪企业之外的物流过程,这是因为没有共享的信息系统和信息反馈机制。

(5)合作性与协调性是供应链管理的又一个重要特征

如果没有物流系统的无缝链接,则造成运输的货物逾期未到,顾客的需要不能得到及时满足。采购的物资常常在途受阻等情况,都会使供应链的合作性大打折扣,因此,无缝链接的供应链物流系统是使供应链获得协调运作的前提条件。

灵活多样的物流服务提高了用户的满意度。通过制造商和运输部门的实时信息交换,及时地把用户关于运输、包装盒装卸方面的要求反映给相关部门,提高了供应链管理系统对用户个性化响应的能力。

2. 供应链中物流管理面临的问题

供应链中物流管理主要面临以下几方面的问题:

(1)如何实现快速准确交货

快速准确交货不仅体现了供应链管理中物流管理的价值,也体现了物流企业的信誉价值。物流企业需要充分认识物流管理的功能,依托网络信息技术,做好策略研究与规划,利用现有的物流运输网络、工具与托盘进行科学的运作,尽可能地实现快速物流管理,其涉及从原材料到产品交付给用户的整个物流增值过程。物流管理在供应链管理中有着重要的地位,它能准时地为用户提供动态的服务。

(2)如何实现低成本和准时的物资采购

对于生产型企业来说,物流管理必须解决好物资采购的低成本与准时这两个问题,这是生产型企业供应链管理中十分重要的问题,是保证企业生产所需物资最低库存准备的必要条件,也是上游企业与生产企业之间实现紧密联系的保证。如何实现准确的物流信息传递、反馈与共享是保证物流运作准时的关键。物流管理中应当充分利用计算机数据库技术与网络通信技术来解决这一问题。

(3)如何保证物流灵活与快速协调

影响物流灵活与快速协调的因素主要有信息、政策、交通、托盘运用、运输工具等。要解决这一问题,除了需要企业外部良好的政策、道路交通的改善、企业内部物流管理水平的提高外,同时还需要物流相关各方的协调和相互支持。研究供应链管理中的物流管理,认识物流在供应链管理中的地位和特征,科学利用信息技术以及发现物流管理面临的主要问题,将有助于搞好供应链中的物流管理,提高企业在市场中的竞争力,并推动企业管理水平进入更高的阶段。

3. 供应链中物流管理的策略

供应链管理是指对整个供应链系统进行计划、协调、操作、控制和优化的各种活动和过程。供应链管理能够优化整个供应链上的企业的资源配置,能带来以满足顾客需求为标志的商业需求的增长。有效的供应链管理包括:

(1)有效的资源配置

物流管理的作用就是通过有效的资源配置使供应链各企业之间的物料得到最充分的利用,保证供应链实时的物料供应、同步化的运作。

供应链管理的目的是要通过合作与协调实现资源的共享和最佳资源搭配,使各成员企业实现资源最充分的利用。

供应链的物流系统能否实现有效的资源配置取决于物流信息系统的完备性和合作企业的合作性。

（2）第三方物流

第三方物流运作系统是一个由不同利益主体组织、调度各种软件资源（如规章条例、合同、制度、知识技能）和硬件资源（如运输设备、搬运装卸机械、仓库、机场、车站、道路、网络设施），在一定的外部环境中进行物流活动的人－机系统。该系统的整体运作效果是由内外各种因素相互作用决定的。

（3）全球后勤系统

全球化已成为新时期企业竞争的一个显著特点。当一个企业成为全球性的企业时，就需要有全球供应链管理系统，为此，企业需要建立完善的全球后勤保障体系使企业适应全球竞争的要求，包括：建立完备的全球售后服务体系，保证物流通畅和树立良好的企业形象；建立全球供应链需求信息网络，根据不同的国情对需求特点进行分析，维护全球供应信息的一致性，进而实现全球供应链同步运营；建立全球化合作关系网，加强和当地物流部门的合作，提高物流系统的效率。

（4）延迟化策略

延迟化策略是一种为适应大规模生产而采用的策略，这种策略使企业能够满足产品多样化的需求。实现延迟化策略的关键技术是模块化——模块化产品、模块化工艺过程、模块化分销网络设计。

有效实施延迟化策略，可以减少物流成本，从而增加产品多样化策略的优势。

4. 供应链中物流管理的发展趋势

在21世纪，全过程可视的实时管理和高效率动作将使供应链管理实现划时代的广泛应用。各种各样的组织形式和管理因素相互作用构成了形形色色的供应链管理模式。

随着经济的进步，我们可以看到，供应链中物流管理的发展趋势主要表现在以下几个方面：

（1）时间与速度方面

越来越多的公司已经认识到时间与速度是影响市场竞争力的关键因素之一。现在对时间和速度的重视已延伸到其他领域，尤其是在供应链环境下，时间与速度已被看作提高整体竞争优势的主要因素，一个环节的拖沓往往会影响整个供应链的运转。供应链中的各个企业通过各种手段实现它们之间物流、信息流的紧密连接，以达到对最终客户的要求做出快速反应、减少存货成本、提高供应链整体竞争水平的目的。

（2）质量方面

物流供应链管理涉及许多环节，需要环环紧扣，并确保每个环节的质量。如运输服务质量的好坏，会直接影响到供应商备货的数量、分销商仓库的数量，最终影响用户对产品质量、时效性以及价格的评价。厂商们开始认识到，即使其产品在其他方面都有出色表现，但一旦交付延迟或损坏，就是客户不能接受的。劣质的物流业绩会毁灭产品在其他方面的出色表现。

（3）资金生产率方面

货主越来越关心的资金生产率也是改变供应链管理的因素之一。在改进资金生产率方面，一直备受重视的是存货水平的减少和存货周转的加快，因为存货所发生的费用是资金占用的重头部分,减少存货就可以减少存货成本。固定设施如仓库的投资也是影响资金生产率的重要方面,通过减少存货和利用公共仓库来减少自有仓库已成为明显的趋势。与此类似的还有减少自有运输工具,增加外包。

(4)组织方面

当前对物流供应链管理有着重要影响的一个趋势是:货主开始考虑减少物流供应商的数量,这个趋势非常明显并迅速发展。跨国公司客户更愿意将它们的全球物流供应链外包给少数几家,最好是一家物流供应商。因为这样不仅有利于管理,而且有利于在全球范围内提供统一的标准服务,更好地显示出全球供应链管理的整套优势。虽然跨国公司希望只采用具有操作全球供应链能力的少数几家物流供应商,但目前没有一家物流供应商声称能够完全依靠自身实力去满足这项需求,因此,物流供应商间的联盟应运而生。

(5)客户服务方面

对物流供应链管理具有影响的趋势是对客户服务与客户满足的重视。传统的量度是以订单交货周期、服务订单的百分比等来衡量的,而目前更注重的是客户对服务水平的感受,服务水平的量度也以它为标志。例如,一些公司已采用了订单准时送达的百分比、订单完整收到的百分比(货损货差率)、账单准确的百分比等指标。客户服务重点转变的结果便是重视与物流公司之间的关系,并把物流公司看成提高服务水平的合作者。

6.2.2　供应链环境下的新型物流

1. 第三方物流

第三方物流(Third Party Logistics)的概念源自管理学中的 Out-sourcing,意指企业动态地配置自身和其他企业的功能和服务,利用外部的资源为企业内部的生产经营服务。将 Out-sourcing 引入物流管理领域,就产生了第三方物流的概念。

(1)第三方物流的概念

我国国家标准《物流术语》(GB/T 18354—2006)将"第三方物流"定义为:"第三方物流是指独立于供需双方,为客户提供专项或全面的物流系统设计或者系统运营的物流服务模式。"

在美国,第三方物流是指通过合同的方式确定回报,承担货主企业全部或一部分物流活动的企业。其提供的服务形态可以分为与运营相关的服务、与管理相关的服务以及两者兼而有之的服务三种类型。无论哪种形态都必须高于过去的公共运输业者和契约运输业者所提供的服务。

(2)第三方物流的特点

第三方物流具有很鲜明的特征,主要体现在以下几方面:

①双方关系的契约化。第三方物流通过契约形式来规范与物流需求方之间的关系。第三方物流公司根据契约要求为需求方提供服务并且管理所提供的物流服务活动及过程。

②物流服务个性化。第三方物流公司需要根据不同的物流需求在企业形象、业务流程、产品特征、顾客需求特征、竞争需要等方面的不同要求,提供各项针对性强的物流服务和增值服务。

③服务功能专业化。第三方物流公司所提供的是专业化的物流服务。从物流设计、物流操作过程、物流技术工具、物流设施到物流管理必须体现专门化和专业化水平,这既是物流需

求方的需要,也是第三方物流自身发展的基本要求。

④物流管理系统化。系统的物流功能是第三方物流产生和发展的基本要求,第三方物流需要建立现代管理系统才能满足运行和发展的要求。

⑤信息应用网络化。信息技术是第三方物流发展的基础,具体表现为物流信息的商品化、物流信息手机的数据化和代码化、物流信息处理的电子化和自动化、物流信息传递的标准化和实时化、物流信息储存的数据化等。在物流服务的提供过程中,信息技术的发展实现了信息实时共享,促进了物流管理的科学化,极大地提高了物流效率和物流效益。

(3)第三方物流具有的优势

在当今竞争日趋激化和社会分工日益细化的大背景下,第三方物流具有明显的优越性,具体表现在:

①企业集中精力于核心业务。由于任何企业的资源都是有限的,很难成为业务上面面俱到的专家,为此企业应把自己的主要资源集中于自己擅长的主业,而把物流等辅助功能留给物流公司。

②运用新技术,以信息换库存,降低成本。当科学技术日益进步时,专业的第三方物流供应商能不断地更新信息技术和设备,而普通的单个制造公司一时间通常很难更新自己的资源或技能。第三方物流公司能以一种快速且更具优势的方式满足不同零售商的各种需求,而这些服务通常是制造商自己难以做到的。

③减少固定资产投资,加速资本周转。企业自建物流时需要投入大量的资金购买物流设备、建设仓库和信息网络等专业物流设备。这些对于缺乏资金的企业特别是中小企业是个沉重的负担。而如果使用第三方物流,企业不仅能减少设备的投资,还解放了仓库和车队方面的资金占用,加速了资金周转。

2. 第四方物流

一般而言,企业试图通过优化库存与运输、利用地区服务代理商以及3PL服务提供商来满足客户服务需求的增长。但是现在,客户需要得到包括电子采购、订单处理能力、充分的供应链可见性、虚拟库存管理以及必不可少的集成技术在内的实质性增加的服务水平。一些企业经常发现3PL提供商缺乏当前所需的综合技能、集成技术、战略全球扩展能力,难以满足他们的要求。某些3PL提供商正采取措施,通过与出色的服务提供商联盟来提高他们的技能。其中最佳形式就是和领先的咨询公司、技术提供商结盟。

企业向单一的组织外包其整个供应链流程,由它们评估、设计、制定及运作全面的供应链集成方案,一种管理3PL服务的新模式应运而生。第四方物流服务提供者是一个供应链的集成商,它对公司内部及具有互补性的提供者所拥有的不同资源、能力和技术进行整合和管理,提供出一整套供应链解决方案。

(1)第四方物流的内涵

第四方物流(简称4PL),首先由美国安德森(即埃森哲)管理咨询公司在1998年提出,该公司对4PL术语注册了商标并将其定义为:“4PL是一个集成商,它对公司内部以及其他组织所拥有的不同资源、能力和技术进行整合,提供一整套的供应链解决方案。”

从概念上来看,第四方物流是有领导力量的物流提供商,它可以通过整个供应的影响力,提供综合的供应链解决方案,也为顾客带来更大的价值;它不仅控制和管理特定的物流服务,而且对整个物流过程提出解决方案,并通过电子商务将这个过程集成起来,它是供需双方及第三方物流的领导力量。它不是物流的利益方,而是通过拥有的信息技术、整合能力以及其他资源提供一套完整的供应链解决方案,以此获取一定的利润。它帮助企业实现降低成本和有效整合资源,并且依靠优秀的第三方物流供应商、技术供应商、管理咨询以及其他增值服务商,整合社会资源,为客户提供独特和广泛的供应链解决方案。它实际上是一种虚拟物流。

第四方物流应具备的条件如下:

①不是物流的利益方

这一点是比较明显的。物流的利益双方应该把自己从纷繁的物流中解放出来,不断增强其核心能力,在自己的领域内提高竞争力。

②有良好的信息共享平台,在物流参与者之间实现信息共享

物流的运作中不断产生的大量信息能有效地强化物流计划、物流作业和物流能力,信息技术的进步和由此形成的信息流又成为提高物流服务水平的关键要素之一。4PL 的主体要整合社会物流资源,建立各参与者都可以共享的信息平台,才能高效利用各参与者的物流资源。

③有足够的供应链管理能力

4PL 的主体肩负整合所有物流资源的重任,需要有足够的供应链管理能力以整合所有物流资源,也就是要集成供应链技术、外包能力、多供应商管理能力、多客户管理能力,且有大批从事供应链管理的专业人员。

④有区域化甚至全球化的地域覆盖和支持能力

地域覆盖和支持能力是体现 4PL 主体核心竞争力的重要方面,物流的竞争很大程度上体现在覆盖的网点及其支持力度上。

(2)第四方物流与第三方物流的区别

第三方物流独自提供服务,或者通过与自己有密切关系的转包商来为客户提供服务,它难以提供技术、仓储和运输服务的最佳整合,因此,第四方物流成了第三方物流的协助提高者,也是货主的物流方案集成商。第三方物流供应商为客户提供所有的或一部分供应链物流服务,以获取一定的利润。第三方物流公司提供的服务范围很广,它可以简单到只是帮助客户安排一批货物的运输,也可以复杂到设计、实施和运作一个公司的整个分销和物流系统。

第三方物流有时也被称为承包物流、第三方供应链管理等。第三方物流公司和典型的运输或其他供应链服务公司的关键区别在于:第三方物流最大的附加值是基于自身特有的信息和知识,而不是靠提供最低价格的一般性的无差异的服务。第三方物流的主要利润来自效率的提高及货物流动时间的减少。

第四方物流与第三方物流相比,其服务的内容更多,覆盖的地区更广,对从事货运物流服务的公司要求更高,要求它们必须开拓新的服务领域,提供更多的增值服务。第四方物流最大的优越性就是它能保证产品更快、更好、更便宜地送到需求者手中。

(3)第四方物流的特点

第四方物流比第三方物流更多地关注整个供应链的物流活动,形成了第四方物流独有的特点,主要体现在以下几个方面:

①第四方物流提供一整套的物流解决方案

与第三方物流不同,第四方物流不是简单地为企业客户的物流活动提供管理服务,而是通过对企业客户所处的供应链的整个系统或行业物流的整个系统进行详细分析后提出具有中观指导意义的解决方案。第四方物流服务供应商本身并不能单独地完成这个方案,而是要通过

物流公司、技术公司等多类公司的协助才能使方案得以实施。

②第四方物流是通过对供应链产生影响的能力来增加价值的

第四方物流服务供应商可以通过物流运作的流程再造,使整个物流系统的流程更合理,从而将产生的利益在供应链的各个环节之间进行平衡,使每个环节的企业客户都可以受益。如果第四方物流服务供应商只是提出一个解决方案,但是没有能力来控制这些物流运作环节,那么第四方物流服务供应商所能创造的价值的潜力也无法被挖掘出来。因此,第四方物流服务供应商对整个供应链所具有的影响能力直接决定了其经营的好坏。也就是说,第四方物流除了要拥有强有力的人才、资金和技术,还应该具有与一系列供应商建立合作关系的能力,包括3PL、信息技术供应商、合同物流供应商、呼叫中心、电信增值服务商等,以及客户的能力和4PL自身的能力。

③成为第四方物流企业需具备一定的条件

第四方物流对信息化程度要求高、涉及面广,对人的素质要求也很高,因此成为第四方物流企业需具备一定的条件:如能够制定供应链策略、设计业务流程再造、具备技术集成和人力资源管理的能力;在集成供应链技术和外包能力方面处于领先地位,并拥有较雄厚的专业人才;能够管理多个不同的供应商并具有良好的管理和组织能力。

④第四方物流的功能

第四方物流的基本功能包括以下三个方面:

第一,供应链管理功能:管理从货主、托运人到用户、顾客的供应全过程;

第二,运输一体化功能:负责管理运输公司、物流公司之间在业务操作上的衔接与协调;

第三,供应链再造功能:根据货主、托运人在供应链战略上的要求,及时改变或调整战略战术,使其经常高效率地运作。只有这样,才能保证其所提供的物流服务速度更快、质量更好、价格更低。

(4)第四方物流公司的运作模式

第四方物流结合自身的特点可以在以下三种运作模式中进行选择:

①知识密集型模式

知识密集型模式也称超能力组合或协助提高者,即第四方物流为第三方物流工作,并提供第三方物流缺少的技术和战略技能。

②方案定制模式

方案定制模式也称方案集成商,即第四方物流为货主服务,是所有第三方物流提供商及其他提供商联系的中心。

③整合模式

整合模式也称行业创新者,即第四方物流通过对同步与协作的关注,为众多的产业成员运作供应链。

第四方物流无论采取哪一种模式,都突破了单纯发展第三方物流的局限性,能真正地低成本运作,实现最大范围的资源整合。

3. 电子物流

(1)电子物流的概念

电子物流是指利用电子化的手段,尤其是利用互联网技术来完成物流全过程的协调、控制和管理,实现从网络前端到最终客户端的所有中间过程服务。其最显著的特点是各种软件技术与物流服务的融合应用。

电子物流的功能十分强大,它能够实现系统之间、企业之间以及资金流、物流、信息流之间的无缝链接,而且这种连接同时还具备预见功能,可以在上下游企业之间提供一种透明的可见性功能,帮助企业最大限度地控制和管理库存。同时,由于全面应用了客户关系管理、商业智能、计算机电话集成、地理信息系统、全球定位系统、Internet、无线互联技术等先进的信息技术手段,以及配送优化调度、动态监控、智能交通、仓储优化配置等物流管理技术和物流模式,电子物流提供了一套先进的、集成化的物流管理系统,从而为企业建立敏捷的供应链系统提供了强大的技术支持。

(2)电子物流的特点

电子物流最主要的特点是前端服务和后端服务的集成,电子物流的服务结构如图6-6所示。

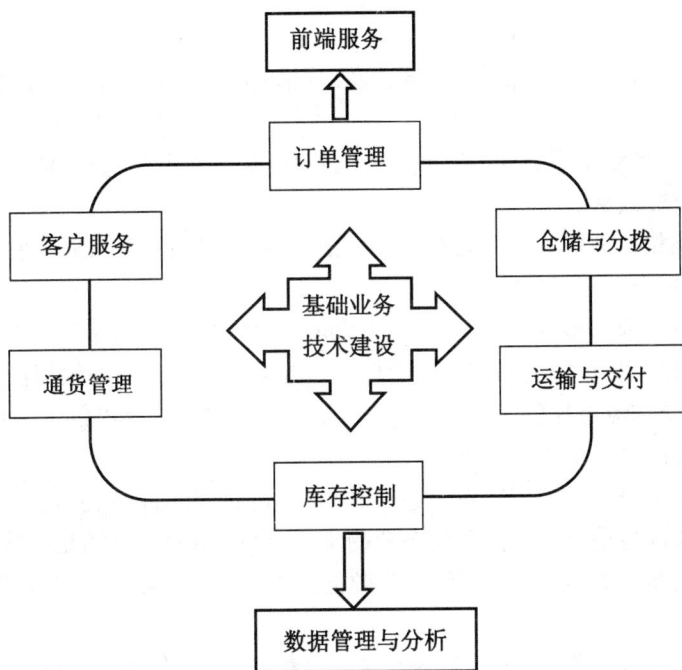

图6-6 电子物流的服务结构

许多经销商都面临着如何将前端的顾客订单管理、客户管理与后端的库存管理、仓储管理、运输管理相结合的问题。而电子物流恰好以其自身的特点完美地解决了这个问题。新兴的电子物流服务就是由具备实力的服务商来提供最大限度地满足顾客需求的外包服务,电子物流服务的形式、手段都具有一定的特殊性。传统物流与电子物流的对比如表6-4所示。

表6-4 传统物流与电子物流的对比

项目	传统物流	电子物流
业务推动力	物质财富	IT技术
服务范围	单项物流服务	综合物流服务,同时提供更广泛的业务范围
通信手段	传真、电话等	大量应用互联网、EDI技术

（续表）

项目	传统物流	电子物流
仓储	集中分布	分散分布、分拨中心更接近顾客
运输频率	低	高
交付速度	慢	快
IT 技术应用	少	多
订单	少	多

●知识小结

生产运作管理是对生产运作系统的设计、运行与维护过程的管理,它包括对生产运作活动进行计划、组织和控制。基于供应链的生产运作管理是企业为了快速反映顾客需求的一种战略性管理模式。

从外部看,企业可以通过与供应商、制造商、分销商等建立战略联盟,实现彼此间信息共享与交流。

从内部看,企业各项工作之间的有效集成与运作,保证企业信息流、资金流的畅通,最终能够从整体上提高企业效率。

因此企业应该相对地把对生产运营的管理集中在供应链管理上,通过发现问题,不断优化管理体系,最终实现企业利润最大化。

供应链中物流管理的特点:①信息流量大大增加,实现了信息共享;②对物流网络的规划能力大大增强;③作业流程的快速重组能力极大地提高了物流系统的敏捷性;④对信息跟踪能力的提高,使供应链物流过程更加透明化,也为实现控制物流过程提供了条件;⑤合作性与协调性是供应链管理的又一个重要特征。

供应链管理是指对整个供应链系统进行计划、协调、操作、控制、优化的各种活动和过程。供应链的管理能够优化整个供应链上的企业的资源配置,能带来以满足顾客需求为标志的商业需求的增长。有效的供应链管理有:①有效的资源配置;②第三方物流;③全球后勤系统;④延迟化策略。

第四方物流应具备的条件包括:①不是物流的利益方;②有良好的信息共享平台,在物流参与者之间实现信息共享;③有足够的供应链管理能力;④有区域化甚至全球化的地域覆盖能力和支持能力。

第四方物流的基本功能包括以下三个方面:

第一,供应链管理功能:管理从货主、托运人到用户、顾客的供应全过程;

第二,运输一体化功能:负责管理运输公司、物流公司之间在业务操作上的衔接与协调;

第三,供应链再造功能:根据货主、托运人在供应链战略上的要求,及时改变或调整战略战术,使其经常高效率地运作。只有这样,才能保证其所提供的物流服务速度更快、质量更好、价格更低。

思考题

一、选择题

1. 供应链库存管理的主要问题是（　　）。
   A. 战略问题　　　　　　　　B. 规划问题
   C. 信息管理问题　　　　　　D. 运作问题

2. （　　）是一种风险分担的库存管理模式。
   A. YMI　　　　　　　　　　B. JMI
   C. 多级库存控制　　　　　　D. 工作流管理

3. 供应链环境下的物流系统有（　　）在系统中运行。
   A. 需求信息　　　　　　　　B. 供应信息
   C. 共享信息　　　　　　　　D. 流通信息

4. 供应链中物流管理的发展趋势，主要表现在（　　）方面。
   A. 时间与速度　　　　　　　B. 质量
   C. 资金生产率　　　　　　　D. 组织

5. 下列不属于第四方物流的基本功能的是（　　）。
   A. 供应链管理功能　　　　　B. 运输一体化功能
   C. 供应链再造功能　　　　　D. 降低企业生产成本功能

二、简答题

1. 请简述供应链中物流管理面临的问题。
2. 生产运作选址影响因素有哪些？

●知识拓展

为什么说"苹果的成功就是供应链的成功"？

2017年11月初，知名财经通讯社 Bloomberg 发布评论称，供应链已成为 iPhone X 面临的最大挑战。该评论说：由韩国三星提供的 OLED 屏幕，以及提供人脸识别技术的 Face ID 组件供应商奥地利 AMSAG 公司，都在 iPhone X 量产前后"掉过链子"——前者的产能一度吃紧，导致 iPhone X 在正式发售前的备货数量低于预期；而后者由于加工工艺复杂，遇到了良品率低下的问题，同样导致了 iPhone X 产量不足。

在这条苹果产业链上，负责 iPhone X 整体组装的富士康就连带遭了殃。11月14日，富士康母公司台湾鸿海精密发布了2017年第三季度的财报。这是一份不太漂亮的财报——由于受到 iPhone X 相关组件供应链不利因素的拖累，鸿海2017年第三季度的净利润为新台币210亿元，较上年同期的新台币346亿元下降39%，完全不及市场预期。

这就是产业链牵一发而动全身的巨大影响力。那么对苹果来说，供应链到底意味着什么呢？

至少在 iPhone X"掉链子"之前，外界给予了苹果供应链非常高的评价。

评价认为：苹果是世界上众所周知创新力最强的公司之一，但很少有人知道苹果的成功不仅在于产品的创新，更在于出色的供应链。苹果曾连续八年在知名咨询公司 Gartner 的全球供应链 25 强上占据榜首位置。

惠普前供应链执行长 Fox 就公开承认苹果供应链的强大。

"人们总是喜欢谈论苹果成功的关键是他们的产品。虽然我同意这一点,但他们的供应能力和将新产品推向市场的效率是前所未有的,这是一个巨大的竞争优势。"他说。

三个词能很好地概括苹果的供应链:多元化,轻资产,与产品完美结合。

首先,苹果供应链涉及全球,十分多元化。苹果 2017 年年初公布的一份报告显示,苹果在全球共有 13 座组装工厂、156 家官方的产品和零部件供应商。来自世界各地的零部件被运送到苹果的各个工厂里,经过组装之后再销往世界各地。

以 iPhone 8 为例,有机构预测了 iPhone 8 的供应商名单,其中包括富士康、纬创、台积电、三星、夏普、LGD、蓝思科技、伯恩光学、索尼、大立光、玉晶光、华新科、国巨、禾伸堂、晶电、Himax、IQE、ATL、德赛电池、欣旺达、鸿海、TPK、GIS、AAC、立讯精密、华通、欣兴等。

为什么要在全球范围内,为区区一款手机寻找这么多供应商?

首先就是出于成本考量。因为在全球寻找合适的供应商和资源,可以切实压低成本,并极大地减小单一供应商断货的风险。也就是说,不能把"命门"暴露给供应商。而非常讽刺的是,由于 iPhone X 所采用的 OLED 技术屏幕目前在全球范围内只有三星能够提供,导致苹果不得不受制于人,这也是 iPhone X 遭遇产能问题的根本所在。

第二,苹果供应链重视轻资产。乔布斯指定的接班人、苹果 CEO 库克就是供应链管理专业出身。在加盟苹果之前,库克在 IBM 效力了 12 年,主抓设备制造和销售,也就是供应链业务。

而在库克刚加盟时,苹果的供应链可以说是异常低效。苹果计算机的零部件供应商在亚洲,组装厂在爱尔兰,有很多库存,却短料连连,千呼万唤从亚洲催料,空运到欧洲;赶工加急,组装成品,加急发往亚洲销售。

而加盟苹果后,库克通过关闭在美国和爱尔兰的生产设施、启用亚洲的合同制造商、建立 JIT 库存系统等途径,让苹果走上轻资产之路。

《史蒂夫·乔布斯传》第二十七章里有这样一段话:

库克把苹果的主要供应商从 100 家减少到 24 家,并要求他们减少其他公司的订单,还说服许多家供应商迁到苹果工厂旁边。此外,他还关闭了公司 19 个库房中的 10 个。库房减少了,存货就无处堆放,于是他又减少了库存。到 1998 年年初,乔布斯把两个月的库存期缩短到一个月。然而到同年 9 月底,库克已经把库存期缩短到 6 天;下一年的 9 月,这个数字已经达到惊人的 2 天——有时仅仅是 15 个小时。另外,库克还把制造苹果计算机的生产周期从 4 个月压缩到 2 个月。所有这些改革不仅降低了成本,也保证了每一台新计算机都安装了最新的组件。

经过长年累月的改进,苹果目前拥有无缝流线型供应链,产品从合同制造商那里出发,经过第三方发货公司,直接到消费者手中,前后不过几天时间,整个过程非常短,存货周转率非常高。

此外,苹果会通过监测其零售商店、网站和第三方经销商的销售,基于需求会重新分配手机订单,对 iPhone 的货量和调配进行不断完善。在这种过程中,苹果几乎能做到零库存。

第三,苹果的供应链注重产品战略的完美结合。苹果的产品刚推出时,鲜有例外不打差异化战略,需要供应链的快速响应。在别的 PC 生产厂商还依赖海运的时候,苹果就大面积采用空运了。

　　联邦快递运送苹果手机到美国时,主要使用波音 777 飞机。这些飞机可进行 15 个小时的飞行,从中国到美国田纳西州孟菲斯的货运枢纽无须加油。iPhone 昂贵的价格和轻便的重量意味着,苹果虽然选择空运,仍然可以获得巨大利润。甚至还有传闻说,苹果经常在圣诞节前买断大批飞机舱位,确保自己需要的同时影响到竞争对手。

　　再如 iPhone 的触摸屏,苹果在供应商建厂时投入巨资,买断 6～36 个月的产能,有效阻止竞争对手及时买到同样高技术的触摸屏。等到触摸屏成了大众商品,竞争对手可以买了,苹果又利用早已谈好的合同,拿到供应商的优惠价,其实是由竞争对手补贴,来与竞争对手打价格战。

　　这样一来,苹果的供应链成功地从订单上升到产品层面,帮助设计优化产品设计,把产品的成本在设计阶段就控制下来,力争实现产品层面的优化。

　　供应链作为苹果与供应商之间的桥梁,成功地对接了产品设计与工艺设计,确保苹果设计出来的产品供应商能够有效、经济地生产出来,并且确保苹果的利益。

　　可以说,创新能力和优秀的供应链是共同构成苹果成功的两大基石。

问　题

　　请谈谈本案例给你的启示。

项目七 供应链环境下的风险管理

● 学习目标

知识目标

了解供应链风险的内涵、主要内容、风险分析技术；了解供应链风险的应对方式及控制措施。

技能目标

能根据案例正确认识供应链风险，并采取相应的控制措施。

● 案例导入

从乐视欠货款看供应链风险管理

从 2016 年到 2018 年上半年,乐视欠供应商货款事件持续发酵,波及众多的 EMS 代工厂、元器件分销代理商,仁宝、大联大、文晔、韦尔半导体相关供应链损失几千万至数亿元不等。另据国际电子商情,有众多未公开的 IC 分销商遭遇乐视欠款。一旦遇到这类客户,轻则受伤,重则一蹶不振。有供应商告诉商情记者,对于乐视的供货,他们的评估体系其实是高风险类型。互联网带来的行业爆发式增长本身就意味着高风险,代理商对这类客户又不可能视而不见。再加上 2018 年尤其突出的元器件缺货涨价带来的影响,分销商的供应链管理要比过去面对更多的风险。

1. 珍视供应商的客户才是好客户

"如果按照我们内部的风控体系显示的对乐视的高风险评估,我们完全可以不做这样的客户。但种种原因之下,我们成了他们的供应商。"一位乐视的供应商对国际电子商情记者说道。在乐视产生对其的欠款后,该供应商随即停止了供货,力图将风险和损失减至最小。乐视欠供应商货款事件引发了全行业的风险意识。乐视欠款反映出运营资金不足导致的财务危机。易库易 CEO 谈荣锡就此分析,通常有以下三种情况:①企业规模扩张过快,以超过其财务资源允许的业务量进行经营,导致过度交易,从而形成营运资金不足;②存货增加、收款延迟、付款提前等原因造成现金周转速度减缓,此时,若企业没有足够的现金储备或借款额度,就缺乏增量资金补充投入,而原有的存量资金却因周转缓慢而无法满足企业日常生产经营活动的需要;③运营资金被长期占用,企业因不能将运营资金在短期内形成收益而使现金流入存在长期滞后效应。在业内人士看来,乐视手机销售的现金流无法完全弥补其成本,对上游供应链出现欠款也就难以避免。乐视手机业务陷入资金窘境,不只是波及数十家供应商及代理商,也会在一定程度上影响整个手机产业链。手机产业链已相当成熟,乐视对供应商的货款逾期,造成不少供应商的现有业务现金流紧张,进而自身业务发生资金周转困窘的情况。"华为向其供应商询问乐视欠款影响,亦是为了防范风险延伸。"有部分代工企业已开始减少供货,也有代工厂在额度内无条件供货,超过额度则需现金提货。谈荣锡认为,把拖欠供应商货款作为变相的资金来源,这类制造商并没有很好地珍视来自渠道和供应商提供服务的价值。在当今的产业链生态环境中,客户和供应商往往是一条船上的共同体,想要获得更多供应商的支持,应该有长远合作的眼光和价值的认同,只有在合理的利润分配基础上,合作才会共赢。从本质上来说,获得更多供应商的支持,也是企业核心竞争力之一。

2. 从原厂拿货,客户不提货,代理商的库存内伤了

"库存风险是供应链风险管理中一个非常重要的因素,我认为需要靠智慧来平衡。"一位分销人士对记者说道。该分销人士认为,今年大范围的缺货,其实是某类 IC、被动器件缺货,其余的绝大多数不缺货。是刚好备了缺货的料还是备了没缺货的物呢?这就反映了供应链的平衡点。找准这个点,则现金流充足,库存水平低;找不准,则库存太多,影响正常周转。怎么才能找到平衡点?①要有强大的管理系统,用科学的方法为管理库存提供依据。比如对交期进度、库存数量的监控。②数据系统只是工具,真正利用这个工具还得依靠管理者的智慧。这个过程不是简单地设置限制,它涉及与原厂、客户的博弈。如果风险意识不强、博弈能力偏差,就可能造成库存风险。如今市场变化快,电子产品更新换代周期短,终端客户对供应链的把控难度加大,也迫使分销商管理库存的难度提高,一旦终端客户出现困难,分销商的库存风险就加剧。这时,分销商备货时对客户越了解,备货就越准确。分销商备货的数量应结合客户其他元器件的采购量,将库存量维持在10%以下较合理。③尽量引导客户使用通用的料号,这是减少库存的一个非常有效的办法。尽量避免使用单一客户、单一型号。IC 的型号差别比较多,引导几家客户用同一个型号进行战略备货。④多做 DESIGN IN,如不同应用领域可使用同一种通用器件。另外与原厂协商退货机制。⑤引导客户形成良好的拿货习惯。这些方法都能够平衡库存风险。

3. 负债经营现象普遍加剧应收款风险

应收款是代理商目前面临的另一较大风险。分析人士认为,一是中国的整个交易环境未成熟,负债经营现象普遍,有钱不付则加剧了欠债的恶性循环。二是信用评级偏差。三是互联

网时代很多产业爆发式增长。爆发式本身意味着高风险。快速发展，风险相伴，这个时候，公司的信贷必须做好明确的管理思路，信贷政策与公司经营状况相匹配。确立大方向后再去灵活执行。采取严格的信贷措施有助于把控风险，例如超过30天未付款停止发货、货款催收、信贷前期调研等，调研项目包括注册资金、公司合法性、年审情况、历史记录等。信贷政策根据公司财务情况调整，例如月结期限、现金交易等。"信贷造成的损失往往在后端体现，前期做不好，后期发生为时已晚。"

4. 自然灾害与缺货涨价对供应链的风险考验

自然灾害、失火、停电等这些不可抗力或意外事件的发生，对供应链也将产生风险。硬之城CEO李六七认为，在这种情况下，我们可控的是将仓库建立在相对安全的地方，同时建立一套供应链数据机制。比如发生地震时，原厂的生产有波动。我们的预警机制是一旦发生地震，马上分析这些地区的灾情以及工厂分布和产品情况，并立即通知相关人员，预期未来一段时间内某些物料出现缺货或涨价的可能。一方面提前做一些预防，另一方面寻找替代料，让信息快速流通，将风险损失减小。对于一些影响较小的事件，则会等原厂通知，并即时反馈物料的供应情况。这里其实也提到了缺货涨价的风险，李六七认为分销行业基本上三到五年会出现一波由低谷到高潮的行情，根据涨价行情，我们进行预判，涨价猛烈的，第一时间建议客户尽快备货。"涨价加大了我们电商平台的难度，对数据更新频率提出更高要求，同时交易难度加大，沟通成本增加。当然，市场越有波动起伏，生意的机会越多。"

此外，供应链金融业务是元器件电商平台非常看好的一项业务，其伴随的风险也值得重视。据介绍，硬之城针对不同的客户类型设计不同的供应链金融产品。例如小型客户，通常通过非资产抵押，风险较大，额度可设定在3万~10万元。中小型客户通过客户调查设定预账期，并引入第三方金融机构满足中型客户对资金的需求。大型客户则接入第三方的数据，引入供应链金融公司进行资金服务。这其中也会要求客户在线上进行交易，从而积累交易数据，有助于金融服务的评估。

5. 风险管理三招

"比较重要的风险主要集中在供应风险和财务风险。"谈荣锡表示，根据易库易平台的交易数据累计，易库易能够越来越有效地规避这些风险，包括库存的风险规避、交货周期预警、欠款财务风险等，为客户提供风控服务。供应商也有相应的考核指标，如按时交货率高低会逐渐影响其供应评级。将供应链风险控制在事前，主要是提前预防和预警，谈荣锡做出详细解析，提前做好材料的风险和储备工作，如通用材料的选用、重点物料与供方之间的合作升级、定期与制造商之间的交流和会议。易库易的优势在于提前给客户相关的预警信息，例如预警交货周期的变动。当供应问题发生的时候，易库易会第一时间通知客户，也会积极寻求其他的办法以解决燃眉之急。当行业都面临同样问题的时候，易库易尽可能更好地解决问题。

常见的风险管理方法主要有以下三种：

(1)进行风险转移

通过部分非核心业务外包的方式将风险转移至其他企业，也可以通过和专业风险管理公司合作，及时充分地了解供应链的信息。在供应链中各节点企业之间的信息相对封闭，造成链上企业对需求信息的曲解由下游向上游逐级放大。实践中，供应链生产源头和终点需求之间总会存在时间上的延迟，这种延迟导致反馈误解。由于供应链上的企业大多数依据相邻企业的需求进行决策，而并不探求其他成员的信息，导致这种曲解从一点微小差异最终传递到源头时出现不可思议的放大。因此,如何得到准确及时的信息是供应链风险管理的重要因素。

(2)优化合作伙伴选择

供应链合作伙伴选择是供应链风险管理的重要一环,一方面要充分利用各自的互补性以发挥合作竞争优势,另一方面也要考虑伙伴的合作成本与敏捷性,通过加强伙伴间的沟通和理解使链上的伙伴坚持并最终执行对整条供应链的战略决策,供应链才能真正发挥成本优势,占领更多的市场份额。

(3)建立企业成员间的信任和监督机制,增加供应链透明度

企业成员间的信任是供应链赖以生存的基础,但是没有监督的信任却是形成供应链风险的最佳土壤。因此,通过专业风险管理公司的参与,可以建立并完善企业成员间的信任和监督机制,以降低供应链结构成本,减少内部交易成本,促使伙伴成员以诚实、灵活的方式相互协调彼此的合作态度和行为,并使供应链管理层通过不同渠道验证信息的客观性,得到清晰和没有失真的信息,降低成员企业在信息不完全情况下做出错误判断或决策的可能性。

随着分销信息的透明化,过去靠关系销售的模式逐渐走向靠服务销售的模式,行业利润下滑是不争的事实,每个分销商都应该从资金投入、人力成本、交易风险等因素多重考虑,从而将利润与风险形成动态平衡。

现阶段各种新兴的创意变产业的热潮,何尝不伴随着潜在的风险。面对这些不同于以往的发展形势,欣喜之余要求供应商们加强风险管理的意识。

问 题

请谈谈本案例给你的启示。

任务一
供应链风险识别

7.1.1 供应链风险的内涵

供应链风险管理对传统企业内部业务部门以及企业之间的职能和策略在供应链上进行跨越职能和跨越企业边界的系统性、战略性的协调,其目的在于提高供应链以及每个企业的长期绩效。由于供应链风险管理的优越性及给企业带来的多赢局面,早在20世纪90年代,供应链风险管理就已逐渐成为企业"抱团取暖",共同获取竞争优势及增强竞争力的重要手段。

供应链风险是指在特定客观条件下,在特定期间内,由风险因素引起的风险事件的发生,影响供应链预期目标的实现,使供应链面临损失的可能性。供应链风险管理则是指管理上述供应链中出现的意外事件或变化所带来的风险的系统过程。

对于供应链风险事件是否发生、何时发生、发生之后会造成什么样的后果,事先都无法预

知,但人们经过长时间的经验总结会发现其中存在着一定的规律。供应链风险具有以下特征:

1.动态性

这是由供应链系统所处的环境及供应链的特点所决定的。市场环境的不断变化、顾客需求的多元化,使各种不确定性因素更加普遍。一旦供应链上的某个节点企业发生变化,其他企业必然也要随之发生变化。

2.系统性

供应链本身是一个复杂的系统,供应链风险相应地具有系统性,一个节点所产生的风险可以波及整个供应链。

3.必然性

供应链风险同其他很多风险一样,都是不可避免的。运作环境的政治、经济、市场等条件复杂多变,又涉及不同的经济利益主体和多个业务流程的操作,这些都决定了供应链风险发生的必然性。

4.复杂性

供应链系统由多个节点企业构成,供应链系统的运作涉及生产、运输、仓储等很多具体的业务操作流程,这样的系统所产生的风险必然也是复杂多样的。

5.可传递性

供应链节点企业间的密切合作使供应链风险的传递更自然,上游企业的风险会传递给下游企业,并且风险在供应链里传递的时候会逐步放大,最典型的就是需求风险所产生的牛鞭效应,供应链末端产生的需求变化会沿着供应链逐步放大。

6.损失及灾害的严重性

该特点由供应链风险的系统性决定。大多数的供应链风险都会波及整个供应链成员,例如,生产企业的原材料短缺会导致下游的运输商、供应商及零售商中断产品的供应或销售,从而带来各种损失。

7.较低的可控性

在做出决策时,供应链节点企业考虑的是单个企业的利益最大化,而不是整个供应链的利益最大化。对于供应链风险的管理也是如此,一个企业的风险往往会涉及供应链其他成员企业,但是现有的供应链合作模式不能使信息完全共享,大大降低了企业通过合作的方式对供应链风险的控制。

7.1.2 供应链风险内容

1.供应链中的不确定性

任何在未来结果上包含不确定性要素的交易活动都伴随着风险要素。

供应链风险来自供应链不确定性,供应链不确定性的存在和传播会影响整个供应链。不确定性在供应链中的表现形式如表7-1所示。

表 7-1 供应链中的不确定性表现形式

类型	表现形式	内容	原因
需求	时间、延迟	不规则的订购时间;客户要求提前或延迟取货;时间预测错误	供应链组织成员间信息的不对称和信息传递过程中的信息扭曲
	数量	不规则的订购数量;数量预测错误;客户要求增减数量或产品过时报废	
	信息、预测	消费者偏好改变;市场产品组合改变;不可预测的竞争者;产品的退化率;新产品出现	
供应	时间、延迟	承诺的供货时间与实际不符	供应商的机会主义行为、自身素质及自然灾害和突发公共事件
	数量	与订购量不符	
	质量	毁损率较大;原材料质量不符合要求	
	成本	原材料售价变动;供应商变化	
生产	时间、延迟	生产周期不稳定	机器故障、机器损坏、备用零件不足、信息系统出错、员工失误
	质量	质量不稳定	
	数量	数量不稳定	
	产能	产能成本高;产能柔性弱	
	库存	库存持有成本	
物流	时间	车辆出行时间、到达时间不稳定	车辆故障、道路拥堵、驾驶员缺乏时间意识、路途颠簸导致货物损坏、配送线路变更导致成本增加
	质量	破损率不稳定	
	成本	运输线路、运输距离不确定	

2.供应链风险后果

尽管风险的常用定义与"不希望的结果"相联系,但风险可能引起损失的同时也带来了机会。消除所有不确定性和风险可能使组织处于瘫痪,组织将没有能力承担不确定性的投机与投资来实现自己想要的结果。风险的结果既可以是正面的,也可以是负面的。因此,合理的风险评估对组织目标的实现是必需的,它能使企业绩效和利润率达到最大。供应链风险的最终后果主要是财务损失,如表 7-2 所示。

表 7-2 供应链风险后果

风险类型	最初影响	最终影响
质量问题	产品召回、顾客流失	财务损失
环境污染	不良的公众形象、客户不满意与背叛、法律措施、罚款	财务损失
健康和安全伤害	不良的公众形象、工人赔偿诉讼、员工不满、依法罚款	对人的伤害、财务损失
火灾	对人造成伤害、生产和资产受损	对人的伤害、财务损失
计算机故障	无法接单、处理工作或发出发票;客户流失	财务损失
市场风险	收入下降	财务损失
国际贸易	外汇汇率损失	财务损失
政治风险	外国政府冻结资产、阻碍利润汇回本国	财务损失

3.供应链风险分析技术

风险分析是指根据原因来找结果,根据当前状况来预测未来可能发生的风险,并分析各个风险将带来的后果。但在分析供应链风险时也可以根据结果来找原因,具体来说可以针对成本上升、时间延误和质量缺陷等问题来找出原因,并分析不同风险因素的作用。供应链风险分析可以利用风险管理中常用的方法,例如风险核对表;也可以借用供应链设计与描述工具,如供应链运作参考模型。

(1)风险核对表

将以往经历的风险事件和预计可能的风险因素罗列出来,经过整理就形成了一张风险核对表。风险核对表是整理风险历史资料和对风险因素进行研究的结果。通过风险核对表可以把零散的线索进行系统化的全面整理。风险核对表是风险控制工作的依据。供应链运作过程中把实际发生的风险记录在风险核对表的右边,风险核对表可用于对风险的监控。

风险核对表有多种形式,使用者可以根据自己的具体需要设计。根据对风险控制的不同层次把风险核对表分级写出,包括风险核对总表和风险核对明细表。风险核对总表反映总的风险状况,风险核对明细表则反映某一风险或某一阶段风险状况的详细信息。和风险核对表相关的还有风险调查表,用于收集企业内部和合作伙伴具体的风险信息。

由于供应链风险有各种不同的类型,可以制作不同的供应链风险核对表。风险核对表应力求分类清楚、便于使用、内容简洁和层次分明。风险核对表一般和专家调查法相结合使用,专家调查法即结合头脑风暴法、情景分析法等,综合使用调查表。

(2)供应链运作参考模型

供应链运作参考(Supply Chain Operation Reference, SCOR)模型是用于对供应链性能表现进行系统评价的工具,它使企业间和企业内的各部门能够用通用的语言准确地交流供应链问题,已经被各行各业广泛使用。SCOR模型的基本思路是将业务流程重组、标杆管理及最佳业务分析集成为多功能一体化的模型结构,是供应链的诊断工具。SCOR模型的框架由5个基本的管理流程组成,它们分别是计划、采购、生产、配送和退货管理,每个流程都有相应的支持系统。它将企业流程重组、标准化和流程测评的概念结合成一个交叉功能的框架。如图7-1所示是基于SCOR模型的供应链风险管理框架,该框架结合了SCOR模型的计划、采购、生产、配送和退货(客户)5个业务流程,主要包括供应链风险战略、风险识别、风险分析与评估、风险管理及风险监控。

①计划流程。它是核心企业根据需求预测数据在供应链进行统一计划,以平衡需求和供应而制作的一系列行动方案,目的是更好地为其他流程服务。因此,它对供应链成员产生巨大的影响。而供应链计划通常由于应急订单和客户追加订货插单而被打乱,经常不是计划过高,就是计划过低。由于销售和运作计划数据不准确及计划的不准确,导致供应链直接利益相关者成本的增加,从而提高了供应链的总成本,对供应链运作效率和成败有显著影响。

②采购流程。其直接利益相关者是上游供应商和供应商的供应商。它的主要内容是按计划或需求获取物料和需要的服务。其方式是采购库存产品、采购根据订单生产的产品和采购根据订单设计生产的产品,以及相关的交货时间、接收、验货、产品传递、允许对供应商的付款等。此外,若没有事先确定,其内容还包括识别和选择供应源、管理商务规则、评估供应商的业绩、数据维护、管理库存、资产评估、接收产品、供应商网络、进口或出口需求等。采购成本通常占其企业所有支出的一半以上,制造商要取得竞争优势,就要降低采购成本。采购与供应风险

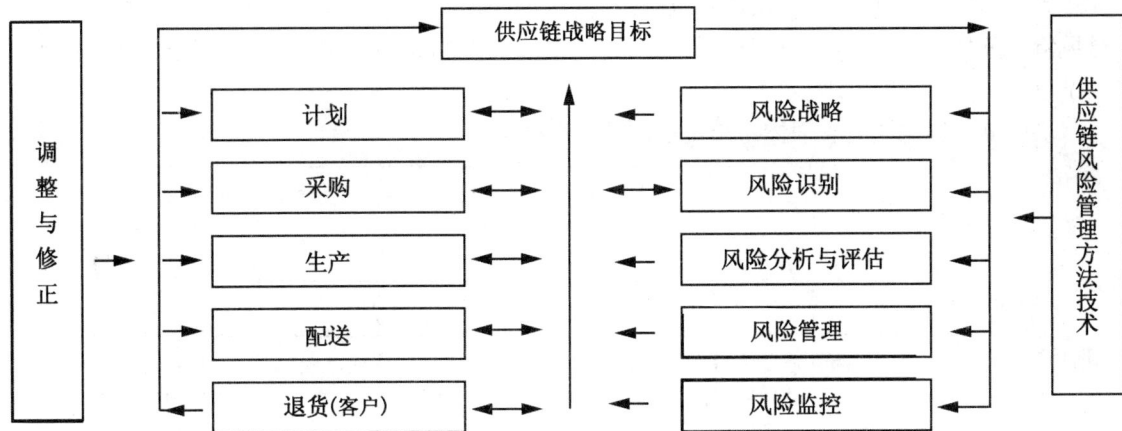

图 7-1　基于 SCOR 模型的供应链风险管理框架

对供应链影响巨大,尤其是在质量、成本及可获得性方面。因此,采购风险是供应链的主要风险来源之一。

③生产流程。其直接利益相关者是上游供应商、下游经销商和客户。它的主要内容是按计划制造各类产品,如制造库存产品、根据订单生产产品和根据订单设计生产产品等,还包括制订生产活动时间表,实施产品制造,例如制造、测试、包装、暂时库存等,将产品送交发货员等,以及根据订单设计制造产品。此外,制造过程的管理规则、业绩、数据、在制品、设备和设施、运输和生产网络也是其重要内容。

④配送流程。其直接利益相关者是上游供应商、上游制造商、上游分销商、物流服务提供商、下游客户和最终客户。它的主要内容是订货、仓储、运输、管理库存产品、根据订单生产产品和根据订单设计生产产品。所有的订货管理步骤包括客户询问、常规送货报价和选择送货方式;仓储管理,装卸货物的接收和分拣;在客户处接收和检验产品,如果需要负责安装;向消费者开具货物发票;管理发货中的商务规则、业绩、信息、成品库存、资产评估、运输、生产周期、进出口要求。这个过程主要体现的是供应链的组织、技术、作业和协同等能力。

⑤退货流程。其直接利益相关者是上游供应商、上游制造商、上游分销商、物流服务提供商、下游客户和最终客户。它的主要内容是退回原材料(给供应商);接收制成品的退回(从客户处),包括缺陷产品、MRO(非生产原料性质的工业用品)产品和过剩产品。所有退回缺陷产品的步骤包括从承诺退回到给出产品退回时间表,接收、检验、交付退回的产品,退回替换等。退回 MRO 产品的步骤包括:从承诺退回,到给出产品退回时间表,确定产品状态、传递产品、检验产品状态、产品处理、要求召回的批准。退回剩余产品的检验步骤包括:从识别过剩库存、计划运输、接收退货、批准授权、接收退回、验证过剩、回复,到处理过剩产品等。管理退货中的商务规则、业绩、数据采集、退回库存、资产评估、运输、网络配置、常规需求和补充等环节均存在安全隐患。因此,产品的安全隐患对供应链管理目标有显著影响。

在传统意义上,供应链不同类型的风险分析由不同企业、不同部门的不同人员用不同的方法进行处理,他们之间很少沟通与合作,这种分离状态也是供应链风险管理的主要弊病。通过对国内外风险管理实践与理论的最新研究跟踪分析可知,风险管理将逐渐向全面集成的趋势发展。根据基于 SCOR 模型的供应链风险管理框架,有人提出了基于 SCOR 模型的供应链一体化风险管理模式,该模式将供应链范围内的风险管理活动整合形成一个有机的整体,使供应链风险管理目标、文化、组织、过程、信息及过程系统有机结合在一起,形成了基于 SCOR 模型的供应链一体化风险管理。

供应链一体化风险管理体系结构如图 7-2 所示。

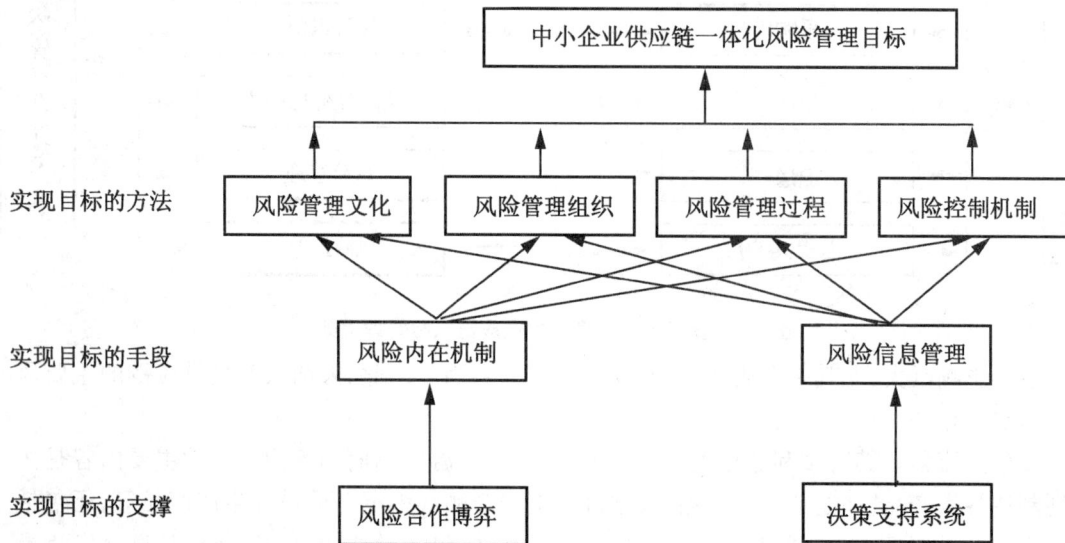

图 7-2　供应链一体化风险管理体系结构

利用 SCOR 模型分析供应链风险能够帮助决策者对环境风险、供应链结构风险和供应链参与主体风险与协作风险等进行识别。

①环境风险识别。分析供应链所在地区的地理气候环境、政治法律形势、经济社会状况、技术应用水平、自然灾害因素以及物流环境、市场供应与销售形势等,有助于确定环境风险。

②供应链结构风险识别。通过 SCOR 模型的描述可以看出供应链结构方面存在的问题,例如配送中心、制造厂等供应链节点的选址是否合适,仓库系统是过分集中还是太分散,供应商数量是否太多或少,配送渠道的分布是否与目标一致,是否存在物流与服务流的断裂与冗余等。

③供应链参与主体风险与协作风险识别。一个供应链往往包括很多参与主体,用 SCOR 模型将它们的数量、位置、相互关系描述出来便于逐一区别对待,甚至深入分析各参与主体内部的风险因素。通过 SCOR 模型还可以明确供应链中存在的相互协作关系,分析认识其中的风险,结合 SCOR 模型的业绩表现评价指标体系,发现供应链上的薄弱环节。

④各供应链流程风险的识别。借助于 SCOR 模型图,风险分析人员可深入标准处理过程的内部,发现业务处理流程的不合理之处,确定风险所在。

此外,SCOR 模型对供应链的绩效评价也可以作为风险识别的手段。借助 SCOR 模型识别供应链风险在进行供应链再造时显得特别有效,可以直观地比较供应链再造前后的风险状态变化,评估流程再造对供应链可靠性的影响等。

(3)因果图

因果图(如图 7-3 所示)又叫作树枝图、鱼刺图,是管理中常用的图示工具,是质量控制的基本方法之一。画图的基本方法:把结果写在一边,把各类主要原因放在它另一边的主枝旁,再寻找所有下一层次的原因并画在相应的主枝上,并继续发展下去。一个完整的因果图往往有三层或更多层。

绘制因果图往往跟头脑风暴法相结合,用头脑风暴法收集所有可能的原因,然后把它们归纳成类别或子原因。收集数据工作是分析原因并采用因果图法的基础,因果图是很好的因果分析工具,可根据结果识别症状、分析原因、寻求对策,所以很适合用于风险识别。

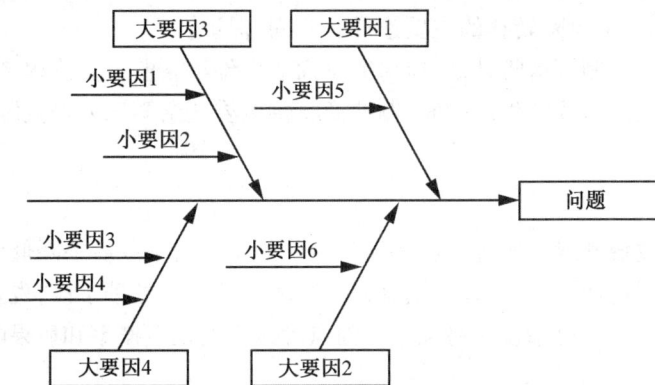

图 7-3 因果图

任务二
供应链风险控制

7.2.1 供应链风险应对

可从改变风险后果的性质、风险发生的概率或风险后果大小三个方面提出多种策略。下面介绍风险回避、风险转移、风险缓解、风险预防、风险自留和后备措施,每一种都有侧重点,具体采取哪一种或哪几种则取决于供应链风险形势。

1.风险回避

风险回避是指当项目风险潜在威胁发生的可能性太大,不利后果也很严重,又无其他策略来减轻时,就主动放弃项目或改变项目目标与行动方案,从而消除风险或产生风险的条件,达到回避风险目的的一种策略。

在供应链风险管理的选择阶段,对于已识别的政治风险、经济风险、社会风险,通过风险澄清、获取信息、加强沟通、听取专家意见的方式进行风险评价,如果发现项目的实施将面临巨大的威胁,供应链管理者又没有其他可用的措施控制风险,甚至保险公司亦有可能认为风险太大而拒绝承保,这时就应当考虑放弃执行,避免巨大的经济损失。比如当某国政局不稳定时,就应当放弃在该国家设立工厂。而在供应链运营阶段,可以通过增加项目资源或时间,采用一种熟悉而不是创新的方法,或避免使用一种不熟悉的开发方法,来达到风险规避的目的。

2. 风险转移

风险转移是指设法将某风险的结果连同应对风险的权利和责任转移给他方。风险转移应当是正当的、合法的,而不是无限制的、无约束的,甚至是带有欺诈性的。项目风险转移分为保险和非保险两类,非保险风险转移的主要途径有合同、保证。

针对海外供应商可制订保险计划,应对突发商业事件给企业供货流程带来的麻烦。

为避免供应延误而导致的生产中断,制造商将供应委托给第三方物流服务商,实现了供应风险的转移。

3. 风险缓解

风险缓解即通过缓和或预知等手段将项目风险的发生概率或后果降低到某种可以接受的程度。相对于风险回避而言,风险缓解措施是一种积极的风险处理手段,也是应对无预警项目风险的主要措施之一。它是指设法将某一负面风险事件的发生概率和后果降低到可以承受的限度。

风险缓解的形式多种多样,它可以是一种新的减少问题的行动方案。例如,增加供应链运营中项目资源或延长进度计划。当不可能减少风险发生的概率时,可以针对那些决定风险严重性的关联环节,采取措施减轻风险对项目的影响。

4. 风险预防

风险预防是一种主动的风险管理策略,其目的在于控制风险事件的发生。在供应链风险管理中通常采取缩短供应链的策略,以达到缩短供应链周转时间、避免战线过长而导致供应链中断的目的,如汽车装配商的供应商大都在汽车城内。供应链弹性网络设计不失为一种供应链风险管理策略,采取供应链网络资源优化的方法,做好选址,设计抵抗风险的供应链网络,通过多样化来获取灵活性。

当企业面向全球市场进行全球供应链运营时,缩短供应链策略是不切合实际的,这与企业战略目标不符。此时,全球供应链网络设计就变得非常重要了,优化企业全球资源,平衡不同的资源获取方案所带来不同的收益和风险,设计弹性网络。

在实践中还采用一些切合实际的风险预防方法来增强组织学习能力,防止风险因素出现,从而降低风险。

①应用协同需求预测、VMI与分销商、零售商建立更加紧密的合作关系,提高需求规划的准确性。合作伙伴是朋友,合作关系有助于缓冲不利时机,长期合作关系与友谊有助于企业在逆境中获得合作伙伴的支持。发展合作及联盟关系可有效降低需求或供应的不确定性。

②提高供应链的可视化程度。从下订单到接收,都能对运输及库存进行全程监控,实现物流的全球跟踪。企业可以根据需要适时调整运输计划。

③加强产品零部件的标准化,同时混合使用不同供应商的零部件能使制造商的供应链变得更加灵活,例如戴尔、IBM 等制造商。采用多采购渠道有助于避免供货风险。通过供应商绩效评价建立备选供应商方案。

④在供货服务协议方面适当增加柔性要求。

⑤降低产品的复杂性。这不仅有助于缩短生产时间,还能提高企业对供应危机的响应速度。

⑥需要区别对待不同产品的订货策略,对它们的库存单独进行建模和优化。考虑交货延误及提前期的波动等不确定性。

⑦监控风险预警信号。通常跟踪的绩效参数包括服务水平、提前期、库存以及物流成本等。然而,要有效地管理供应链风险,这些参数是远远不够的,还需要对其他一些供应链风险指标进行跟踪,例如订单拖延时间、零部件交付可变性以及汇率变动等。它们能提供一些至关重要的警报。

5.风险自留

这种手段意味着供应链团队决定以不变的计划去应对某一风险,或团队不能找到其他合适的风险应对策略。主动的风险自留是指供应链管理者在识别和衡量风险的基础上,对各种可能的风险处理方式进行比较,权衡利弊,从而决定将风险留置内部,即由供应链管理部门自己承担风险损失的全部或部分。由于在风险管理规划阶段已对一些风险有了准备,所以当风险事件发生时可以马上执行应急计划。主动的风险自留是一种有周密计划、有充分准备的风险处理方式。

最常见的风险接受措施是为了应对已知风险,建立一项应急储备,包括一定量的时间、资金或其他资源。应急救助应由已接受的风险影响程度来决定,在某一可接受的风险基础上进行测算。

与供应商共同制订突发事件应变计划。例如,美国一家大型的汽车供应商,在"9·11"事件发生后,立即启动原有的运输紧急服务关系来补充空运自欧洲的汽车零部件的不足。通过对同一时间的空运部件的风险评估,该公司能够提前进行海运的排期,保有相当的库存,从而为汽车制造商的持续运营提供有力的保障。

6.后备措施

有些风险要求事先制定后备措施,一旦项目实际进展情况与计划不同,就启动费用、质量和技术等后备措施。

在实践中风险处置的各种策略都是组合使用的,对于风险太大的供应链项目一开始就应该拒绝。在那些被接受的供应链项目中,减轻、预防、转移、回避、自留风险和后备措施等策略,都应随时间、环境、条件的不同而被运用于不同的组合策略中。

7.2.2　供应链风险控制

分析供应链风险是为了更好地防范风险发生。建立和控制一个包括广泛供销渠道在内的供应链是不容易的,而长期地维护整个供应链的安全运行更难。在具体操作中,为了保证供应链的安全运行,可以在以下几个方面采取相应的措施防范风险的发生。

1.建立战略合作联盟

供应链企业要实现预期的战略目标,客观上要求其与供应链中的其他成员企业进行合作,形成共享利润、共担风险的双赢局面。因此,供应链中的成员企业之间建立紧密的合作伙伴关系,成为供应链成功运作、风险防范的一个非常重要的先决条件。节点企业间要建立和保持长期的战略合作伙伴关系,应注意以下几点:

①要求供应链的节点企业之间加强信任。

②加强节点企业之间信息的交流与共享。

③必须建立正式的合作机制,在供应链节点企业间实现利益共享和风险共担。

④要选择正确的具有核心竞争能力的合作伙伴加盟供应链,并在恰当的范围内展开合作。

⑤在合作过程中,各节点企业要特别重视保护和发展自身的核心竞争力,这是维系持续合作的基石。

2. 提高供应链弹性

供应链的弹性是指整个供应链作为一个整体对客户需求变化的适应程度,与刚性相对立。一般说来,增加供应链的弹性与供应链的低成本运营存在一定的矛盾,关键的问题是如何在这两者之间取得一种平衡。通常情况下低成本运营所带来的利益是直接的、明显的。如库存费用的降低将直接增加企业的利润,而由此造成的顾客服务水平降低(比如出现缺货)所带来的负面影响,如市场份额丢失、商誉降低等对企业利益的损失是潜在的、长远的。这便增加了这种平衡的难度。但无论如何,顾客的需求总是变化的,富有弹性的供应链仍旧是降低供应链风险的有效手段。供应链的弹性一般包括以下几个方面:

(1)维持合理的库存水平

供应链上各个节点维持合理的库存水平是防止短缺的最简单和有效的办法。尽管供应链上的每个企业在成本的压力下都在追求零库存,但如果因为个别节点的短缺而造成整个供应链的中断,每个企业都将蒙受损失。因此建立合理的库存必不可少。

(2)保持一定的生产能力冗余

供应链上的企业保持协调一致的生产能力冗余。一方面减少了由于"满负荷"运转带来的各自设施可靠性方面的风险,另一方面提高了对客户变化的适应性。因此,供应链联盟的核心企业应不断重新评价合作伙伴,审视供应链的薄弱环节,即能力瓶颈,通过施加压力,加以改进或直接取消其成员资格。

(3)提高供应链上企业的柔性

整个供应链应能够为客户提供多种产品选择,而且能随客户需求的变化不断地进行快速调整。因此,要求供应链上的企业,尤其是供应链上的核心企业要尽可能地提高自身的柔性,对产品变形、工程更改等做出快速反应,以及缩短新产品投放市场的时间等,避免因不断重新选择供应商带来的风险和低效率,以提高供应链的整体竞争力。传统的企业供应链往往是单一的供应商机制,整个供应链缺乏柔性。为确保产品供应稳定,重要产品应该由两个以上的供应商提供,不能单单依靠某一个供应商,否则一旦该供应商出现问题,势必影响整个供应链的正常运行,使整条供应链变成一条危机链。

3. 建立信息共享平台

供应链上各企业之间的信息共享一方面提高了供应链运作的协同性和运作效率,另一方面有利于及时发现供应链上潜在的风险,为规避风险、及早采取补救措施赢得宝贵的时间。这些共享的信息至少应该包括以下几类:

（1）库存信息

供应链上的成员各自的库存对供应链成员应该是透明的，供应商、制造商、分销商应能共享库存信息，以对需求做出一致、有效和必要的反应，防止反应迟钝或反应过激（牛鞭效应）。

（2）可供销售量信息

可供销售量是指除分配给特定订单以外的货物存量，即随时可以承诺给客户的部分。由于组成供应链的企业都是独立的经营主体，因此，它们之间实际上是一层层的买卖关系，各个环节的可供销售量是缓解突发需求的有效资源，因此供应链各个环节的可供销售信息的共享，对各企业针对突发需求做出正确的应对具有重要的意义。

（3）订单信息

如允许合作伙伴查询订单的执行状态，便于对延期的订单及早采取措施，保证供应链的服务水平。

（4）计划信息

任何需要协调一致的行动离开了正确的计划都是不可想象的，供应链成员之间的供需关系决定了它们生产、发货计划必须协调一致。

（5）最终客户的需求信息和历史信息

最终客户的需求信息是供应链反应源，供应链的每个成员都需要将最终客户的需求转化为自己计划的依据，这是与其他成员协调、共同做出预测并分担风险的基础。

（6）货物运输状态信息

运输是供应链物流中的一个重要环节，也是容易受不确定因素影响的环节。随着现代物流系统的发展，特别是第三方物流的兴起，对运输环节的控制有了更先进高效的平台和方法，如利用 GIS（地理信息系统）和 GPS（全球定位系统）能够对运输物流进行动态的监控。

4. 注重供应商选择

供应商选择是预防供应风险的重要手段。如何选择供应商是目前供应链管理研究的热点，同时也是每一家进行供应链管理的企业必须面对的问题。供应链节点企业如果想与供应商建立信任、合作、开放性交流的供应链长期合作关系，必须首先分析市场竞争环境，目的在于找到针对哪些产品市场开发供应链合作关系才有效，必须知道现在的产品需求是什么，产品的类型和特征是什么，以确认客户的需求，确认是否有建立供应链合作关系的必要。如果已建立供应链合作关系，则应根据需求的变化确认供应链合作关系的必要性，同时分析现有供应商的现状和供应上存在的问题，对供应商的业绩、设备管理、人力资源开发、质量控制、成本控制、技术开发、客户满意度、交货协议等方面也要做充分的调查，它们很有可能成为影响供应链安全的因素。一旦发现某个供应商出现问题，就应及时调整供应链策略。

5. 建立供应链风险预警机制

在供应链风险管理中，竞争中的企业时刻面临着风险，因此对于风险的管理必须持之以恒，建立有效的风险防范体系。比如建立一整套预警评价指标体系，当其中一项以上的指标偏离正常水平并超过某一临界值时，发出预警信号。其中临界值的确定是一个难点。临界值偏离正常值太大，会使预警系统在许多危机来临之前发出预警信号；而临界值偏离正常值太小，则会使预警系统发出太多的错误信号。因此，必须根据各种指标的具体分布情况，选择能使该指标错误信号比率最小的临界值。

6.制订供应链危机应急预案

首先,通过各种风险控制工具,在风险发生之前,尽量消除各种风险隐患,减少风险发生的可能。但供应链是一种复杂的多环节、多通道的系统,往往难以避免一些风险事件的发生。其次,供应链企业要对风险事件的发生有充分的准备,提早预测各种风险的损失程度,制定应变措施和应对风险事件的工作流程,建立应对风险的领导小组,以便在风险难以避免和转移的情况下,有能力承担最坏的后果,将损失有效地控制在企业自身可接受的范围内。在风险事件发生后,要运用各种风险控制工具,对损失的后果及时进行补救,促使其尽快恢复,将企业损失降到最低。

7.打造敏捷供应链

敏捷供应链是指以核心企业为中心,在竞争、合作和动态的市场环境中,通过对知识流、物流、资金流的有效集成与控制,将供应商、制造商、批发商、零售商直至最终客户整合到一个具有柔性与快速反应能力的动态供需网络中,以形成一个极具竞争力的动态联盟,进行快速重构和调整,快速响应市场需求的变化。针对供应链进行组织流程重组,对各企业采购、制造、营销和物流等过程采取跨职能部门的平行管理,将多余的交接工作、垂直管理的弊病、不确定性和延误降到最低;对产品的生产、包装和运输进行全面质量管理;对生产设备和运输工具进行管理和维护,降低故障率,增强可用性;对分销网络和运输路线进行优化,采用专用运输工具和路线;采用第三方物流,将包装和运输服务外包给专业物流公司,安排充足的提前期和时间,加强运输过程实时跟踪控制和及时信息反馈,通过这些方式保证供应链的安全和高效运行。

由于供应链风险管理仅仅是针对有限的风险类型而提出的风险防范策略,但实际上企业面对的供应链管理形式各不相同。针对不断出现的新情况和新问题,企业必须在实践中找出适合自己企业特点和风险特征的风险防范策略。

● 知识小结

供应链风险管理对传统企业内部业务部门以及企业之间的职能和策略在供应链上进行跨越职能和跨越企业边界的系统性、战略性的协调,其目的在于提高供应链以及每个企业的长期绩效。由于供应链风险管理的优越性及给企业带来的多赢局面,早在20世纪90年代,供应链风险管理就已逐渐成为企业"抱团取暖"共同获取竞争优势及增强竞争力的重要手段。

思考题

一、选择题

1.供应链风险的特征是( )。
    A.动态性   B.系统性
    C.复杂性   D.可传递性

2.供应链风险的应对措施包括( )。
    A.风险转移   B.风险缓解
    C.风险预防   D.风险自留

二、简答题

1.SCOR 模型是什么?

2.供应链风险控制策略有哪些?

●知识拓展

韩都衣舍柔性供应链的打造过程

由于产品开发周期长,传统服装企业一般实行反季节生产的模式,夏季生产冬季服装,冬季生产夏季服装,从而导致企业对市场的反应迟钝,极易因为市场需求变化而造成库存积压。针对这一问题,韩都衣舍配合"单品全程运营体系"的销售特点,建立了以"多款少量、快速返单"为核心的柔性供应链体系,在向生产厂商下订单时采用多款式、小批量、多批次方式,以便快速对市场做出反应,避免高库存风险。

为降低风险,韩都衣舍将产品小组的初始资金额度设置为 2 万~5 万元,下月的使用额度为本月销售额的 70%,其间产生的库存积压由小组来承担,因此产品小组会将新产品的订单量设置为计划量的 30%,一般为 200~300 件,单品价格较高的款式订单量为 20~50 件。

同时,韩都衣舍建立了一套系统的数据模型,每款新产品上架 15 天后即将产品划分为"爆""旺""平""滞"四类。爆款和旺款可以返单,一般为几千件左右,平款和滞款则必须在旺销时间立即打折促销。产品小组则根据相应指标来判断下一轮生产的订单量。一般来说,夏季服装销量为一年中最高,韩都衣舍夏季产品中约有 40% 能够返单,少则返 2~3 单,多则返 7~8 单,最多可达到返 11 单。

为保证效率,韩都衣舍要求供应商适应"快反应"的柔性供应链模式,并建立了供应商分级动态管理系统,包括供应商准入机制、供应商绩效评估和激励机制、供应商分级认证机制、供应商升降级调整机制和供应商等级内订单调整机制。从供应商的遴选、分级、合作模式、绩效测评、订单激励和退出机制等方面进行严格的动态管理。

在供应商准入方面,供应商管理小组、相关业务部门、品控管理小组到生产供应商那里进行实地访厂和现场打分,重点评估厂家的信用等级、生产能力、运营状况以及品质管理等。通过审查的厂家在试单测试通过后,方可成为韩都衣舍的正式供应商。

在合作模式方面,为了确保订单配置的灵活性,使供应商既重视韩都衣舍这个大客户,又不让其完全依赖韩都衣舍,韩都衣舍一般采取半包模式,即只包下工厂 50%~60% 的生产线。对于优秀生产供应商的扩充产能和生产线,韩都衣舍会追加生产线,保持在生产供应商的一半产能。

在供应商绩效测评和激励方面,韩都衣舍根据季度测评结果将供应商动态划分为 5A 级战略供应商、4A 级核心供应商、3A 级优秀供应商、2A 级合作供应商、A 级新供应商,并且采取不同的激励措施。例如,针对 A 级新供应商,韩都衣舍会评定其合作规模、合格率、交期完成率三项评定数据,再进一步根据沟通交流是否流畅、理念是否一致等主观判断进行打分。如果得分较高,韩都衣舍会将其升级为 2A 级合作供应商。

在退出机制方面,供应商如果连续两个季度测评等级下降或者产品品质连续两次降至规定的标准以下,将给予暂停合作、缩减订单甚至停止合作的惩罚。

柔性供应链体系灵活调配营销企划、产品企划和供应商生产计划,使企业得以与供应商进行高效合作,供应商有足够的时间和产能,根据韩都衣舍企划端的方案来及时完成生产任务。

以夏装为例,传统服装品牌的订货会一般在每年 10—11 月举行,订货会后,传统服装品牌的款式都已确定。12 月至来年 2 月,全部服装生产出来后,3 月初开始销售,到了 6—7 月,滞销的库存开始清仓、甩卖。由此,每年10月左右的订货会,在很大程度上决定了传统服装品牌的盈亏。韩都衣舍同样在每年的10—11月确定第一批夏装款式,12月到来年2月生产,生产的数量是预计销售量的30%~40%。生产数量的比例是按照供应链的返单能力来确定的。3月1日第一批货开始销售。3月货品上架,公司后台系统开始统计数据,每10天一个周期,会进行"爆""旺""平""滞"的排名,比如上了100款,到3月10日内部系统就会报告各款产品的排名,其中涉及数据模型,核心指标是转化率,排名靠前的是爆款,排名靠后的是滞销款。报告出来后,爆款可以返单,马上再生产;滞销款马上就可以打折。夏装销售的旺季是4—6月,一旦卖得不好,就会迅速在市场需求上升的时候卖掉。

传统的工厂2月夏装已经生产完,一般4月开始生产秋装。但是韩都衣舍的供应链一直到5月还在生产夏装。卖得好的爆款还在返单,新款继续生产,只不过越往后生产的单量越少。因为到了季末,即到5月,基本不返单了,7~10天为一个返单周期,到6月也进行夏季清仓,开始做秋装的开季。

线上线下迥异的模式使电商呈现出独特的优势。传统品牌一年最多生产两三千款,韩都衣舍则每年上线3万款左右;前者产品从设计到上架需3个月以上,韩都衣舍只需30天;传统企业售罄率均在50%~60%,韩都衣舍可达95%。

韩都衣舍的夏装柔性供应链管理是一个动态的过程。2016年,韩都衣舍上线3万个新款,每天都有几十个新款按照这一模式进行销售。2016年当季服装售罄率达95%以上。这个数字,传统服装品牌很难达到。

作为时尚品牌孵化平台,韩都衣舍的吸引力体现在看不见的系统能力上。这些能力包括产业链的柔性整合能力、IT集成能力、仓储客服能力等。相比传统服装品牌,韩都衣舍作为互联网品牌最大的特点是库存,其中的关键竞争力则是大数据应用。

1. 柔性供应链的打造过程

在韩都衣舍的创业初期,打造供应链可谓困难重重。互联网品牌对供应链的需求是基于用户需求产生的。因此,韩都衣舍产品的特点就是款多、量少;其产品,不论是风格还是款式,都有足够的宽度。

服装业所在的加工业是为满足大批量生产而设计的,其利润产生模式与互联网品牌相冲突。这种冲突表现在:一是订单量小,效率低;二是面料、辅料无法满足起订量,采购成本高。

韩都衣舍从2010年开始与工厂合作,但少量、多批次、当季快速返单的订单特点让当时山东本地的工厂,甚至国内工厂都不接单,它们更习惯交期长、单量大的国外订单。为了解决这种冲突,韩都衣舍的最初解决方法有两种:一是退而求其次选择与小微型加工厂合作;二是批量采购面料、辅料自备,以降低成本。很显然,这种解决方法的前提是韩都衣舍需要付出很大的人力、物力去把控。

而真正给韩都衣舍缓解供应链困境的是大环境的改变。2012年,服装市场发生了巨大的变化。随着劳动力成本、面料和辅料成本的上升,大宗的外贸订单转向东南亚、南亚、北非等地。国内服装加工业出现了产能过剩,部分服装生产商出现了生存压力。

而此时,韩都衣舍已经拥有了足够的体量,拥有了更强的机会把握能力。每个订单的件数依旧很小,但韩都衣舍有很多这样的订单,总量并不小。比如在过去的2016年,韩都衣舍平均每个款式只有600件衣服,但有3万个订单,生产1800万件服装。这样的订单自然能引起优秀供应商的兴趣,就有了深度合作的可能。

韩都衣舍与供应商具体合作时,不可避免地要面对以下问题:如何根据面料、设计款式、交货时间等标准挑选供应商? 如何确保众多供应商按照韩都衣舍的需求及时生产? 如果出现供应商供货不及时的情况,如何确保及时满足消费者的需求? 为解决以上问题,韩都衣舍的方案是,采用了以大数据为驱动的供应链管理。

2. 精确的大数据管理

区别于传统企业的供应链,韩都衣舍的柔性供应链拥有精确的大数据管理。传统品牌的供应链与互联网供应链的不同点是,后者拥有精确、高效的大数据管理。韩都衣舍以大数据为驱动,通过以"爆""旺""平""滞"算法为驱动的 C2B 运营模式来指导产品集成研发,通过HSCM(韩都衣舍供应链系统)确定面料、辅料,通过 HSRM(韩都衣舍供应商协同系统)进行端对端的订单分配,通过 HOMS(韩都衣舍订单处理系统)来确定上新节奏,通过 HWNS(韩都衣舍仓储管理系统)来确定返单……整个过程可以归结为对大数据资源进行计算。

韩都衣舍的供应链建设可以追溯到 2009 年,在实施柔性供应链改造之前,其发展分为三个阶段,为改造做预热。

第一阶段,2009—2010 年,为满足基本销售需求而不停地开发供应商,处于基础的供应商团队搭建阶段。

第二阶段,2010—2011 年,诞生供应商团队,并开始培养供应商的思路转变。通过互联网品牌的优势,以需定产,拉动供应链快速返单。

第三阶段,2011—2013 年,"产品为王"被摆上桌面,任何战术的确立都不能以牺牲品质作为代价。

3. 四个维度的柔性供应链改造

从 2013 年开始,韩都衣舍打造四个维度的柔性供应链改造计划,并循序渐进。

第一,以大数据采集、分析、应用为核心,以 IT 为依托,完善软件研发和基础硬件设施,SCM、CRM、BI 系统陆续上线,并同步供应商,增强管理的精准度和时效性。

第二,确立"优质资源原产地、类目专攻"的供应链布局战略。

第三,与原产地供应商联手,模块化切分生产流程的资源配置,并重组服装加工业的组织架构。

第四,扩大柔性供应链的服务外延。2015 年"双 11",积淀七年之久的柔性供应链正式开放,成为日后韩都衣舍生态运营商的重要组成部分。

韩都衣舍独创的"以产品小组为核心的单品全程运营体系(IOSSP)"是企业利用互联网提升运营效率的一个成功案例。韩都衣舍财报显示,2016 年韩都衣舍营业收入为 14.3 亿元,毛利率达 45.32%。其中,自营网站销售收入为 0.05 亿元,第三方平台销售收入与其他收入达14.25 亿元。

韩都衣舍的成功离不开服装行业发展的大环境,也离不开创始团队的战略眼光和商业模式创新,更离不开其作为一家互联网公司所具有的基因。

韩都衣舍的产品小组制组织管理模式是激发公司内部活力的重要举措,也是公司组织结构的重大创新。而以"爆""旺""平""滞"算法为驱动的 C2B 运营模式,更是在数字化商业智能的基础上能够对市场变化做出快速反应,减少库存风险。

此外,作为一家互联网公司,韩都衣舍认为,数字化商业智能是公司快速发展的主要驱动因素。自创建初期,韩都衣舍即开始搭建自身的商业智能系统,十余年来一直在商业智能的研发和建设上不断投入人力、物力。韩都衣舍已经建立起了商业智能集成系统、订单处理系统、仓储管理系统、物流管理系统、企划运营系统、供应链系统、供应商协同系统以及活动管理系统等。公司的各项运营均以数字化商业智能为驱动,实现高效、协同运行。数字化商业智能是韩都衣舍区别于传统服装品牌以及拉开与其他品牌竞争力的杀手锏。

服装企业的核心竞争力往往基于强大的供应链系统,服装企业的供应链包括供应商管理、面辅料采购、质量管理、生产制造、销售物流及其信息化建设等方面,要想获取强大的核心竞争力,必须满足快速反应、多款少量等个性化需求,同时具有较强的产品质量、成本控制能力。通过大数据分析取得消费者的偏好,并通过互联网实现碎片化小订单集中化生产,实现供应链的柔性化,以实现对成本的控制等要求。

有专业研究团队认为,对于面向 B 端的企业而言,如果要整合上游供应链资源,就需要考虑如何有效利用外部有利因素为与自己关系密切供应商的服务;同时,在传统企业转型的过程中,需要大胆利用互联网信息技术,开发、引进以及升级适合自身经营的信息处理系统。信息处理系统的应用可以更好地提高内外协调效率、快速对市场变化做出反应,从而强化自身竞争力。

问 题

请谈谈你对柔性供应链的理解。

项目八 供应链绩效评价与激励机制

● 学习目标

知识目标

了解供应链绩效评价的概念、评价指标、评价系统及评价方法；了解供应链激励的分类、内容、注意问题与方法。理解供应链绩效评价的指标；理解供应链评价的方法；理解供应链激励的内容。

技能目标

能根据企业案例制定正确地选取供应链绩效评价指标，制定激励机制。

● 案例导入

一个成功的供应链案例——数据推动供应链绩效控制

电子制造服务(EMS)提供商弗莱克斯特罗尼克斯国际公司两年前便面临着一个既充满机遇又充满挑战的市场环境。弗莱克斯特罗尼克斯公司面临的境遇不是罕见的。事实上，许多其他行业的公司都在它们的供应链中面临着同样的问题。很多岌岌可危的问题存在于供应链的方方面面———采购、制造、分销、物流、设计、融资等。

1. 供应链绩效控制的传统方法

惠普、3COM、诺基亚等高科技原始设备制造商(OEM)出现外包趋势，来自电子制造服务业的订单却在减少，同时，弗莱克斯特罗尼克斯公司受到来自制造成本和直接材料成本大幅度缩减的压力。供应链绩效控制变得日益重要起来。

与其他公司一样,弗莱克斯特罗尼克斯首要的业务规则是完善交易流程和数据存储。通过安装交易性应用软件,企业同样能快速减少数据冗余和错误。比如,产品和品质数据能够通过订单获得,并且和库存状况及消费者账单信息保持一致。第二个规则是将诸如采购、车间控制、仓库管理和物流等操作流程规范化、流程化。这主要是通过供应链实施软件诸如仓库管理系统等实现的,分销中心能使用这些软件接收、选取和运送订单货物。

控制绩效的两种传统的方法是指标项目和平衡积分卡项目。在指标项目中,功能性组织和工作小组建立与跟踪那些被认为是与度量绩效最相关的指标。不幸的是,指标项目这种方法存在很多的局限性。许多公司试图克服某些局限性,采取了平衡积分卡项目。虽然概念上具有强制性,但绝大多数平衡积分卡作为静态管理"操作面板"进行实施,不能驱动行为或绩效的改进。弗莱克斯特罗尼克斯也被供应链绩效控制的缺陷苦苦折磨着。

2.供应链绩效管理周期

弗莱克斯特罗尼克斯公司实施供应链绩效管理带给业界很多启示:供应链绩效管理有许多基本的原则,可以避免传统方法的缺陷;交叉性功能平衡指标是必要的,但不是充分的。供应链绩效管理应该是一个周期,它包括确定问题,明确根本原因,以正确的行动对问题做出反应,连续确认处于风险中的数据、流程和行动。

弗莱克斯特罗尼克斯公司认为,定义关键绩效指标、在异常条件下和当环境发生变化时更新这些定义的能力是任何供应链绩效管理系统令人满意的一大特征。一旦异常情况被确认了,需要知道潜在的根本原因、可采取的行动的选择路线,以及这种可选择行为的影响。以正确的行动对异常的绩效做出快速的响应是必要的。但是,一旦响应已经确定,只有无缝、及时地实施这些响应,公司才能取得绩效的改进。这些响应应该是备有文件证明的,系统根据数据和信息以及异常绩效的解决方案做出不断地更新、调整。响应性行动推动了对异常、企业规则、业务流程的重新定义。因此,周期中连续地确认和更新流程是必要的。

在统计流程的控制中,最大的挑战往往是失控情形的根本原因的确认。当确认异常时,对此的管理需要能确认这些异常的根本原因。供应链绩效管理应该也能在适当的位置上支持理解和诊断任务。这允许管理迅速重新得到相关的数据,相应地合计或者分解数据,按空间或者时间将数据分类。

3.成功的例子

弗莱克斯特罗尼克斯公司的成功,确认了供应链绩效管理作为供应链管理的基础性概念和实践的力量和重要性。

弗莱克斯特罗尼克斯公司使用了供应链绩效管理的方法,使它能确认邮政汇票的异常情况,了解根本原因和潜在的选择,采取行动更换供应商、缩减过度成本、利用谈判的力量。绩效管理的方法包括实施基于Web的软件系统加速供应链绩效管理的周期。弗莱克斯特罗尼克斯公司在8个月的"实施存活期"中节约了几百亿美元,最终在第一年产生了巨大的投资回报。供应链绩效管理周期使弗莱克斯特罗尼克斯公司获得这样的结果。

识别异常绩效,弗莱克斯特罗尼克斯系统根据邮政汇票信息连续比较了合同条款和被认可的卖主名单。一方面,如果卖主不是战略性的或者订单价格在合同价格之上的,系统就提醒买方。另一方面,如果邮政汇票价格是在合同价格之下,系统就提醒货物管理人员可能的成本解决机会。向接近300个使用者传递的邮件通告包含详细绩效信息的Web链接和异常情况的总结。

弗莱克斯特罗尼克斯公司管理人员随后使用系统了解问题和选择方案。他们评价异常情况并且决定是否重新谈判价格,考虑备选资源或者调整基于业务需求的不一致。同样,采购经理分析市场状况、计算费用,然后通过商品和卖主区分成本解决的优先次序。在供应链绩效管理周期开始之前或者周期进行中,弗莱克斯特罗尼克斯公司确认数据、流程和行动的有效性。当实施它的绩效系统时,弗莱克斯特罗尼克斯公司建立指标和界限,并且也保证数据的质量和合时性。使用绩效管理系统,弗莱克斯特罗尼克斯公司已经能通过资本化各种机会节约成本并获得竞争优势。

问 题

谈谈本案例给你的启示。

任务一
供应链绩效评价机制 ◆ ▌▌

8.1.1 供应链绩效评价的概念及评价指标

1.供应链绩效评价的概念

供应链绩效评价是指根据供应链要达到的目的来分析供应链的所有过程,并对整个过程进行评价。对整个供应链的整体绩效、供应链节点企业以及供应链各节点之间的合作关系进行评价,是对供应链绩效的评价。根据供应链管理运作机制的基本特征和目标,供应链绩效评价指标应恰当地反映供应链的整体运作和上下级节点之间的操作关系,而不是仅对供应商的运作进行评价。它不仅要描述企业供应链的整体情况,还要描述供应链特定环节的运作情况。供应链的总体指标用来反映企业供应链的整体绩效,而供应链的分解指数则为供应链问题的诊断提供了一种工具。它使用了许多不同的指标来反映供应链的不同表现。这些指标也有冲突的性质。在使用这些指标时,企业需要有自己的战略目标。

2.供应链绩效评价指标

反映整个供应链绩效的评价指标如表8-1所示,按照指标评价的重点可分为质量评价指标和速度评价指标。

(1)产销率指标

产销率是指一定时期内产品的产量和产品销售情况的比较。从以下三种情况可以看出产销率的指标:

①供应链核心企业的产销率。该指标反映了供应链核心企业在一定时期内的生产和销售情况。

②供应链节点企业的产销率。该指标反映了供应链节点企业在一定时期内的运营状况。

表 8-1　供应链绩效评价指标

指标性质	指标名称
速度评价指标	产销率指标
	产需率指标
	平均生产和销售绝对偏差指标
	生产指标
质量评价指标	供应链产品周期或节拍指标
	供应链总运营成本指标
	供应链核心企业产品成本指标
	供应链产品质量指标

③供应链的产销率反映了供应链在一定时期内的生产和销售情况,其时间单位可以是年、月、日。随着供应链管理水平的提高,时间单位取值可以越来越小,产销状况很好的企业能做到以日为单位计算该指标,该指标还反映了供应链资源(包括人力、财力、物力、信息等)的有效利用。生产和销售的速度越近,资源利用率越高。同时,该指标也反映了供应链库存水平和产品质量,其价值越接近1,表明供应链的库存量越小。

(2)产需率指标

该指数反映了一定时间内,节点企业已生产的产品数量与节点企业(或客户)对该产品的需求量的比值,该比值越接近1,就说明上、下层节点企业间供需关系越协调,供应链协同水平越高,准时交货率越高。

(3)平均生产和销售绝对偏差指标

该指数反映了某一时期供应链的总体库存水平。价值越大,成品在供应链中的库存越大,库存成本也就越高;相反,供应链库存越小,库存成本就越低。

(4)生产指标

生产指标是指在一定时期内,节点企业生产出的产品和节点企业(或用户)的数量满足产品的需求率,上下游节点企业的生产率反映企业供求关系。生产率越接近1,表明上下游节点企业供需关系越协调,准时交货率越高;反之,则表明上下游节点企业准时交货率越低或综合管理水平越低。核心企业的供应链生产力指标反映了供应链的整体生产能力和快速响应市场的能力。如果索引值大于或等于1,则说明供应情况良好,该产品具有较强的整体生产能力,对市场需求反应迅速,具有较强的市场竞争能力;反之,则表明供应链的生产能力不足,无法快速响应市场需求。

(5)供应链产品周期或节拍指标

当供应链联合企业的产品是单一品种时,供应链的生产周期是指产品的生产节拍。当供应链产生多种产品时,供应链的生产周期是指混流生产线上同一产品的产出间隔。它可以分为两个具体指标:

①周期指标

供应链节点企业(或供应商)的备件生产周期反映了库存水平和对上级企业需求的响应。循环时间越短,节点企业的上节点就被响应,企业需求的快速响应更好。

②节拍指标

供应链核心企业的生产周期指数反映了整个供应链的水平和整个供应链中产品库存的水平。产品库存水平也反映了整个供应链对市场或用户需求的快速反应能力。核心企业的产品生产周期与节点企业的生产周期相结合。循环时间越短,说明整个供应链的总供应链和成品库存比较低,总库存成本越低;同时,供应链管理水平越高,市场需求的反应就越快,越具有较强的市场竞争能力。应采取以下措施缩短核心企业产品的生产周期,使供应链各节点的产品生产周期和核心企业产品生产周期合拍:生产周期和用户需求对接,通过优化产品生产计划或使用高效生产设备或加班。其中,优化产品投放序列、缩短核心企业(或节点企业)的生产周期,是不增加人力和物力投资的良好途径,而且速度快,值得推广。

(6)供应链总运营成本指标

供应链的总运营成本包括供应链通信成本、供应链库存成本和各节点企业外部运输的总成本。它反映了供应链运作的效率。

具体分析如下:

①供应链通信成本。供应链的通信成本包括各节点企业间的通信成本,如网络环境建设成本、供应链系统开发和维护成本。

②供应链库存成本。供应链库存成本包括各节点企业正在生产的产品库存成本和成品库存成本,以及各个节点运输过程中的库存成本。

③各节点企业外部运输的总成本。各节点企业外部运输的总成本等于供应链中所有节点企业的运输成本总和。

(7)供应链核心企业产品成本指标

供应链核心企业的产品成本是供应链管理水平的综合体现。产品的目标成本是根据市场上核心企业产品的价格确定的,然后追溯到上游供应商,以确定相应原材料和附件的目标成本。只有当目标成本低于市场价格时,企业才能获得利润,才能发展供应链。

(8)供应链产品质量指标

供应链产品质量是指企业(包括核心企业)在供应链中生产的产品或零部件的质量。它主要包括合格率、废品率、退货率、破损率、破损材料价值等指标。

随着社会的发展,社会分工越来越细,消费者或客户对于供应商的质量要求也越来越高,供应链在质量方面的重要性也就越来越大,在供应链质量方面好的将会在竞争中处于优势,质量差的将会逐渐被淘汰。因为供应链是企业生产的源头,源头出现了问题,生产的产品在质量上肯定会出现问题,企业也将会出现无法弥补的损失。因此制定有效可行且完善的供应链质量指标,来确保供应链在质量方面的稳定优秀,是提高供应链质量的重要内容。

8.1.2 供应链绩效评价系统

1.基于供应链运作参考模型的评价体系

供应链运作参考模型(Supply-Chain Operations Reference Model,SCOR)是目前最有影响力的参考模型,也是使用最广泛的供应链评价模型。它可以处理和改进企业内部和外部的评价,客观地评测其绩效,明确供应链改善目标和方向。SCOR模型将供应链界定为计划(Plan)、采购(Source)、生产(Make)、配送(Deliver)、退货(Return)五大流程,并分别从供应链划分、配置和流程元素三个层次切入,描述了各流程的标准定义,对应各流程绩效的衡量指标,提供了供应链最佳实施和人力资源方案。运用 SCOR 可以使企业内部和外部用同样的语言交流供应链问题、客观地评测其绩效、明确供应链改善目标和方向。

具体包含以下三个层次:

第一层,绩效衡量指标。它反映了供应链的性能特征。绩效衡量涵盖了多个不同层次的 SCOR 流程,包括:衡量供应链的表现与理解其运作都是同样必要的;衡量工作必须结合企业的目标;衡量工作要有可重复性;衡量工作必须能对更有效地管理供应链提出见解;衡量一定要适于所评测的流程活动。

第二层,配置层。它由 26 种核心流程类型组成。企业可选用该层中定义的标准流程单元构建他们的供应链。每一种产品或产品型号都可以有它自己的供应链。每一个 SCOR 流程都分三种流程元素进行详细描述:第一种为计划元素,调整预期的资源以满足预期需求量。计划流程要达到总需求平衡以及覆盖整个规划周期。定期编制计划流程能有利于缩短供应链的反应时间。计划流程同时综合模型中的部分企业。第二种为执行元素,由于计划或实际的需求引起产品形式变化,需要执行的流程包括进度和先后顺序的排定、原材料及服务的转变及产品搬运。第三种为支持元素,计划和执行过程所依赖的信息和内外联系的准备、维护和管理。

第三层,流程元素层。它包括流程图、输入和输出、输入的采购、输出的目的地。

2. 基于平衡记分卡的供应链评价系统

罗伯茨等人提出了平衡记分卡(Balancedscore Card)评价体系。平衡记分卡不仅是一种评价体系,还是一种管理思想,其最大的特点是平衡性。如平衡短期目标和长期目标,平衡财务指标和非财务指标,平衡滞后指标和先进指标,平衡内部绩效和外部性能,以确保企业的均衡发展。

该系统从财务角度、顾客角度、内部流程角度、学习和创新角度建立了评价指标。其中,财务角度指标表明战略及其实施是否有助于供应链的改善;顾客角度指标反映了顾客的需求和满意度;内部流程角度指标反映了企业的内部效率;学习和创新角度指标反映了企业的活力与发展潜力。新的视角为企业未来的成功奠定了基础。

自平衡记分卡评价体系提出以来,便以简单、易操作等优点得到了广泛的认可。我们可以将平衡记分卡的基本原理应用于供应链绩效评价,并根据供应链的特点建立供应链平衡记分卡的评价体系。

3. ROF 资源产出及柔性响应系统

西蒙等人从供应链的战略目标出发,建立了供应链的绩效评价指标体系的框架,通过对战略目标的几个关键因素分析来进行供应链系统评价。该系统由三个一级指标,即资源量(资源测度)、输出(产出测度)、灵活测量(柔性测度)组成。其中,资源测度反映了效率水平,产出测度反映了客户服务水平,柔性测度反映了对环境变化的响应能力。

8.1.3 供应链绩效评价方法

目前在供应链绩效评价中应用的主要是以下几种方法:

1. 层次分析法

层次分析法(AHP)是以一种简单的方法来对一些更复杂的和更模糊的问题做出决策。它特别适合那些不能完全量化的问题。它是一种简单、灵活、实用的多准则决策方法,是美国运筹学家 T. L. Saaty 教授在 20 世纪 70 年代初提出来的。层次分析法的应用可分为四个步骤:首先建立层次结构模型,然后构造各级判断矩阵,接着单级排序和一致性检验,最后一般排序和一致性检验。

层次分析法在供应链绩效评价中的应用为科学管理和决策提供了有力的依据。但层次分析法也有其局限性,主要表现在:一是它在很大程度上依赖于人的经验,主观因素占很大部分。它只能排除思维过程中的严重矛盾,但不能排除个体决策者的片面性。二是它进行比较判断的过程相对粗糙,不能用于高精度决策问题。

2. 模糊决策法

针对层次分析法的不足,许多学者提出了各种建议,试图改进模糊层次分析法(AHP),即模糊条件下进行部分假设,分别对供应链绩效、选择合作伙伴和供应商的战略选择进行评价,即模糊决策法(Fuzzy Decision Method)。模糊决策法是决策的要素(如准则及备选方案等),具有模糊性的决策,运用模糊数学方法来处理一些复杂的决策问题。这类问题一般具有大系统特征,系统之间的关系十分复杂,存在不能准确赋值的变量,这些变量属于模糊因素,涉及一定的主观因素,使得子系统之间、变量之间的关系不清晰,从而必须借助排序、模糊数学等方法来进行处理。

3. 数据包络法

数据包络法(DEA)是一种基于相对效率的评价方法。这是一个著名的运行研究家庭成员 C. Hames 和其他人共同研发的方法。数据包络法是一种新的效率评价方法,与传统方法相比有许多优点。其主要研究内容如下:

①复杂系统的投入产出效果评价。

②可以用来估计输入多输出系统"数"的生产函数。

③采用数据包络法(DEA)对供应商进行评价,并结合层次分析法(AHP)和数据包络法(DEA)对供应商进行选择。

4. 因素分析法

因素分析法是指通过综合分析影响绩效目标实现、实施效果的内外因素,评价绩效目标实现程度的方法。它的基本做法是假定影响指标变化的诸因素中,在分析某一因素变动对总指标变动的影响时,只有这一个因素在变动,而其余因素都必须是同度量因素(固定因素),然后逐个进行替代某一项因素的单独变化,从而得到每一项因素对该指标的影响程度。在采用因素分析法时,应注意各因素要按合理顺序排列,并注意前后因素按合乎逻辑的原则处理,如果顺序改变,各因素的影响值就会发生变化,从而得出不同答案。

5. 标杆法

标杆法是通过将企业的业绩与已存在的最佳业绩进行对比,以寻求不断改善企业作业活动、提高业绩的有效途径和方法的过程。其主要目的是找出差距,寻找不断改进的途径。其方法是对同类活动或同类产品生产中绩效最为显著的组织或机构进行研究,以发现最佳经营实践,并将它们运用到自己公司。最佳业绩通常有三类:内部标杆、竞争对手标杆和通用标杆。比较理想的是与竞争者比较,即使用竞争对手标杆来确认竞争者中最佳成效者,判断其取得最佳成效的因素,以资借鉴。这实质上是进行竞争对手分析。采用供应链标杆法,要特别注意寻找比较合适的参照企业,该参照企业不能与自身企业水平相差太多,否则就没有意义了。

6.对比分析法

对比分析法是指将两个以上有内在联系、可比的指标(或数量)进行对比分析,比较它们的绩效情况的方法。对比时可以用数据的总分比较,也可以采用要素或结构得分进行比较。该方法是指标分析法中最普遍、最简单和最有效的方法,主要有以下几种:

①计划完成情况对比分析。将同类指标的实际完成数与计划完成数对比分析。

②纵向动态对比分析。将同类指标在不同时间段进行对比,如本期与基期对比、与历史最高水平对比、历史平均水平对比等。这种对比反映的是发展方向和速度,表明其是增长还是降低,然后再进一步分析产生这一结果的原因。

③横向类比分析。将关键指标在同一时期相同类型的不同时空条件下进行对比分析。类比单位的选择一般是同类企业中的先进企业,可以是国内外的企业,通过对比找出差距,采取措施,争取赶超。

④结构对比分析。将总体分为不同性质的各个部分,然后以部分数值与总体数值之比来反映事物内部构成情况,一般用百分数表示。比如,货物在途运输过程中,由于各种因素导致的货物霉变、缺货、串货、条码丢失等问题而发生的损失各占的百分比为多少。

7.因果分析图法

因果分析图法又称色刺图、树枝图,是一种逐步深入研究寻找影响产品质量原因的方法。由于在实际工程管理过程中,产生质量问题的原因是多方面的,而每一种原因的作用又不同,往往需要在考虑综合因素时,按照从大到小、由粗到细的方法,逐步找到产生问题的根源。因果分析图可从物料、机械设备、人员和方法四个方面进行。分析这四个问题产生的原因,以此建立框架,将分析深入进行下去,很容易找出可能的质量问题,并设立相应的检验点进行重点管理。比如,一些客户对服务的满意度下降,企业可以从这四个方面分析原因,以便提高服务质量。

任务二
供应链激励机制

8.2.1 供应链激励机制概述

激励是一个心理学范畴,在管理学的应用中,对激励的研究一般限于个人行为的范围。供应链激励因其对象包括团体(供应链和企业)和个人(管理人员和一般员工)两部分而将研究范围扩大为个人的心理和团体的心理。一般地讲,供应链涵盖的社会范围很大,具有社会性,供应链的团体心理即是社会心理。供应链的社会心理作为一个"整体",具有"个体"——个人心理的一般特性,即基于需要产生动机进而产生某些行为以达到目标。但是整体毕竟不是个体的简单相加,供应链的社会心理同时又具有其独特的一面。作为众多企业的集合,供应链管理系统也存在同样的问题。成员企业的积极性不够,核心企业的开拓精神不强烈,有些企业是小富即安,更有一些企业仅安于维持现状、做到不亏损就心满意足了,或者是受到竞争压力和外部某些压力(例如项目失败、市场需求疲软等)而退缩、丧失进取心等。一个企业如同一个人一样,也有需要、行为、动机和目的,也有心理活动,也有惰性,当然也需要激励。供应链激励是供应链管理的一项重要工作。供应链包含组织层(即供应链层)、企业层和车间层等三个层面,可激励对象包括供应链自身、成员企业、企业管理人员、一般员工。其中管理人员(企业家)和一般员工的激励属于企业激励机制的范畴,因此供应链激励主要专注于供应链环境下的成员企业。

1. 激励机制的含义

激励机制是指管理者依据法律法规、价值取向和文化环境等,对管理对象的行为从物质、精神方面进行激发和鼓励,以使其行为继续发展的机制。激励机制也称激励制度,是通过一套理性化的制度来反映激励主体与激励客体相互作用的方式。激励机制的内涵就是构成这套制度的几个方面的要素。

供应链激励机制的主体与客体涉及以下几种:

①核心企业对成员企业的激励。

②供应链下游企业(制造商)对上游企业(供应商)的激励。

③供应链上游企业(制造商)对下游企业(销售商)的激励。

④供应商对成员企业的激励。

⑤成员企业对供应链的激励。

⑥供应链企业对自身员工的激励。

2. 激励机制的分类

企业行为多种多样,对应不同的行为有不同的激励方式,按照激励的目标不同,可以把激励分为两种方式:

(1)正激励

正激励特指对激励对象的肯定、承认、赞扬、奖赏、信任等具有正面意义的激励艺术。

(2)负激励

负激励特指对激励对象的否定、约束、冷落、批评、惩罚等具有负面意义的激励艺术。

单纯的正激励或单纯的负激励肯定都是不行的,把握正激励和负激励的结合点,关键是要分清楚员工的行为是正确的还是错误的。正确的行为用正激励去强化,错误的行为只能用负激励去避免。

3. 激励机制的内容

(1)诱导因素集合

诱导因素就是用于调动员工积极性的各种奖酬资源。对诱导因素的提取,必须建立在队员个人需要进行调查、分析和预测的基础上,然后根据组织所拥有的奖酬资源的实际情况设计各种奖酬形式,包括各种外在性奖酬和内在性奖酬(通过工作设计来达到)。需要理论可用于指导对诱导因素的提取。

(2)行为导向制度

它是组织对其成员所期望的努力方向、行为方式和应遵循的价值观的规定。在组织中,由诱导因素诱发的个体行为可能会朝向各个方向,即不一定都是指向组织目标的。同时,个人的价值观也不一定与组织的价值观相一致,这就要求组织在员工中间培养统驭性的主导价值观。行为导向一般强调全局观念、长远观念和集体观念,这些观念都是为实现组织的各种目标服务的。勒波夫(M. Leboeuf)博士在《怎样激励员工》一书中指出,世界上最伟大的原则是奖励。受到奖励的人会把事情做得更好,在有利可图的情况下,每个人都会干得更漂亮。他还列出了企业应该奖励的 10 种行为方式:

①奖励彻底解决问题的,而不是仅仅采取应急措施。

②奖励冒险,而不是躲避风险。

③奖励使用可行的创新,而不是盲目跟从。

④奖励果断的行动,而不是无用的分析。

⑤奖励出色的工作,而不是忙忙碌碌的行为。

⑥奖励简单化,反对不必要的复杂化。

⑦奖励默默无声的有效行动,反对哗众取宠。

⑧奖励高质量的工作,而不是草率的行动。

⑨奖励忠诚,反对背叛。

⑩奖励合作,反对内讧。

(3)行为幅度制度

它是指对由诱导因素所激发的行为在强度方面的控制规则。根据弗鲁姆的期望理论公式($M = \Sigma V \times E$),对个人行为幅度的控制是通过改变一定的奖酬与一定的绩效之间的关联性以及奖酬本身的价值来实现的。根据斯金纳的强化理论,按固定的比例和变化的比例来确定奖酬与绩效之间的关联性,会对员工行为带来不同的影响。前者会带来迅速的、非常高而且稳定的绩效,并呈现中等速度的行为消退趋势;后者将带来非常高的绩效,并呈现非常慢的行为消退趋势。通过行为幅度制度,可以将个人的努力水平调整在一定范围之内,以防止一定奖酬对员工的激励效率的快速下降。

(4)行为时空制度

行为时空制度是指奖酬制度在时间和空间方面的规定。这方面的规定包括特定的外在性奖酬和特定的绩效相关联的时间限制、员工与一定的工作相结合的时间限制,以及有效行为的空间范围。这样的规定可以防止员工的短期行为和地理无限性,从而使所期望的行为具有一定的持续性,并在一定的时期和空间范围内发生。

(5)行为归化制度

行为归化是指对成员进行组织同化和对违反行为规范或达不到要求的进行处罚和教育。组织同化(Organizational Socialization)是指把新成员带入组织的一个系统的过程。它包括对新成员在人生观、价值观、工作态度、合乎规范的行为方式、工作关系、特定的工作机能等方面的教育,使他们成为符合组织风格和习惯的成员,从而具有合格的成员身份。关于各种处罚制度,要在事前向员工交代清楚,即对他们进行负强化。若违反行为规范和达不到要求的行为实际发生了,在给予适当处罚的同时,还要加强教育,其目的是提高当事人对行为规范的认识和行为能力,即再一次的组织同化。所以,组织同化实质上是组织成员不断学习的过程,组织具有十分重要的意义。

以上五个方面的制度和规定都是激励机制的构成要素,激励机制是五个方面构成要素的总和,其中诱导因素起到发动行为的作用,后四者起到导向、规范和制约行为的作用。一个健全的激励机制应是包括以上五个方面、两种性质的完整的制度。只有这样,激励机制才能进入良性的运行状态。

4. 供应链激励机制的重要性

在供应链中,企业与企业之间存在着直接或间接的利益关系。如何在大量的成员和大量的时间和空间之间实现供应链的良好运作是一个困难的管理问题。建立有效的供应链激励机制将直接关系到供应链成员的利益和热情,从而影响到供应链运作的效率和竞争力。

供应链企业激励是基于供应链战略联盟的一个优势。如何运用它使联盟在跨越时间和空间之间实施良好的运作,确实是一个困难的管理问题,特别是处理协调成员间的冲突及利益关系分配问题。在此基础上,建立有效的供应链激励机制,将与供应链成员的利益和积极性直接相关,也与供应链运作的效率和效益直接相关,因此,供应链是否具有很强的竞争力、是否有机协调运行将主要取决于激励机制供应链上的企业是否是公平的、合理的和有效的。

8.2.2 供应链激励机制的方法

1. 价格激励

(1)通过节点企业之间的价格杠杆进行激励

在传统的企业管理中,价格激励主要集中在直接供求的企业,很容易操作。在供应链管理环境下,价格激励不仅仅是直接需求和供给的节点,而且是对整个供应链的价格激励。因此,在实际运作中,供应链管理环境下的价格激励是非常困难的。

(2)地方供需企业之间的价格激励

简单点的价格激励通常是需求方对供应商的价格偏好,是激励价格,以获得比竞争对手更多的优势(或单位)价格的成本。在这种心态下,买方可以在产品质量和服务质量等方面的消费追求价格最低的成本。高质量的产品和服务质量,关闭了供应链中的大门,因为外面的价格太高。事实上,供应链中需求侧企业的价格追求在短期内可以获得更高的收益。从长远来看,由于供应链运作质量(产品和服务)的下降,供应链的利润最终将受到损失。因此,在供应链环境下,追求低价格战略必须在满足综合质量要求的条件下实施。

(3)供应链的整体价格激励

在供应链环境下,一般的激励机制的价格点可以解决大多数价格激励的问题,但在某些情况下,如优化的供应链本身或不可控的外部因素损失的额外收入所造成的供应链运作,如果这些额外的收益或亏损只由个别企业的供应链承担,显然是不公平的,它将影响供应链战略联盟的风险分担和利益共享原则。为了解决这一问题,供应链必须建立一个以供应链整体价格重组为驱动力的利益协调机制。

2. 商业信用激励

在供应链管理环境下,采用商业信用激励模式是一种有效的途径。商业信用的激励机制有：

（1）供应链内部企业信用激励

在供应链系统中，必须建立商业信用激励机制的内部供应链，通过供应链信息平台来关注商业信用。信守合同，赢得贸易伙伴企业宣传表扬，赢得社会和优秀企业的市场机遇，从而赢得尊重。在实际层面上，供应链管理信息系统需要有一个能在一定时间内评估各成员企业各项业务信用指标的系统。由商业信用体系在某一成员企业的区间目标，并根据确定的水平给予商业信用评级，从而确定商业信用激励的对象。

（2）商业信用激励的社会化

虽然供应链中的信用激励能较好地解决一些业绩良好的企业的激励问题，但激励范围不够广泛，无法最大限度地发挥企业的信用激励作用。因此，使用一个更广泛的社会影响力的企业信用激励模式更为迫切。在中国大多数企业，作为一个单一的供应链，必须对明显不称职的成员企业实施社会化的企业信用激励。因此，只有通过政府部门或银行等相应的社会组织，才能为优秀企业完成商业信用激励。有关政府部门或相应的社会组织对各企业的商业信用进行评估时，供应链管理信息系统将给予很大的帮助。

3. 订单激励

在供应链管理环境中，制造商可以面对同质产品的多个供应商，从而形成供应链内部的竞争机制。如果供应商在产品质量、交货日期和提供的各种服务方面表现良好，买方不仅可以以其他方式鼓励，也可以通过增加订单来激励供应商。作为一个供应商，如果需求方有更多的订单，则意味着有更多的利润以及需求方的肯定。因此，获得更多的订单可以立即激励供应商。即使是一个没有内部竞争的单一供应商，这个订单的激励也是有效的。

4. 惩罚激励

惩罚激励的方式可以是在供应链系统中惩罚和消除供应链。对会员企业，一般发生意外差错后，以警告或处罚的方式进行处理和整改，如整改后仍不能满足供应链协议的要求，则应视为被淘汰；对于严重或重复的错误，应立即启动机制。

5. 信息激励

供应链管理优于传统管理。在传统的管理模式下，信息流被企业间的信息壁垒阻断，从而导致信息不对称。通常，由于机会不能及时掌握，获得信息少的企业会降低竞争力。此外，信息不对称必然导致企业高库存。这是传统管理企业成本高的一个重要原因。如果供应链成员能够提供及时有效的信息，就意味着它们的企业能够赶上市场机会，降低运营成本，增强供应链竞争力。因此，客观地说，供应链成员对有效信息的追求是信息激励的基础。

6. 组织激励

供应链是以核心企业为中心，由多个企业组成的横向一体化结构。在这个群体中，如果成员企业只能从核心企业拿到订单，那么成员企业只有服从于核心企业的各种业务安排，才能最大限度地发挥核心企业在供应方面的需要和企业的主观能动性。在供应链管理环境下，如何发挥团队成员的作用，核心企业具有不可推卸的责任。在供应链管理中，核心业务可以不断受到成员企业的尊重和认可，成员企业的参与和发展过程也是核心企业供应链发展的必要过程。建立一支有竞争力的团队可以满足企业发展需求，也可以最大限度地调动企业成员的积极性。

7. 共同研发激励

供应链管理实施得好的企业,都将供应商、经销商甚至用户结合到新产品、新技术的共同研发工作中来,按照团队工作方式展开全面合作。在这种环境下,合作企业也成为整个产品开发中的一分子,其成败不仅会影响制造商,也会影响供应商和经销商。因此,每个人都会关心产品的研发工作,这就形成了一种激励机制,构成对供应链上企业的激励作用。

8.2.3 设立供应链激励机制时应注意的问题

1. 激励必须要有根有据

实施激励对企业而言是相似的,企业间的股权激励过程是极其重要的,这就要求激励的实施必须有充分的依据。因此,实施供应链企业之间的激励应以以下几个方面为基础:

首先,我们必须建立一个激励政策框架,即节点企业能得到什么样的绩效和绩效激励,以及它们能得到什么样的激励水平。这一政策框架通常包括在供应链协议中。其次,建立一个可横向评价的绩效评价体系,客观地评价企业在某一阶段的绩效,避免人为因素的干扰。

2. 建立透明的供应链利益共享决策者

激励措施有助于提高供应链的整体竞争力。激励通常是开放的,当一个目标被激发时,周围的人或组织就会被感知。其反映的看法大致可以分为三种类型:积极的,所有个人或组织都有能力形成健康的竞争局面;平和的,一些个人或组织不能形成完全冷漠的或者完全积极的团体;消极的,个人或组织的一部分是不公平的或出于嫉妒,导致相互矛盾的情绪或行为。在供应链激励中,最重要的是上述第三种情况的出现。由于供应链是相对宽松的,缺乏强制性约束,供应链危机很容易导致激励不足。因此,供应链激励的核心是从整体上提升供应链的竞争力,努力消除可能削弱供应链整体竞争力的负面因素,特别是在激励的实施过程中。

3. 充分利用供应链网络平台

供应链激励需要充分利用供应链的网链功能,在激励主体的基础上,有必要从供应链网络平台中发布有价值的激励信息,释放供应链的网络平台信息,使供应链的所有成员都可以学习结果并达到激励作用;供应链网络平台发布股权激励有助于激励所有的供应链企业,因为这是开放的、透明的激励,激励的实施必须而且只能用公平的最高标准。

4. 要特别重视信贷激励

信用是供应链运作中最重要的看不见的手,每个成员如果拥有良好的信用,供应链可以进行可靠和有效的运作;相反,如果供应链成员的信用差,将导致动作的困难,甚至导致整个供应链运作困难。因此,不诚信的危害是很大的。在我国当前的经济运行环境中,信用激励尤为重要。

5. 要建立一个行之有效的激励模式

设定一个激励目标并不一定会得到必要的行动和努力。员工不一定会满意。一个行之有效的供应链激励机制需要从内容、奖励制度、分工组织、目标导向、行动设置、管理水平、公平评价和领导风格等方面来建立激励模式。

激励模式的运行是激励主体与激励客体相互作用的过程。这是一个基于信息的双向交换

操作的全过程。其运用在管理实践中分为五个工作步骤,具体内容如下:

（1）双向沟通

这一步骤使管理者能够了解他们的个人需求、职业规划、能力和素质,并阐明他们的目标、组织价值观、组织奖励、业绩标准和行为准则。个人表达自己的能力和专业的各个方面,以及个人的要求和计划。同时,员工应该对组织的各方面的要求了解清楚。

（2）每个选择行为

对于前一步的双向沟通,经理将根据他们的技能、能力、素质和工作计划,给他们适当的位置,让他们了解努力的目标和相应的评价方法,采取适当的管理行动并给予员工工作能力范围内的工作内容。

（3）阶段评价

阶段评价是对员工所取得的绩效和进步进行及时的评价,使管理者和员工能够再次调整其适应性。这个阶段的评估应该选择适当的评估周期,根据员工的具体任务,可以将评估周期确定为一周、一个月、一个季度或半年。

（4）年底考核和奖励分配

这一步是在年底完成的,工作人员应该与管理人员合作,评估他们的业绩,并据此获得组织的奖励资源。同时,管理者也应该善于倾听员工对自己工作的评价。

（5）比较与沟通

在这一步,员工将从工作过程和其他任务方面,与其他可比的人比较他们的报酬,并与他们的过去进行比较,看看他们是否从工作中得到满足,以及他们是否获得公平。相比之下,如果员工感到满意,他们将继续留在本组织的工作中;如果他们不满意,他们将与经理谈判以达成协议。如果双方不能通过协商达成协议,双方的合同关系就会中断。

● 知 识 小 结

供应链绩效与激励机制是控制整个供应链良好运作、稳定发展的重要保障。行之有效的供应链绩效与激励机制能让整个供应链上下游企业迸发出活力,提升整个供应链条的有效协作程度,在一定程度上规避风险、提升产品质量,从整体上提升供应链竞争力。

思考题

一、选择题

1.供应链评价的指标有(　　)。

　A.节拍指标　　　　　　　　B.产需率指标

　C.快速反应指标　　　　　　D.模糊指标

2.供应链绩效评价的方法有(　　)。

　A.平衡计分法　　　　　　　B.信用考评法

　C.成本考评法　　　　　　　D.对比分析法

3.供应链激励的方法有(　　)。

　A.惩罚激励　　　　　　　　B.组织激励

　C.订单激励　　　　　　　　D.模糊激励

4.(　　)激励法是所有激励法中效果最好的。

A. 持续激励   B. 信用激励

C. 价格激励   D. 惩罚激励

二、简答题

1. 供应链激励中应注意哪些问题？试举例说明。

2. 设计一个企业供应链绩效评价指标体系。

●知识拓展

从两个成功案例看如何进行供应链绩效管理

在统计流程控制中，最具挑战性的任务往往是如何界定那些导致失控的根本原因。在供应链绩效管理中也是这样。当例外情况甄别发生后，必须找出导致这些例外的根本原因是什么。正如一名医生，诊断是关键，一旦做出正确的诊断，说明治疗的方式则是很简单的事情。供应链绩效管理（SCPM）系统也应该支持这种对任务的理解和诊断。这将允许管理者迅速找回相关数据，正确综合或分解数据，并根据地理和历史因素剖析数据。

与恰当的内部人员和组织外部关键人员交流同样重要。信息不再为"专家们"分析和决策所独用，而是分散到组织中恰当的人那里，以使他们能够理解问题、评价可选方案，并且采取合适的行动。成功的供应链绩效管理也需要受过大量对口教育的人和绩效管理方法，它还需要创造一个合作性环境，以及将责任分派给合适的人。

一、两个公司的传说：Flextronics 和 Daimler Chrysler

让我们看看两个领导型公司是如何在超越传统方法的绩效管理方法中获得显著效益的。它们的成功强化了 SCPM 作为基石性的概念和实践的力量与重要性。

1. Flextronics 如何利用 SCPM 提高采购灵活性

利用前一部分描述的 SCPM 方法，Flextronics 公司能够甄别出生产运营的例外情况，理解导致这些例外情况的根本原因和潜在的替代性方法，并采取改变供应商的行动，修正超额成本和调节谈判力量。该方法包括用网络软件实施系统装备 SCPM 循环。Flextronics 公司在 8 个月内节约了几百万美元，在第一年就产生了显著的投资回报。这都是 SCPM 带来的好处。

为了甄别出绩效例外，Flextronics 公司的系统可以不断比较合同条款内容和经许可的供应商名单。一方面，如果供应商并非是战略性的，或者订货价格高于约定价，该系统将对采购方提出警告。另一方面，如果生产运营价格低于约定价格，该系统将提醒管理者这个可能的节约成本的机会。

Flextronics 公司的管理者还利用 SCPM 理解问题和找到可选方案。他们评价例外条件、决定是否重新谈判采购价格、考虑可选方案，或者证明基于业务需要的不一致性是必要的（例如及时满足客户订货的需要）。同样，采购经理分析市场条件，综合费用，然后再区分节约成本费用的机会。

系统用户针对有高度影响力的问题和机会采取行动。SCPM 循环之前和循环中，Flextronics 公司都会确认数据、流程和行动。当实施绩效系统之时，Flextronics 公司建立关键指标和必要的门槛高度，还要确保数据质量和时间性要求。在日常使用中，他们还需确认行动的结果，加速整体的例外解决循环。

2. Daimler Chrysler 公司的 Mopar 零件集团提高供应链周转率所采取的措施

Daimler Chrysler 公司的 Mopar 零件集团销售额为 40 亿美元，在美国和加拿大地区经营汽车零配件的分销。Mopar 零件集团有一个极为复杂的供应链,有 3 000 家供应商、30 个分销中心和每天来自4 400个北美经销商的 225 000 个经销商订单。然而,售后零配件销售极难预测,因为它不是直接为生产所驱使,相反是为如天气、车辆地点、车辆磨损和破坏,以及顾客对经销商促销的反应等不可预测因素所决定。顾客不愿意更换零件而花费等待的时间,因此零售商不得不寻求可替代的零配件资源以避免顾客不满和失去市场份额。为了保证经销商不使用非 OEM 零件,汽车公司一般都因订货管理、库存平衡、供应奖励收费等导致高昂的补货成本。Mopar 零件集团就面对着这样一个困境。Daimler Chrysler 公司意识到了他们未来的竞争力在于他们甄别、理解、采取解决行动并防止昂贵的服务供应链问题的能力。因此,他们开始投入到了 SCPM 系统的实施之中。

Mopar 零件集团的 SCPM 系统通过监测未来需求、库存和与预先确定的目标相关的供应链绩效关键指标来甄别出绩效例外。然后,用户利用该系统探究问题,找到个别的或相互关联的可选方案。导致问题的潜在根本原因包括非季节性天气(或者更好或者更坏)、竞争性促销、对预测模型的不准备假设。理解问题和可选方案后,系统用户就采取解决问题的行动了。Mopar 集团通过削减安全库存和不必要的“过期”(不可能被接受)运输每年节约数百万美元的成本。仅仅在第一年,Daimler Chrysler 公司就将他们的决策周期从几个月缩短到几天、减少了超额运输成本、将补货率增加一个百分点,还节约了 1 500 万美元存货。看来,Daimler Chrysler 公司从 SCPM 系统中获得了竞争力的巨大提升。

二、怎样开始管理供应链绩效

有三个关键方面有助于持续的、可接受的供应链提升。

第一,鼓励绩效驱动的组织,如 GE、Flextronics 和 Daimler Chrysler 等。提升 SCPM 绩效的第二和第三个方面是迅速、全面实施一个健全、可升级的系统。当然,如果组织不是绩效驱动并没有变得更具“适应性”的目标,技术上的投资仅仅将带来一点点好处。

第二,一个快速、全面的实施允许组织从早期成功中不断学习进步。一个快速的、可接受的实施非常重要。原因之一是这可使组织瞄准提升领域和快速达到结果。公司期望通过大量、长期的项目实现快速变革无异于一场噩梦。通过实施一个强有力的、集中的业务计划,成功的公司通常更早地获得整个投资的收益。实际上,在实施变革计划后的十天内,Mopar 零件集团就在可避免的订单库存方面节约了数百万美元。正如一位原材料管理者所说,“我认为这是一个巨大的成功”。例如,Flextronics 已经利用早期成功经验建立后面的项目,以此扩展了它绩效管理系统的范围。

第三,一个健全和可升级的绩效管理系统是一个改进的平台。它必须是基于例外管理,并允许用户预防问题、解决问题、获取知识和保持改进。该系统必须能够处理增长的用户数和信息量。它必须变得更加个性化和易于使用的同时,还必须确保高度的安全性和隐秘性。表8-2表明 SCPM 如何获得持续、全面的绩效提升。

表 8-2 SCPM 如何获得持续、全面的绩效提升

绩效提升领域	典型问题	SCPM 起作用的方式
人	缺乏沟通、合作,不能减少决策周期	(1)前瞻的、可靠的、个性化的例外提示; (2)背景信息; (3)协作的决策制订和问题解决
流程	与公司目标相冲突的业务流程	(1)建立、确认并修正业务规则和整个组织的门槛; (2)组合并管理跨企业流程; (3)决策并获得知识
系统	关键系统锁定在不同的系统之中	(1)从相关企业系统中及时获得规范化数据; (2)集中、同步和有相互关系的数据和趋势; (3)为迅速诊断而灵活地分散数据

三、从供应链绩效管理到企业管理

如上所述,SCPM 今天被用于领导性组织管理内外部供应链绩效,比如供应网络。超越这些供应链,当这种方法被应用于一个企业的其他功能性领域,如产品开发、产品生命周期管理、财务管理、售后服务支持、销售和市场、客户关系管理,甚至是战略规划,它的潜在价值将是惊人的。

在某种程度上,SCPM 向企业管理的演进也伴随着类似的质量运动的演进。戴明(Deming)是第一个支持质量控制的必要性和重要性的人,但他更认为同样的狂热的提高质量的方式也可以应用到一般管理。他用他著名的 14 条管理规则概括了这一思想。当摩托罗拉创造出著名的六西格玛质量改进程序后,GE 采用了这一方法作为公司管理哲学的普遍原则。如六西格玛一样,SCPM 采用严格的、反复的方法来提高顾客的满意度和财务绩效。同样,SCPM 循环不仅用于供应链,还用于扩展的供应链以及企业管理的所有方面。最终,通过管理跨越企业边界的无数流程的绩效,公司将赢得企业绩效管理(EPM)的愿景。

四、现在就开始行动——你不能再等

在一个需要更多反馈和集中于底线的商业环境中,SCPM 对提高竞争优势和全面的业务改进是至关重要的。SCPM 使公司能够甄别出绩效例外,理解问题和可选方案,对具有高度影响力的问题和机会采取行动,并不断确认与目标和结果相关的行动的正确性。通过采用这样一个系统,公司已经提高了反馈率和客户服务能力、削减库存和采购成本、提高了生产和分销资产的利用率。这些好处是引人注目的,这条通往成功的道路也被肯定了。现在正是开始供应链绩效管理行动的时候。

问题

请谈谈本案例给你的启示。

项目九 供应链与电子商务

●学习目标

知识目标

了解电子供应链的概念及电子供应链系统、特点、优势及电子供应链发展存在的问题;理解电子商务对供应链的影响;理解电子供应链的实施模式、构建框架;理解供应链协同的概念及策略。

技能目标

能设计电子商务供应链的模式及框架。

●案例分析

中国石油电子商务供应链管理

中国石油的物资采购管理体制形成于计划经济时代,采购管理存在4个不合理的方面:

首先,物资采购业务流程被拉长,环节增多,效率低下,为中间商层层加价、从中牟利创造了条件。

其次,同类物资由各地区公司自行采购,不能形成批量优势,被供应商各个击破,造成效益流失。在进口物资采购中,国际市场上少数占据主导地位的供应商在应对中国石油各地区公司时,往往结成价格同盟,抬高价格。

再次,在买方市场中,由于供应商采用各种销售手段,采购中容易造成暗箱操作,易产生腐败。

最后,石油石化物资采购往往数量大,动辄数千万元、数亿元乃至十几亿元的资金占用,如采用传统方式采购的,则资金周转缓慢、效率低下。

因此,运用现代信息技术,变革物资采购管理体制和业务流程,达到降低成本,提高公司整体效益,进而提高公司价值的目的,是中国石油的内在需求。

建立电子商务网站,通过电子商务整合内部物资采购与产品销售业务,对提升整个中国石油管理水平也有着重要意义。

第一,作为一家脱胎于传统国有企业的国际上市公司,中国石油需要引入国际大石油公司通行的管理理念和管理方法,以此提高公司管理水平;而此时,国际知名的大石油公司普遍采用了电子商务的手段,对其采购和销售业务进行更高效的管理,收到了良好的效果。

第二,中国石油的油气操作成本要降下来,采用传统手段,在生产领域里降低成本的难度越来越大,需要找到降低成本的新途径,而电子商务可以有效地整合物资采购与产品销售业务,改造管理和运行流程,减少中间环节,堵塞漏洞,在采购中享受批量优惠,从而达到节约成本的目的。

第三,中国石油率先在石油行业开展电子商务,在业务计划、选择战略合作伙伴等方面率先完成,能够抢占行业的市场先机。

建设中国特色的供应链信息处理通用平台、实现供应链的电子商务化,关键是企业在彻底转变传统管理和经营理念的基础上,必须在流通领域及其相关领域切实做到信息资源共享。

问 题

请谈谈案例给你的启示。

任务一
电子商务与电子供应链

9.1.1 电子商务

1.电子商务的概念

狭义地讲,电子商务(Electronic Commerce,EC)是指通过使用互联网等电子工具(这些工具包括电报、电话、广播、电视、传真、计算机、计算机网络、移动通信等)在全球范围内进行的商务贸易活动,是以计算机网络为基础所进行的各种商务活动,包括商品和服务的提供者、广告商、消费者、中介商等有关各方行为的总和。人们一般理解的电子商务是狭义上的电子商务。

广义地讲,"电子商务"一词源自 Electronic Business,就是通过电子手段进行的商业事务活动。使用互联网等电子工具能够使公司内部、供应商、客户和合作伙伴之间利用电子业务共享信息,实现企业间业务流程的电子化,配合企业内部的电子化生产管理系统,从而提高企业的生产、库存、流通和资金等各个环节的效率。

联合国国际贸易程序简化工作组对"电子商务"的定义是:"电子商务是采用电子形式开展商务活动,它包括在供应商、客户、政府及其他参与方之间通过任何电子工具,如 EDI、Web 技术、电子邮件等共享非结构化商务信息,并管理和完成在商务活动、管理活动和消费活动中的各种交易。"

2. 电子商务的功能

电子商务可提供网上交易和管理等全过程的服务,因此它具有广告宣传、咨询洽谈、网上订购、网上支付、电子账户、服务传递、意见征询、交易管理等各项功能。

(1)广告宣传

电子商务可凭借企业的 Web 服务器和客户的浏览,在 Internet 上发播各类商业信息。客户可借助网上的检索工具(Search)迅速地找到所需商品信息,而商家可利用网上主页(Home Page)和电子邮件(E-mail)在全球范围内做广告宣传。与以往的各类广告相比,网上的广告成本最为低廉,给顾客的信息量却最为丰富。

(2)咨询洽谈

电子商务可借助非实时的电子邮件、新闻组(News Group)和实时的讨论组(Chat)来了解市场和商品信息、洽谈交易事务,如有进一步的需求,还可用网上的白板会议(Whiteboard Conference)来交流即时的图形信息。网上的咨询和洽谈能超越人们面对面洽谈的限制、提供多种方便的异地交谈形式。

(3)网上订购

电子商务可借助 Web 中的邮件交互传送实现网上订购。网上订购通常都是在产品介绍的页面上提供十分友好的订购提示信息和订购交互格式框。当客户填完订购单后,通常系统会回复确认信息单来保证订购信息的收悉。订购信息也可采用加密的方式使客户和商家的商业信息不被泄漏。

(4)网上支付

电子商务要成为一个完整的过程,网上支付是重要的环节。客户和商家可以用银行卡账号进行支付。在网上直接采用电子支付手段可省略交易中很多人员的开销。网上支付需要更为可靠的信息传输安全,以防止欺骗、窃听、冒用等非法行为。

(5)电子账户

网上的支付必须要有电子金融来支持,即银行、信用卡公司及保险公司等金融单位要为金融服务提供网上操作的服务。而电子账户管理是其基本的组成部分。

信用卡号或银行账号都是电子账户的一种标志。而其可信度须配以必要技术措施来保证,如数字证书、数字签名、加密等手段的应用保障了电子账户操作的安全性。

(6)服务传递

对于已付款的客户,应将其订购的货物尽快地传递到他们的手中。而有些货物在本地,有些货物在异地,电子邮件将能在网络中进行物流的调配。而最适合在网上直接传递的货物是信息产品,如软件、电子读物、信息服务等。它能直接从电子仓库中将货物发送到用户端。

（7）意见征询

电子商务能十分方便地采用网页上的"选择""填空"等格式文件来收集用户对销售服务的反馈意见。这样使企业的市场运营能形成一个封闭的回路。客户的反馈意见不仅能提高售后服务的水平，更使企业获得改进产品、发现市场的商业机会。

（8）交易管理

整个交易的管理将涉及人、财、物多个方面，即企业和企业、企业和客户及企业内部等各方面的协调和管理。因此，交易管理是涉及商务活动全过程的管理。电子商务的发展将会提供一个良好的交易管理的网络环境及多种多样的应用服务系统，从而保障电子商务获得更广泛的应用。

3. 电子商务的特点

从电子商务的含义及其发展历程来看，电子商务具有如下基本特征：

（1）普遍性

电子商务作为一种新型的交易方式，将生产企业、流通企业以及消费者和政府带入了一个网络经济、数字化生存的新天地。

（2）方便性

在电子商务环境中，人们不再受地域的限制，客户能以非常简捷的方式完成过去较为繁杂的商务活动，如通过网络银行能够全天候地存取账户资金、查询信息等，同时使企业对客户的服务质量得以大大提高。

（3）整体性

电子商务能够规范事务处理的工作流程，将人工操作和电子信息处理集成为一个不可分割的整体，这样不仅能提高人力和物力的利用率，也可以提高系统运行的严密性。

（4）安全性

在电子商务中，安全性是一个至关重要的核心问题，它要求网络能提供一种端到端的安全解决方案，如加密机制、签名机制、安全管理、存取控制、防火墙、防病毒保护等，这与传统的商务活动有着很大的不同。

（5）协调性

商务活动本身是一种协调过程，它需要客户与公司内部、生产商、批发商、零售商间的协调。在电子商务环境中，它更要求银行、配送中心、通信部门、技术服务等多个部门的通力协作，电子商务的全过程往往是一气呵成的。

（6）集成性

电子商务以计算机网络为主线，对商务活动的各种功能进行了高度的集成，同时也对参加商务活动的商务主体各方进行了高度的集成。高度的集成性使电子商务进一步提高了效率。

4. 电子商务系统的构成要素

电子商务系统的构成要素如图9-1所示。

（1）交易主体

交易主体也称电子商务实体，是指能够从事电子商务活动的客观对象，如企业、银行、商店、政府机构、科研单位和个人等。

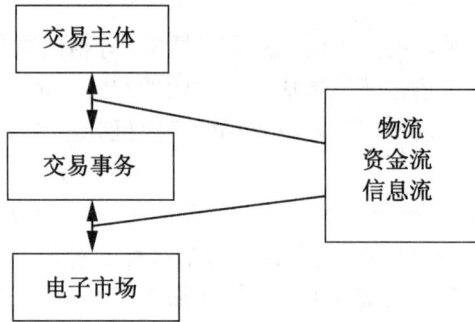

图 9-1　电子商务系统的构成要素

（2）交易事务

交易事务是指电子商务参与各方所从事的具体商务活动的内容,例如询价、报价、转账支付、广告宣传、商品运输等。

（3）电子市场

电子市场是指电子商务参与各方从事商品和服务交换的场所,它是由商务活动参与主体利用各种通信装置,通过网络连接而成的虚拟的统一经济整体。

（4）物流

物流是指商品和服务的配送和传输渠道。

（5）资金流

资金流主要是指资金的转移过程,包括付款、转账、兑换等过程。

（6）信息流

信息流在电子商务活动中最基本也最普遍,它既包括商品信息、营销信息、技术支持、售后服务等内容,也包括诸如询价单、报价单、付款通知单、转账通知单等商业贸易单证,还包括交易方的支付能力、支付信誉、中介信誉等。

9.1.2　电子供应链

1. 电子供应链的概念

电子供应链（E-Supply Chain, E-SC）是以 Internet 为媒介,通过商务协同、技术协同的运用更紧密地整合供应链,把所有供应链合作伙伴都视为战略资源,制定明确的供应链战略,提高整个供应链信息能见度,改进 B2B 流程,提升速度和灵活性,实时控制成本、质量、交货期和客户服务,提高客户满意度,培养客户忠诚度,同时也满足企业自身的竞争力需求。显然,电子供应链是传统供应链的升级版,它可以充分应用现代互联网等信息技术,优化传统供应链,它所改变的不仅仅是商业行为本身,也为市场的未来发展走向确立了基调,那就是以动态经营管理模式来改变企业目前的静态经营模式,为供应链企业成员之间、目标终端用户之间更好地进行商务协同,从而达到企业内外部信息的高效沟通与资源的有效整合。

2. 电子商务与供应链管理

供应链管理的最主要思想是系统论。供应链管理与电子商务都是一个从生产商到最终用户的价值增值过程,电子商务是在一个更新、更有效的网络技术平台上构建的供应链,实现电子商务的价值增值过程就是一个供应链管理过程。供应链管理主要针对特定公司的业务流程，比如计划、采购、制造和交货。电子商务将这种各自独立的业务流程连接在一起，成为整个供应链的黏合剂（如图9-2所示）。

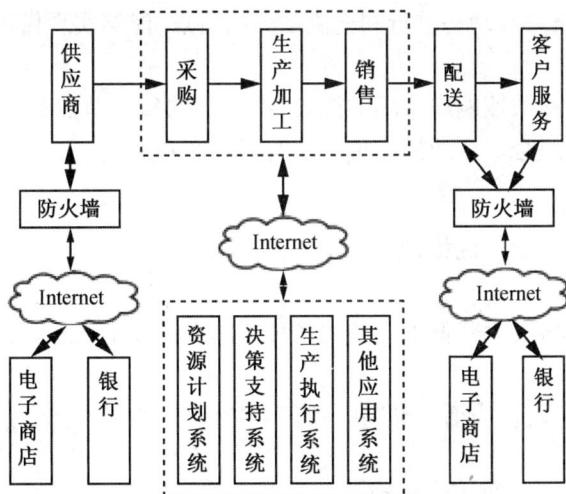

图9-2　电子供应链系统

3. 电子供应链的特点

电子供应链的最大特点在于各节点之间的商务活动是通过网络进行的，即通过电子商务技术来实现信息流、物流和资金流的有效控制。它能有效地增强企业与分销商、零售商、用户之间的联系，提高信息交流的效率，实现物流和资金流在包括采购、生产、运输、销售在内的整个流程中更为高效的运转，从而使核心企业在市场上具有更大的灵活性和竞争优势。电子供应链主要有以下几个特点：

（1）集成化

供应链的集成是指供应链的所有成员基于共同的目标而组成一个虚拟组织，组织内的成员通过信息共享、资金与物资方面的协调与合作，优化组织目标，提高整体绩效。

（2）动态性

在电子商务环境下，供应链成为一个动态的网链结构，以适应市场变化、柔性、速度的需要，不能适应供应链需求的企业将被淘汰。企业通过因特网商务软件集成在一起以满足用户的需求，一旦用户的需求消失，它也将随之解体，而当另一需求出现时，这样的一个组织结构又由新的企业动态重新组成。

（3）信息的实时共享性

信息流是供应链的三个流中最重要也是最难管理的。在传统的产供销体系中，信息流由供应商—分销商—零售商—用户自下向上流动。随着网络技术的发展，站点提供了将商业伙伴聚集在一起来共同提高供应链效率的崭新运作方式。公司能借此改善商务运作，提高自动化程度，使信息的传递由原来的线形结构变为网状结构。同时，由于同一供应链中的商业伙伴之间是合作、互信、互利的关系，它们只有实现信息的实时共享才能紧密地合作，提高供应链的效率。供应链的集成化、动态化的实现都是建立在信息的实时共享基础之上的。

（4）集优化

供应链各节点的选择应遵循强强联合的原则，达到实现资源外用的目的。每个企业只集中精力致力于各自核心的业务过程，就像一个独立的制造单元。这些所谓单元化企业具有自我组织、自我优化、面向目标、动态进行和充满活力的特点，能够实现供应链业务的快速重组。

（5）简洁性

电子供应链具有灵活快速响应市场的能力，供应链的每个节点都是精简的、具有活力的，能实现业务流程的快速组合。企业拥有更少的有形资产和人员。

4. 电子供应链的优势

电子供应链具有以下五大优势：

（1）节约交易成本

有效地整合供应链将大大降低供应链内各环节的交易成本，缩短交易时间。

（2）降低存货水平

通过扩展组织的边界，供应商能够随时掌握存货信息，组织生产，及时补充，因此企业不必维持较高的存货水平。

（3）降低采购成本，促进供应商管理

由于供应商能够方便地取得存货和采购信息，采购管理的人员都可以从这种低价值的劳动中解脱出来，从事具有更高价值的工作。

（4）减少循环周期

通过供应链的自动化，预测的精确度将大幅度提高，这将使企业不仅能生产出需要的产品，而且能减少生产的时间，提高顾客满意度。

（5）收入和利润增加

通过组织边界的延伸，企业能履行它们的合同，增加收入并维持和增加市场份额。

5. 电子供应链发展存在的问题

电子供应链弥补了传统供应链管理的不足，它不再局限于企业内部，而是延伸到供应商和客户，甚至供应商的供应商和客户的客户，建立的是一种跨企业的协作，覆盖了产品设计、需求预测、外协和外购、制造、分销、储运和客户服务等全过程。在后危机时代的背景下，我国企业电子供应链存在的主要问题如下：

（1）企业的观念问题

供应链管理对企业最基本的要求是核心业务和信息效率。这并不是仅仅依靠企业电子商务的实行就可以解决的，更重要的是企业从观念上进行根本改变。在我国大多数企业还未形成独具特色的强竞争力的核心业务，传统的管理思维方式仍占据主要地位，企业内部组织机构仍然各自为政，实行垂直管理。这严重影响着企业信息传递的效益和效率。所以，企业观念的改变是影响电子商务供应链管理的根本问题。

（2）贸易伙伴之间的协作问题

电子商务下的供应链管理要求企业利用信息技术改造和集成业务流程，与供应商和客户建立协同的业务伙伴联盟。我国企业欠缺的正是如何协调贸易伙伴间的协作以达到供应链整体利益的最大化，尽管电子商务下供应链战略的合作关系是要达到"双赢"或"多赢"，但人们固有的思维仍认为任何协议都会是一方受益一方受损。此外，缺乏一个良好的供应链绩效评估体系也是贸易伙伴之间协作的障碍。没有合理的绩效分配,各企业自然不愿意牺牲自己的利益去换取整个供应链的最大利益。因此,良好的供应链协调战略势在必行。

(3)信息资源的共享问题

在电子商务环境下的供应链管理模式中,信息共享是企业间实现协同运作的关键所在。信息共享不仅指企业内部的信息共享,更重要的是与关联企业和最终用户之间的信息共享。目前我国的企业在这方面还存在不少问题,大多数企业还在单独作战,很少有企业能够将自己的各项职能与贸易伙伴集成起来,信息共享问题不容乐观,严重地影响了供应链运作的效率。

(4)供应链中各环节成员的利益分配问题

随着电子商务的发展,组织之间的信息流和资金流更加频繁,组织之间的相互联系也由单一渠道转变为多渠道,合作程度日益加深,组织之间不断融合,组织边界越来越模糊,最终整个价值链重新整合,形成一个虚拟的大企业。由此产生了企业间的利益分配问题。

(5)库存问题

在电子商务环境下的供应链管理中用信息代替库存,也就是企业持有的是虚拟库存而不是实物库存,只有到供应链的最后一个环节才交付实物库存,可以大大降低企业持有库存的风险。这些虚拟库存如何应对随机的市场即时需求,库存的实效性问题将面临考验。

任务二
电子商务对供应链运行的影响

9.2.1　电子商务对供应链的影响

供应链管理是对供应链中发生的物流、信息流、资金流以及贸易伙伴关系等要素,进行统一组织、规划、协调和控制的一种现代企业管理战略,想有效地优化供应链管理需要充分的相关企业信息和市场信息。但是,对于现代的大型工业产业,如汽车行业,要获得供应链较为完全且准确的信息,依靠人工环境难度是很大的。电子商务模式的出现,加上运用供应链管理思想和技术,不仅可以有效地解决这些问题,而且可以为各类大中小型企业实施有效的供应链管理提供有力的技术支持。电子商务对供应链的影响可归纳为如下几个方面:

(1)改善企业业务流程,消除供应链上不必要的中间环节

电子商务模式以顾客为中心,可提高企业对顾客、市场的响应速度,消除企业内部环节的冗余、无效的劳动,提高工作效率。通过电子商务,生产商可以不经由分销商或零售商直接将产品卖给消费者,从而可节约运输和销售等费用。利用电子商务进行零部件和产品的订货与发货能够合理安排库存,提高信息的及时性和准确性,从而降低库存和营业费用。

(2)改变企业运作模式

电子商务不会改变供应链中的基本活动,但会改变它的运作模式。电子商务对企业供应链运作的所有主要领域,包括采购、产品和服务设计、制造、需求和供应计划、分销、售后服务与

支持都会产生影响。

(3)打破供应链企业边界,组织边界趋于模糊化

供应链中企业间合作程度日益加深,企业之间不断融合,如供应商的销售部门不仅要与生产商的采购部门进行交流,还要与生产商的设计部门甚至销售部门进行合作,共同为客户设计满意的产品和为客户提供满意的服务。电子商务为企业间的融合提供了解决方案。通过建立数据共享和通用标准,电子商务解决方案从公司间的协作、电子集市、供应链活动管理等三个方面逐渐消除供应链上企业之间的界限。

(4)销售模式由生产者推动型转变为消费者拉动型

在传统模式中,生产者由于难以准确掌握消费者对产品的需求,因而其生产销售的产品带有很大的主观臆断性,这种销售模式属于生产者推动型。在电子商务时代,生活水平与消费者的关系发生了彻底转变。消费者可以根据自己的兴趣爱好对所需要的商品提出个性化、差异化的设计要求,生产商和相应供应商组成的联合体会依据消费者的要求,共同完成产品的设计,然后组织生产,这样便能最大限度地满足消费者的需求。此时,销售模式已由生产者推动型逐渐转变为消费者拉动型。

(5)促进全球供应链网的形成

电子商务打破了由地域造成的供应链管理中的传统壁垒,将上下游企业组成整个产业系统的供应链,并且与其他企业、产业的供应链相连接,组成了一个动态的、虚拟的、全球网络化的供应链网络,真正做到了降低企业的采购成本和物流成本,提高企业对市场和最终顾客需求的响应速度,从而提高企业的市场竞争力。

通过上述对电子商务与供应链之间的关系及电子商务对供应链的影响的分析,可以发现,在全球化的电子商务环境下,传统的供应链管理模式已不能适应电子商务环境下供应链管理的要求。于是电子商务与供应链管理相结合的一种新的供应链管理模式,即电子供应链,就应运而生,而且成为当今供应链领域的研究热点。

9.2.2 企业电子供应链的实施

1. 电子供应链管理

电子供应链管理是指以电子商务等信息技术为手段,对企业的整个组织流程,诸如产品服务设计、销售预测、采购、库存管理、制造或生产、订单管理、物流、分销和客户满意度等进行管理和改进的思想与方法。

2. 电子供应链的实施模式

根据信息整合程度、采用的技术手段以及企业规模等的区别,电子供应链的实施主要存在下述四种模式,但实际上其间的区别并不清晰,应用无须拘泥于简单的概念层次。当前我国企业所实施的电子供应链模式基本上还处于比较初级的阶段。

(1)类ASP(应用服务提供商)模式

该模式是一些不能与核心企业信息平台对接的成员企业适合采用的模式。它由核心企业提供一个基于门户网站的信息平台,上下游企业可以使用终端通过互联网连接到该平台,通过核心企业提供的用户名和密码登录到系统来处理自己同核心企业发生的业务,包括订单处理、

库存管理、查询统计分析数据等。在该模式下,各成员企业共享一个数据库,除了必备的硬件外,不用追加任何投资即可处理相关业务。但也只能在此平台上实现同核心企业相关业务的电子化处理,不能实现企业所有数据的完全汇总和集成,更无法对数据进行进一步的分析和挖掘。

(2)ASP 模式

该模式由相关供应链成员确定业务处理模式,并共同确定一个模式来开发信息系统,以供成员企业使用,然后由核心企业和服务商的系统进行对接,以实现平台的完全整合。它是针对行业特点开发的,因此具有较强的针对性,比较适应企业的管理需求,企业对信息系统无需进行复杂的维护和升级,也便于核心企业的系统对接,实现上下游系统的完全集成。

(3)B2BI(B2B Integration)模式

该模式是在各成员企业自己具备成熟的系统或电子商务平台的情况下,通过服务实现企业的信息平台的集成,连接供应链中的上下游企业的信息,使上下游企业的信息系统实现信息与功能的完整的集成。实行对接后,各方实现了完全的信息交互,使得各自的生产、销售更加高效有序。

(4)战略联盟模式

该模式在集成模式的基础上,完全实现了物流和信息流的集成和重组,是电子供应链的最高层次。在该模式下,各成员企业从整个供应链角度出发,而不是从自身角度出发,消除冲突、共同解决所有问题、重组价值链,从而提高整个供应链的竞争力。

3. 电子供应链的构建框架

企业在构建电子供应链时应对整个过程有清楚的认识,以便在实施的过程中有一个整体的思路。

电子供应链构建过程包括以下三大步骤和七项工作内容:

(1)决策期间

①分析行业供应链及其核心企业所处宏观与微观环境。了解整个行业供应链的构成及供应链业务的运作,以及深刻分析由于环境变化而造成的主要机会与威胁,是企业做出构建电子供应链决策的基础,对实施电子供应链具有指导意义。

②分析构建电子供应链的必要性,并论证其可行性。

③制定出构建电子供应链的具体目标。

(2)电子供应链实施期间

①构建电子供应链整体模式,建立一个灵活、柔性的电子网络,为实现供应链成员的电子化集成提供一个平台。

②电子供应链的运作管理。

(3)电子供应链实施后

①分析和评价电子供应链运营绩效。

②企业在电子供应链的运作中不断学习,根据绩效不断调整,积累经验教训,不断改进电子供应链。

4. 电子供应链实施意义

供应链包括从产品设计到原材料采购、市场营销、生产制造、订单处理、后勤保障、客户服务直至结算支付在内的所有相关活动构成的产品生产与营销体系,它涵盖了电子供应链影响产品上市周期、价格、质量的各种因素,涉及信息交换与产品配送等环节的所有人员与活动。基于 Internet 的电子供应链管理(E-SCM)系统,实质上已将整个世界连接成为一个巨大的价值链。Internet 的出现极大地推动了在线营销(Online Marketing)与邮购等各类基于网络的业务发展,但其中增长最为迅猛的则是供应链中的 B2B 交易领域。

在这种情况下,电子供应链的部署无疑已成为众多供应商的当务之急。如若无视电子供应链的发展潮流,继续固守原有供应链模式,则将在供应链效率方面远远落后于竞争对手,并最终在竞争中落败。E-SCM 对大型企业的影响最为显著。许多大企业早已投入巨资部署了专用供应链的解决方案,这类供应链的解决方案涵盖了产品研发、供应链管理、产品营销、销售及结算支付在内的各个方面。一些行业领先的企业均将部署基于 Internet 的电子供应链管理系统作为对供应商的基本要求之一,部分企业甚至公然宣称"供应商的所有交易必须通过 Internet 进行,不具备这种能力的供应商将不在考虑之列"。

电子供应链可实现多方交易处理,使买方能够将多家供应商的订单最终集成至一个高效、统一的后勤服务体系中。同时,借助智能门户系统,客户还可以及时获取对其至关重要的相关产品的信息。对任何一个行业而言,制造商在生产计划安排与原材料采购阶段,都离不开与客户和供应商的密切联系。如何实现高效的供应链管理,已成为制造商面临的现实问题之一。高效供应链管理能够实现物流与信息流管理,成为众多企业增加市场份额、降低成本和提高收益的利器。在许多行业内,供应链性能已成为相关企业争取市场份额的决定性因素之一。

实现物流与信息流的高效集成是供应链管理的首要目标。但企业在对供应链管理的认识上还存在着不少误区,主要表现为部分企业仅仅注重为客户提供高质量产品及最大限度地减少库存等供应链的物流环节,而对及时提供相关信息的信息流环节却重视不够。实际上,电子供应链在从根本上改变了业务处理模式的同时,供应链管理模式也必须本着服务于市场的原则做出相应的改变。

供应链管理的最大挑战是如何合理确定优先级,并定位所需资源,取得最理想的目标效益。在这方面,制造商面临的风险与挑战还表现在不能紧跟市场变化,失去客户与市场份额,从而影响利润与收入。虽然 Internet 技术可有效提高供应链效率,降低管理成本,并提高订单处理效率,但单纯依赖于软件系统的增加并非供应链管理的真正解决之道。虽然在电子供应链管理中软件系统必不可少,但实现物流与信息系统的高效集成才是供应链管理的主旨所在。

由于市场与相关技术的瞬息万变,且电子供应链管理系统出现的时间并不长,因此,在对如何使企业电子供应链系统保持竞争力的问题上,许多企业往往缺乏正确的认识,在实际部署与改进电子供应链管理系统时也常常不得要领。认真对待这个问题,将有助于这类企业对其现行及即将部署的电子供应链管理系统有一个清晰的认识,从而采取恰当策略,不断提高企业供应链系统的性能,增强业务竞争力。

9.2.3　供应链协同

1. 供应链协同理论

(1)基本概念

供应链协同(Supply Chain Collaboration, SCC)的概念于 20 世纪 90 年代中期由咨询界和

学术界正式提出。1999年4月,全球著名的供应链管理专家Anderson和Lee发表了题为《协同供应链:新的前沿》的文章,指出新一代的供应链战略就是供应链协同。供应链管理的核心思想就是供应链协同思想。目前,供应链协同已经成为供应链管理领域研究的热点,受到了理论界和企业界的广泛重视。

供应链协同要求供应链中各节点企业为了提高供应链的整体竞争力而进行彼此协调和相互努力。各节点企业通过公司协议或联合组织等方式结成一种网络式联合体,在这一协同网络中,供应商、制造商、分销商和客户可动态地共享信息,紧密协作,向着共同的目标发展。要实现协同,要求节点企业基于技术和Internet网络实现信息共享和知识创新成果共享;要求各节点企业树立"共赢"意识,为实现同一目标而努力;要求合作伙伴在信任、承诺和弹性协议的基础上进行合作。同时,要求进行协同的节点企业进行供应链的重新整合,应以信息的自由交流、知识创新成果的共享、相互信任、协同决策、无缝链接的生产流程和共同的战略目标为基础。供应链协同管理就是针对供应链网络内各职能成员间的合作所进行的管理。

(2)形成原因

①谋求中间组织效应

一方面,市场竞争环境的剧烈变化使企业之间协同的必要性和重要性日益凸显,但是追求自身利益最大化的目的往往会破坏乃至摧毁这种协同关系。为了稳固和强化彼此之间的合作关系,就有必要通过公司协议或联合组织等方式结成战略协同组织。另一方面,企业参与供应链协同,能保证成员企业的基本独立性,从而避免了组织规模扩大可能产生的弊端,同时又通过成员企业之间的合作互助获得协同效益。

追求价值链优势价值链的分解与整合都是企业生产与组织的创新,用于提升企业的竞争力,这也是供应链协同的第二个动因。价值链的整合,一是整合竞争对手忽略的环节,二是寻求新的价值链结合方式。两者都可能使企业获得新的竞争优势。整合可以采用一体化的方式,也可以通过协同方式来完成。由于整合效果的不确定性,具有一定的风险,供应链协同具有一定的灵活性和较低的退出成本,可能是较好的选择。

②构造竞争优势群

竞争优势群就是具有不同诱因、可持续性和作用空间的竞争优势所构成的持续演进的竞争优势系统,其构成随着时间的推移不断发生变化,有的竞争优势逐渐丧失,也有新的竞争优势不断产生。典型的竞争优势群包括主导优势和支撑优势。竞争优势群的动态发展包括竞争优势的创造、维持、增强、权衡和创新诸环节。企业在强化主导竞争优势的同时,要分析、辨明所需的支撑优势,并在市场上寻求具有这些优势的潜在伙伴,与之组成战略联盟,共同构筑竞争优势群。竞争优势群系统建立起来以后,有一个动态发展的过程。协同成员要相互督促伙伴维持、强化各自的竞争优势,同时还要共同创造新的竞争优势,必要的时候吸收具有新优势的成员或者清除有碍竞争优势群发展的成员。

③保持核心文化的竞争力

21世纪的竞争将是企业文化的竞争,与企业关键竞争优势相匹配,能保持并促进企业竞争力的企业文化是企业核心文化。企业文化的形成一般要经历漫长的过程,一旦形成之后就很难改变。在多元化经营或规模庞大的公司,核心文化有可能被灌输于所有业务领域。如果公司非主导业务不适应企业核心文化,就会使其效率下降,从而影响整个公司的效益。要解决这一矛盾,必须使以上这些非关键业务形成与其相符的文化,但这样又将使核心文化受到干扰,从而影响企业的核心竞争力。在这种情况下,公司就有必要把这些业务分离出去作为公司的外围业务。这样,公司一方面保持了企业核心文化与核心业务的战略匹配,另一方面又通过协同的方式定制了非主流业务。

2. 供应链协同策略

(1)进行供应链博弈分析

机制设计理论可以看作博弈论和社会选择理论的综合运用,一方面要考虑信息效率问题,即所设计的机制是否只需较少的信息成本;另一方面要考虑激励相容问题,即所设计的机制是否实现每个参与者的目标,并与设计者所要实现的目标一致。博弈分析和参与者的对策,能够较好地进行信息显示和传递,也能够较好地实现激励相容。在博弈分析和对策过程中,信息空间的维数越来越小,激励相容越来越大,局中人做出选择越来越容易。博弈论在供应链协同竞争中的研究地位日益突出,通过对供应链上下游节点企业之间博弈行为的分析研究,在战略、战术、操作层面建立供应链各节点企业协同的博弈模型,为供应链各节点企业的协同决策提供支持。因此,在供应链参与者之间应建立信息沟通、协商谈判机制,让参与者做出有效对策。

(2)建立供应链合作伙伴关系

建立供应链合作伙伴关系是许多公司的重要策略,但是,在选择合作伙伴的标准、方式、程序、规模上,许多公司还没有很好解决。合作伙伴关系不是短期的交易关系,而是长期、稳定的合作关系,是一个命运共同体。因此,在选择合作伙伴的过程中,一定要建立选择与评价机制,将具有竞争优势的、信誉度高的企业选择进来,并通过签订协议,建立长期稳定的合作关系。要防止资质较低、缺乏诚信的企业进入,以避免损失。

(3)完善供应链委托—代理关系

供应链合作伙伴之间的关系,不是简单的交易关系,而是一种委托－代理关系。从供应商到消费者构成了一个委托－代理关系链,甚至是一个复杂的委托－代理关系网络。在这个链条或网络中,一个委托－代理关系环节出了问题,会影响到整个供应链体系,会发生链式反应或网络式反应。因此,在博弈分析和对策前提下,一定要按法律规范要求签订委托－代理关系合同,建立委托－代理关系,双方必须切实履行责任和义务。

(4)运用信息网络技术

现代信息网络技术为供应链各节点企业之间的信息沟通、业务协同提供了先进的技术平台。企业内部通过信息处理实现各项业务之间的协同,企业之间通过电子商务实现供应链业务流程的协同。目前,协同商务已成为供应链运作的焦点。在供应链管理过程中,应通过电子商务将供应链的所有供应商、合作伙伴、客户、分销商联系在一起,并选择商务价值链上最佳的合作伙伴,实现协同工作,获得协同效应。通过电子商务系统集成整个供应链网络的信息和知识,实行供应链知识管理,使供应链各节点企业获取、创造、分享和使用知识,以创造更多的价值。

● 知识小结

本模块主要内容包括电子商务的概念、功能、特点、构成要素;电子供应链的概念、特点及优势;电子商务对供应链的影响;电子供应链的实施模式、框架构建;供应链协同的概念、协同理论及协同策略。

思考题

一、选择题

1. 电子商务的特点包括(　　　)。
   A. 普遍性　　　　　　　　B. 整体性
   C. 协调性　　　　　　　　D. 安全性

2. 电子商务的功能有(　　　)。
   A. 网上订购　　　　　　　B. 网上支付
   C. 广告宣传　　　　　　　D. 意见征询

3. 电子商务系统的构成要素是(　　　)。
   A. 交易主体　　　　　　　B. 电子市场
   C. 物流　　　　　　　　　D. 交易事务

二、简答题

1. 什么是电子供应链?
2. 请简述电子供应链的实施模式。

● 知识拓展

新零售时代下的智慧供应链：不仅仅是供应链

身处新零售的时代,"智慧供应链"的概念也应运而生。但究其本质,最终目的都在于更完美地满足消费者的需求。

然而在新零售时代中智慧供应链管理不仅仅只是供应链,它依托大数据和信息系统把客户综合感知、智慧指挥协同、客户精准服务、职能全维协同、重点聚焦保障等要素集成于一体,使各个系统在信息主导下协调一致地行动,最大限度地凝聚服务能量和有序释放服务能量,这样最终会使服务变得精准,使供应链变得透明、柔性和敏捷,使各个职能更加协同。

新零售时代下智慧供应链融合了商品、供应链、大数据三个方面。它不仅将供应链与商品、消费者之间的关系越拉越近,而且让大数据在供应链及营销的多种场景下得以应用,给企业带来了自动化及精准的效果。这样的融合,需要的是对业务深度的理解及对大数据分析挖掘的双重能力。这样的"精准",离不开对用户需求的全面感知。

其实无论是旧零售还是新零售,本质来看不变的是着力于"人、货、场",新零售的成功与否,核心在于围绕这三个核心的商业元素的重构是否有效。在新零售时代下,消费者都对价格、商品备货情况和差异化服务提出了更高的要求。价格和库存的管理,则是建立在合理的商品结构与智能选品方法之上的。也就是说,要先对商品进行科学的分类与定位,然后再对不同类别的商品采取相应的定价与库存策略。

因此,商品分类、产品定价与库存管理是智慧供应链的三大重要板块。

首先是商品分类。大多数和智能有点关系的问题,都可以归结在一个多维空间进行模式分布的问题。每个品牌均有其自身的战略计划,尤其是品类战略,然后会在符合自身战略的前提下,制订完善合理的品类与价格规划,之后再借用类似于"用户画像"的思想逻辑,针对各品类中的每个商品贴上各种维度的标签,塑造出其自身的"商品画像"。

以一款跑鞋为例,你可以从各种维度来进行贴标,如出自某个设计师之手、特殊的运动功能、颜色、面料、应季新款、畅销款、毛利率低、收藏量高等不同的标签。这样一来,每个商品都可以在每类标签中找到自己的所属类别,然后通过每个类别的交叉组合,找到自身的精准定位。这些标签不仅仅是定性的标签,而是可以进行定量计算的标签,即这些标签对销售最终的影响是多少,消费者对这些标签或者标签组合的喜欢程度是怎样,都可以用模型的方式表现出来。

商品分类其实也就是对零售三核心"人、货、场"中的"货"进行了深度的解读,并且这个分析是和对"人"的画像紧密相关的。商品精准的定位为后续的需求预测、促销定价、补货翻单、采购计划、研发计划均提供了基础。从另外一个角度来讲,商品分类为"严选商品"奠定了技术基础,即通过分类从商品的角度定量确定是什么原因决定一个商品好卖和不好卖,这为未来商品的选择构建了强大的模型。需要注意的是,依据实时的数据更新,商品所贴标签也是持续更新的,因此商品的定位及相应决策也是处于动态变化中的。

其次是产品定价。对于产品定价来说,人工进行定价决策效率很低,且定价的精准度很难去考量。比如针对一件商品究竟该卖 88 元还是 66 元的定价决策,即便是将影响定价的数据信息全都丢给你,包括它的利润指标、销售指标、连带率、售罄率、浏览量、所处生命周期阶段、目标存销比等,依然很难人为进行科学的定价决策。再考虑到商品 SKU 种类之多之繁,尤其是那些长尾商品,若对它们一一进行人工定价,不仅是对企业资源成本的严重浪费,而且也是不现实的。

那么智慧供应链是如何做到的呢?对于智慧供应链来说,不同类别的商品的定价策略是不同的。

比如有的商品本身是畅销品,但是存在其他竞品与它抗衡,那么竞品的实时价格动态对这类商品的定价来说就显得格外重要,它们的定价策略是以价格优势为导向的;有的商品不仅畅销,而且在市面上暂时还没有类似产品可以替代,那么消费者对于这类产品的价格感知程度就会较低,定价策略则可以以利润最大为导向,可能还可以进行试验性的涨价;有的商品本身就是滞销品,要对其进行降价处理,这类商品的定价策略可能只是为了控制成本;当然还有新品,可能在某一个新品刚推出的时候,更大的目的在于最大化销量,所以这时候的定价是需要分析在不同价格下的流量及销量分布情况,来对其进行试验性定价的。

可以看出,产品定价需要基于产品种类的不同划分对应到合适的定价目标,从而确定对应的模型约束条件,将该商品相关的定价信息均输入至相应的模型中,从而得到相应的输出结果。在完成决策之后,对于其效果关键指标持续进行追踪监测,从而作为下一次定价模型的输入,使得定价能够持续优化。

最后是库存管理。智能补货可以称得上是库存管理的龙头了,将自动补货模型应用到特定的场景去优化库存结构,使库存持续保持健康水平,那么就需要从出库、入库两方面着手。在入库情况下,定位到满足此次补货条件的所有 SKU,依据补货任务模型得出补货量的建议,最终生成补货决策反馈到生产环节。在出库情况下,定位到滞销高库存的 SKU,基于商品的滞销分级模型得到相应的促销降库存处理方案。不同类商品应采取差异化的库存控制策略,应用不同的库存模型,配置不同的模型参数。

谈完这三个重要板块后,整个智慧供应链还有一个不可不谈的东西,那就是商品数量的驱动——销售预测。且不说每提升 1% 的预测准确率可以带来数倍运营成本的降低,以销售预测为核心的需求计划本身就要起到支持各个环节计划制订的作用。同时零售商可以通过需求预测合理安排门店工作人员,高效地为消费者服务。

成功门店的排班计划总是能在合适的时间将合适数量的资源配置到合适的岗位。零售商不仅要能预测出每天顾客消费的高峰时间,还应预测出消费者光顾哪家门店,这些都是建立在精准销售预测的基础之上。而对于销售预测,为了达到新零售时代的"精准",要靠全渠道、多触点的实时数据积累。模型自身要能够对这些源源不断输入的数据进行价值权重的判断并有效运用到模型中,还要能通过对预测效果的自学习实现参数的优化调整。

显然,简单的时间序列模型、季节性模型等都很难独立地成为销售预测的主力。

销售渠道的分类在需求预测中也是很有必要的,毕竟不同的线下门店或线上店铺,店铺所贴属性标签也是不同的,在不同类型店铺中销售的同一个商品的销售预测模型也可能存在差异。据此也可以看出,供应链集成计划的"智慧"不仅仅是销售运营间的计划整合,还包括需求计划与品类管理、渠道管理间的协同。

新零售时代下的"供应链"加上"智慧",并不会因为新技术的注入而变得高不可攀,反之,因为"智慧",我们更好地服务到了客户,品牌更加贴近了客户。供应链因为有了"智慧",与消费者和商品有了更加紧密的连接,更有了温度,有了激情,不只是一条冷冰冰的链条。只有这样才能让消费者有更好的体验。

(资料来源:亿欧　作者:高峻峻)

问　题

1. 请谈谈什么是智慧供应链。
2. 请谈谈本案例给你的启示。

项目十

供应链管理信息技术支撑体系及大数据供应链发展趋势

● 学习目标

知识目标

了解信息的定义、类型和特征；了解供应链信息技术概念、作用及主要的信息技术；了解供应链风险内涵、主要内容、风险分析技术；了解供应链风险应对方式及控制措施；了解大数据对供应链的作用。

技能目标

能识别供应链的风险并制定控制措施。

● 案例导入

零售巨头沃尔玛应用 RFID 供应链管理案例

基于 RFID 技术的全电子化成品供应链管理，零售商能够将销售、库存、成本等信息与供应商实时分享。供应商可以及时了解自身产品的销售和库存状况，大幅削减了沟通成本以及补货时间，对市场反应有了更准确的把握。实践证明，众多国际零售巨头正是采用了基于 RFID 技术的先进的供应链管理系统，才为它们创造了零售领域难以撼动的竞争优势。

作为全球营业额最大的零售企业,沃尔玛连续多年蝉联世界五百强的榜首,它的成功与其以 RFID 技术为基础的高效供应链系统不无关系。早在 2005 年,沃尔玛就要求它的前 100 位供应商采用 RFID 技术,同时在公司总部建立起庞大的数据中心,用于接收通信卫星和主干网络传送的零售数据,包括沃尔玛集团所经营的所有店铺的商品信息、物流信息、配送中心货车货箱信息等;只要是与零售经营有关的数据,沃尔玛的供应链系统都能做到实时监控。RFID标签的引入使沃尔玛的供应链效率进一步提升:之前核查一遍货架上的商品需要全部零售店面的工作人员耗费数小时,而现在只需 30 分钟就能完成。

沃尔玛重视供应链各个环节的相互协调,RFID 技术在其中作用不可小觑。

沃尔玛零售店内的货物种类繁多,有 8 万~10 万种,每个星期都会有超过 900 件的商品进入自动挑选行列。在人工操作订单的时代,这样大的工作量很容易出现错误;而基于 RFID技术实现的自动化工作流程则可以实现自动下订单、排序和筛选。采用 RFID 技术后,系统自动产生电子订单,货品的库存减少,从而节省了仓库空间,提高了沃尔玛的资金流动率。

不仅如此,RFID 技术还有效地减少了供应链管理的人工成本,让信息流、物流、资金流更为紧凑有效,从而增加了效益;同时,仓库的能见度极大提高,让供应商、管理人员对存货和到货的比例一目了然。美国伯克利大学为沃尔玛所做的一个量化关系实验表明,通过使用RFID,货物短缺减少了 16%,这表明销售额增加了 16%;而利用 RFID 条码的货物补货率比没有标签的货物补货率快 3 倍,可以说 RFID 供应链整体核心能力的竞争已经成为现代市场竞争的主流,供应链与供应链之间的竞争关乎着零售企业的命运。

启示:信息技术正以其强大的渗透力深入供应链管理的各个方面。在供应链物流管理过程中,信息技术的一体化对物流的高效率和高效益协同运作起到了极大的技术支撑作用。

(资料来源:RFID 世界网,http://success. rfidworld. com. cn/2017_04/6d4438d51ad73007. html)

任务一
供应链信息管理 ◀◆▮▮

10.1.1 信息技术与供应链管理

1. 信息

(1)信息的定义

信息(Information)即经过加工而形成的具有特定形式的数据。简单地说,信息有三层含义。首先,信息是数据。数据是指对各种事物的性质、特征、外观和变化的原始记录,记录的载体有纸质材料、照片、光盘等。其次,信息是加工、处理后的数据。最后,信息具有特定的表现形式。

（2）信息的基本特征

①真实性

根据信息的概念,我们知道信息是人们对各种事物的特征及变化的客观描述和反映。失真的信息毫无意义,不仅没有价值,反而可能导致接收者采取错误的行为。因此,真实是信息的核心价值。

②时效性

由于事物时刻都在发生变化,信息通常只是在某一时刻或某一段时间内对事物的真实反映,其价值具有明显的时间期限。不同的信息,其时效的长短不同。例如,火车时刻表反映的信息可能在几个月内有效,但天气预报的信息可能只在一天内有效。

③针对性

信息是对数据加工的产物,加工过程具有一定的针对性和目的性,针对性越强,某一方面的价值就越大,对人们的影响也越大。例如,对仓库的商品进行统计,就形成库存信息,对销售具有指导意义;对暂缺的商品进行统计,就形成缺货商品信息,对补货具有参考价值。

④可变性

信息的可变性包括三层含义:一是信息内容的再加工方式可以不同,可以进行检索、综合、分解、重组等处理;二是信息的传播形式可以变换,可以通过数字、文字、图形、图像、声音、视频等形式传播;三是信息的存储方式可以变换,有磁盘、光盘、移动硬盘等。

（3）信息的分类

信息可以从不同角度进行分类。

①按应用领域,可分为社会信息、科技信息和管理信息等。

社会信息包括社会经济、政治、文化、军事、生活等方面的信息。它主要是各政府部门颁布的有关公告、政策以及各种年度报告等文件。

科技信息是指在科技活动中所产生的信息,如技术资料、技术参数等。

管理信息是指与企业生产经营活动相关的各种信息,包括企业内部的和企业外部的,如原材料价格、设备技术资料、市场供求信息、销售状况等。

②按加工顺序,可分为一次信息、二次信息和三次信息等。

一次信息,即原始信息,是指一线基层单位的原始记录、原始数据、原始单据等,如商品销售数量、销售金额、进货价格等。一次信息是信息加工的基础,经加工、整理后的一次信息即形成二次信息,如销售利润、财务报表等。对二次信息进行进一步筛选、归纳、综合后形成的信息称为三次信息,如财务分析报告、企业年鉴等。

③按反应形式,可分为数字信息、文字信息、图像信息和声音信息等。

④按管理层次,可分为战略信息、战术信息和作业信息等。

2.供应链信息技术

信息技术(简称IT)是主要用于管理和处理信息所采用的各种技术的总称。一切与信息的获取、加工、表达、交流、管理和评价等有关的技术都可以称为信息技术。它主要是指应用计算机科学和通信技术来设计、开发、安装和实施信息系统及应用软件。

信息技术正以其强大的渗透力深入供应链管理的各个方面。供应链物流管理过程中,信息技术的一体化对物流的高效率和高效益协同运作起到了极大的技术支撑作用。其中,电子数据交换系统解决了供应链物流运作和管理过程中所有单证高效、快速的无纸化处理问题。

无线射频识别技术 RFID、GIS 和 GPS 等技术的应用,很好地实现了物流库存和在途的实施跟踪和可视化管理。

3.信息技术在供应链管理中的作用

信息技术的发展改变了企业应用供应链管理获得竞争优势的方式。成功的企业应用信息技术来支持它的经营战略并选择它的经营业务,这些企业利用信息技术提高供应链活动的效率,增强整个供应链的经营决策能力。

(1)建立新型的顾客关系,更好地了解顾客与市场需求

信息技术使供应链管理者通过与它的顾客和供应商之间构筑信息流和知识流来建立新型的顾客关系,使从供应商直到顾客的整条供应链双向的、及时的、完整的信息交流成为可能。而互联网等信息技术成为企业获得顾客和市场需求信息的有效途径。例如,供应链的参与各方可以通过信息网络交换订货、销售和预测等各种信息。对于全球化的跨国企业来说,现代化信息技术的应用可以使它们的业务延伸到世界的各个角落。

(2)有利于拓宽和开发高效率的营销渠道

企业利用信息技术,往往可以开展虚拟经营,建立虚拟的销售网络。而互联网的应用使企业可以与它的经销商协作建立零售商的订货和库存系统,这样便可获知有关零售商商品销售的信息,在这些信息的基础上进行连续库存补充和销售指导,从而与零售商一起提高营销渠道的效率,提高顾客满意度。

(3)改变供应链的构成,使得商流与物流达到统一

在互联网广泛应用的今天,产品和服务的实用化趋势正在改变它们的流通和使用方式,而产品与服务之间的界限也越来越模糊。例如,3C 公司销售其软件商品,信息技术的发展完全改变了其销售方式,一旦顾客购买了软件,在产品每次升级的时候,通过互联网直接购买升级版本,排除了传统上的销售产品的供应链。现在,许多产品如音乐、电影、游戏等通过互联网直接向顾客进行销售,无须进行包装、运送等物流作业,从而使商流和物流达到了真正的统一。

(4)重新构筑企业或企业联盟之间的价值链

国内外的许多企业早已采用现代化的电子手段进行信息处理和顾客服务,通过业务外包,整合外部资源为我所用,从而拓展了自己的发展空间,而将有限的资源集中在自己的核心能力上。这样信息技术就开始用来重新构筑企业间的价值链,随着电子商务的兴起和第三方物流的普及,生产厂家和零售商开始利用第三方服务,把物流和管理等业务外包,这样生产厂家、零售商以及第三方服务供应商便形成了一条新的价值链。

10.1.2 供应链中的主要信息技术

在涉及产品(服务)设计、生产、市场营销(销售)、客户服务、物流供应等领域中,供应链管理是以同步化、集成化生产计划为指导,通过采用各种不同信息技术来提高这些领域的运作绩效的。信息技术的应用,有效地推动了供应链管理的发展与创新。企业可以利用信息技术来改进供应链上的薄弱环节,提高运作效率,降低经营成本,快速反应策略,从而能够更好地面对竞争激烈、变幻莫测的市场环境,获得竞争优势。

1.条码技术

条码技术是在计算机和信息技术基础上产生和发展起来的集编码、识别、数据采集、自动

录入和快速处理等功能于一体的新兴信息技术。条码技术以其独特的技术性能(如实时生成或预先制作、操作简单、成本低廉、技术成熟等),被广泛应用于各行各业,迅速地改变着人们的工作方式和生产作业管理,极大地提高了生产效率。

(1)条码的概念

条码(Bar Code)是由宽度不同、反射率不同的条和空,按照一定的编码规则(码制)编制成的,用以表达一组数字或字母符号信息的图形标识符。条码是一组粗细不同,按照一定的规则安排间距的平行线条图形。

常见的条码是由反射率相差很大的黑条(简称条)和白条(简称空)组成的。条码结构如图10-1所示。

图 10-1　条码结构图

①空白区:条码起始符、终止符两端外侧与空的反射率相同的限定区域。

②起始符:位于条码起始位置的若干条和空。

③终止符:位于条码终止位置的若干条和空。

④条码数据符:表示特定信息的条码字符。

⑤条码校验符:表示校验码的条码字符。

⑥供人识别的字符:位于条码字符的下方,与相应的条码符相对应的、用于供人识别的字符。

(2)条码技术的特点

①简单。条码符号制作容易,扫描操作简单易行。

②信息采集速度快。普通计算机键盘录入速度是200字符/分钟,而利用条码扫描的录入信息的速度是键盘录入的20倍。

③采集信息量大。利用条码扫描,一次可以采集几十位字符的信息,而且可以通过选择不同码制的条码增加字符密度,使采集的信息量成倍增加。

④可靠性强。键盘录入数据,误码率为三百分之一;利用光学字符识别技术,误码率约为万分之一。而采用条码扫描录入方式,误码率仅为百万分之一,首读率可达98%以上。

⑤使用灵活。条码符号作为一种识别手段可以单独使用,也可以和有关设备组成识别系统实现自动化识别,还可以和其他控制设备联系起来实现整个系统的自动化管理。同时,在没有自动识别设备时,也可以实现手工键盘输入。

⑥自由度大。识别装置与条码标签相对位置的自由度要比光学字符识别(OCR)大得多。

⑦设备结构简单、成本低。条码符识别设备的结构简单、容易操作,无须专门训练。与其他自动化技术相比,推广应用条码技术所需费用较低。

(3)条码技术在供应链中的应用

①商品(原材料)入库作业。在供应链管理中,无论是上游采购原材料还是产成品由上游供应商到下游客户,都要经过几次入库。

各节点商品入库时,搬运工或叉车司机只需扫描准备入库的物料箱上的标签和准备存放此箱的货架的标签即可。入库可分间接和直接两种。间接入库指物料堆放在任意空位上后,通过条码扫描记录其地址。直接入库指将某一类货物存放在指定货架,具体操作是:商品到库时,通过条码识读器将商品基本信息输入计算机,在此基础上录入商品的入库信息,计算机系统根据预先确定的入库原则和商品库存数量,确定该种商品的库存位置,然后根据商品的数量发出条码标签,作为该种商品对应仓库内相应货架的记录。对整箱进货的商品,其包装箱上有条码,放在输送带上经过固定式条码扫描仪的自动识别,按照指令传送到存放位置附近。如果拟入库的商品集装在托盘上,则需要通过叉车等机械操作入库。在这种情况下,托盘一般都贴有条码,叉车驾驶员通过安装在叉车前面的激光扫描仪(即终端装置),扫描贴于托盘上的条码。计算机与叉车是通过网络传输数据的。叉车按照计算机传输来的存放指令将托盘放置在指定的库位,并通过叉车上装有的终端装置将作业完成的信息传送到主计算机,主计算机更新库存资料。

②订货作业。在配送中心、超市、商店的货架上对应商品标贴有信息卡,这些卡除了标示商品的价格、产地、名称、规格型号等信息以外,一般还有该商品的订货点,若该商品目前的陈列量低于订货点,即提示工作人员以掌上型条码扫描仪读取卡上的商品条形码,并输入订货量。回到办公室后,通过网络发送给供货商供货。

③拣货作业。对于摘果式拣货作业,在拣取后用条码扫描仪读取刚拣取商品上的条码,即可确认拣货的正确性。对于播种式拣货作业,可使用自动分货机,当商品在输送带上移动时,由固定式条码扫描仪判别商品货号,提示移动路线与位置。

④配货作业。在配货过程中采用条码管理。在传统的物流作业中,分拣、配货要占去全部所用劳动力的50%以上,且容易发生差错。在分拣、配货中应用条码,能使拣货迅速、正确,并提高生产率。

⑤补货作业。由于商品条码和货架是一一对应的,基于条码进行补货能确保补货不出现差错。补货时,预先在货架的相应储位卡上贴上有商品码与储位码的条码。商品到位以后,通过手持条码扫描仪采集商品条码和储位码的信息,并由计算机核对,判断商品是否为所要找的商品,从而达到保证补货作业正确的目的。

2.射频识别技术

射频识别技术(Radio Frequency Identification,RFID)是无线电频率识别的简称。它是利用无线电波对记录媒体进行读写的技术。与一般的接触式识别技术POS—条码系统不同,射频识别属于非接触式识别技术,是对条码技术的补充和发展。它避免了条码技术的一些局限性,可实现非接触目标、多目标和运动目标识别,为大量信息的储存、改写和远距离识别奠定了基础,在物流、交通运输、证照防伪、电子支付、出入控制等行业显现出较好的应用前景。

(1)射频识别技术概述

无线射频识别技术是一种非接触的自动识别技术,其基本原理是利用射频信号和空间耦合(电感或电磁耦合)或雷达反射的传输特性,实现对被识别物体的自动识别。

自 2004 年起,全球范围内掀起了一场无线射频识别技术(RFID)的热潮,包括沃尔玛、宝洁、波音在内的商业巨头,无不积极地推动 RFID 在制造、物流、零售、交通等行业的应用。RFID 技术及其应用正处于迅速上升的时期,被业界公认为是 21 世纪最具潜力的技术之一,它的发展和应用推广将是自动识别行业的一场技术革命。而 RFID 在交通物流行业的应用更是为通信技术提供了一个崭新的舞台,将成为未来电信业有潜力的利润增长点之一。

无线射频识别技术系统由标签、阅读器、天线三部分组成。其中标签由耦合元件及芯片组成,每个标签都具有唯一的电子编码,附着在物体上标识目标对象;阅读器是读取(有时还可以写入)标签信息的设备,可设计为手持式或固定式;天线在标签和读取器间传递射频信号。系统的工作流程如下:

①读写器设定数据的无线电载波信号经过发射天线向外发射。

②当射频识别标签进入发射天线的工作区时,射频标签被激活后即将自身信息代码经天线发射出去。

③系统的接收天线接收到射频识别标签发出的载波信号,经天线的调节器传给读写器。读写器对接到的信号进行解调解码,发送给后台计算机控制器。

④计算机控制器根据逻辑运算判断该射频识别标签的合法性,针对不同的设定做出相应的处理和控制,发出指令信号控制执行机构的动作。

⑤执行机构按计算机的指令进行动作。

⑥通过计算机通信网络将各个监控点连接起来,构成总控信息平台,根据不同的项目可以设计不同的软件来完成要达到的功能。

(2)射频识别技术特点

①快速扫描。RFID 辨识器可同时辨识读取数个 RFID 标签。

②体积小型化、形状多样化。RFID 在读取上并不受尺寸大小与形状的限制,不需为了读取精确度而配合纸张的固定尺寸和印刷品质。此外,RFID 标签更可往小型化与多样形态发展,以应用于不同产品。

③抗污染能力和耐久性。传统条码的载体是纸张,因此容易受到污染,但 RFID 对水、油和化学药品等物质具有很强的抵抗性。此外,由于条码是附于塑料袋或外包装纸箱上,所以特别容易受到折损;RFID 卷标是将数据存在芯片中,因此可以免受污损。

④可重复使用。现今的条码印刷上去之后就无法更改,RFID 标签则可以重复地新增、修改、删除 RFID 卷标内储存的数据,方便信息的更新。

⑤穿透性和无屏障阅读。在被覆盖的情况下,RFID 能够穿透纸张、木材和塑料等非金属或非透明的材质,并能够进行穿透性通信。而条码扫描机必须在近距离而且没有物体阻挡的情况下才可以读取条码。

⑥数据的记忆容量大。一维条码的容量是 50 B,二维条码最大的容量为 2 000 B ~ 3 000 B,RFID 最大的容量则有数兆。随着记忆载体的发展,数据容量也有不断扩大的趋势。未来物品所需携带的资料量会越来越大,对卷标所能扩充容量的需求也相应增加。

⑦安全性。由于 RFID 承载的是电子式信息,其数据内容可经由密码保护,使其内容不易被伪造及改变。

（3）射频识别技术在供应链中的应用

①射频技术已广泛应用到 EAS 系统、便携式数据采集系统、网络系统和定位系统。生活当中常见的 EAS（Electronic Article Surveillance）系统是一种设置在出入口的控制物品进出的 RFID 技术，典型的应用场合是超市、商场、图书馆、数据中心等地，在物品上黏附 EAS 标签，当物品被合法取得时 EAS 标签通过一定的装置便失去活性，物品经过装有 EAS 系统的门口时，EAS 装置检测不到标签的活性，便可以允许物品顺利离开门口，否则 EAS 就会发出警报提示。

②供应链中物质跟踪和物流控制方面。在特定区域内分散布置 RFID 阅读器，阅读器直接与数据管理信息系统相连，标签可以安装在移动的货物或物流器具上。当货物或物流器具活动经过阅读器时，阅读器就会自动扫描标签上的数据信息，并输入数据管理信息系统中存储、分析和处理，以达到控制物流的目的。在智能托盘系统中，将射频阅读器安装在托盘进出仓库的必经通道口上方，同时每个托盘上也安装了射频标签，当叉车装载着托盘货物通过通道时，阅读器接收射频标签发射的数据信号并将信息传递到中心数据库，以便了解哪个托盘货物已经通过。当托盘装满货物时，自动称重系统自动比较装载货物的总重量与存储在计算机中的单个托盘重量，获取差异，协助工作人员准确可靠地了解货物的实时信息。

③仓储管理。在仓储管理中应用 RFID 系统，实现了实时货位查询和货位动态分配功能，大幅度减少了查找货位信息的时间，提高了查询和盘点精度，大大加快了出、入库单的流转速度，从而大幅度提高了仓储运作与管理的工作效率，满足了现代物流管理模式下仓储管理系统的要求。

3. EDI 技术

EDI 是供应链管理信息技术的重要组成部分，是供应链管理信息系统实现的基础与前提，它的广泛应用是信息社会的重要标志。EDI 的关键技术包括通信、标准化、安全保密和计算机数据处理技术。EDI 的实现方式随着信息技术的发展及社会的需要，呈现出多样化的趋势。基于 Internet 的 EDI 实现方式为 EDI 的发展带来崭新的生机，为中小企业的 EDI 应用创造了良好的条件，将会有力地推动 EDI 的广泛应用。在供应链管理系统中应用 EDI，可以使供应链管理系统的各组成方，通过基于标准化的信息格式和处理方法共享物流系统信息，提高流通效率，降低物流成本，提高供应链系统的核心竞争力。

（1）EDI 的概念

EDI 是英文 Electronic Data Interchange 的缩写，中文译为"电子数据交换"，中国香港和澳门及海外华人地区称其为"电子资料通"。EDI 商务是指将商业或行政事务按一个公认的标准，形成结构化的事务处理或文档数据格式，从计算机到计算机的电子传输方法。简单地说，EDI 就是按照商定的协议，将商业文件标准化和格式化，并通过计算机网络，在贸易伙伴的计算机网络系统之间进行数据交换和自动处理。

国际标准化组织（ISO）对 EDI 定义为"将商业或行政事务处理按照一个公认的标准，形成结构化的事务处理或报文数据格式，从计算机到计算机的电子传输方法"。

（2）EDI 的特点

①主要应用于具有固定格式的业务信息和具有经常性业务联系的组织之间。

②所传送的资料是一般业务资料，如发票、订单等，但这些业务资料必须按照一定格式进行组织。

③采用共同标准化的格式进行数据传输，如联合国 EDIFACE 标准格式。

④尽量避免人工的介入操作,由双方的计算机系统自动地进行数据传输和处理。它与传真或电子邮件的区别是:传真与电子邮件需要人工的阅读判断处理,然后将资料重复输入计算机系统,这样既浪费人力资源,又容易产生错误。

（3）EDI 技术的作用

①缩短交易时间,提高工作效率

与邮寄（或其他形式的实际传递）有关的时间延迟被消除,业务处理时间大大缩短。

②减少文件处理成本

EDI 的一个重要特征便是它把有关文件的数据以机器可以处理的形式,由计算机网络来传送,而不必像纸质文件那样需要手工处理。这样既节省了纸张,又去除了对纸质文件的打印、审核、修改、邮寄等的花费。

③员工成本的减少

计算机自动接收和处理信息,使得公司在同样业务的情况下,可以用更少的员工去处理,或者把一部分专业人员从行政管理工作中解脱出来,以其从事具有更高效率的工作。

④可以减少库存

适当的库存量是企业维持正常生产所必需的。用传统方法进行采购时,订单处理周期长、不确定性高,因此,企业要求的安全库存量也就比较大。使用 EDI 之后,文件处理比以前既快又可靠,自然可以降低安全库存水平,使存货占用的资金量减少,从而降低了企业的运营成本,同时减少了脱销和生产线缺料停工现象。

⑤避免重复操作,减少人为差错,提高工作质量

商业文件中出了一个错误可能要付出很大代价,订单遗失也会给企业带来损失。使用 EDI 后,减少了重复按键录入的次数,从而使出错机会减少。EDI 软件一般具有编辑、查错功能,一些信息源上的数据输入错误可以尽早被发现,加上 EDI 在收到信息后就会回发给信息发送者一份收到通知,这就可以及时发现漏发信息或信息中途遗失的情况。

⑥时间价值效益

利用 EDI 来处理应收款,可以使资金回笼时间提前。

（4）EDI 系统

EDI 系统由 EDI 标准、EDI 软件和硬件、通信网络三个要素组成。

①EDI 标准

EDI 标准是实现 EDI 互通和互联的基础。它是由各企业、各地区代表共同讨论、制订的电子数据交换共同标准,可以使各组织之间的不同格式的文件通过共同的标准,获得彼此之间文件交换的目的。

②EDI 软件和硬件

EDI 软件能够将用户数据库系统中的信息,翻译成 EDI 的标准格式,以供传输交换。虽然 EDI 标准具有足够的灵活性,可以适应不同行业的众多需求,但每个公司有其规定的信息格式,因此,当需要发送 EDI 报文时,必须用某些方法从公司的专有数据库中获取信息,并把它翻译成 EDI 标准格式进行传输,这就需要 EDI 相关软件的帮助。

EDI 所需的硬件设备大致有:计算机、调制解调器及电话线。

③通信网络

通信网络是指数据的通信方式,它是实现 EDI 的重要手段。通过通信网络,EDI 数据最终

得以传送到目的地。EDI 系统利用的通信网络可以是公共电话网、数字数据网 DDN 等。当两个组织团体决定采用 EDI 来传送信息时,除了软件、硬件和标准之外,还要决定采用什么方式连接。

(5)EDI 工作原理

EDI 的工作原理可以描述为:用户在现有的计算机应用系统上进行数据、信息的调用和编辑处理,然后通过 EDI 转换软件将原始单据格式转换为平面文件。平面文件是用户原始资料格式与 EDI 标准格式之间的对照性文件,它符合翻译软件的输入格式,通过翻译软件变成 EDI 标准格式文件。最后在文件外层加上通信交换信封,通过通信软件送到增值服务网络或直接传给对方用户,对方用户则进行相反的处理过程,解封成为对方用户应用系统能够接收的文件格式,进行收阅处理。图 10-2 为 EDI 的工作原理示意图。

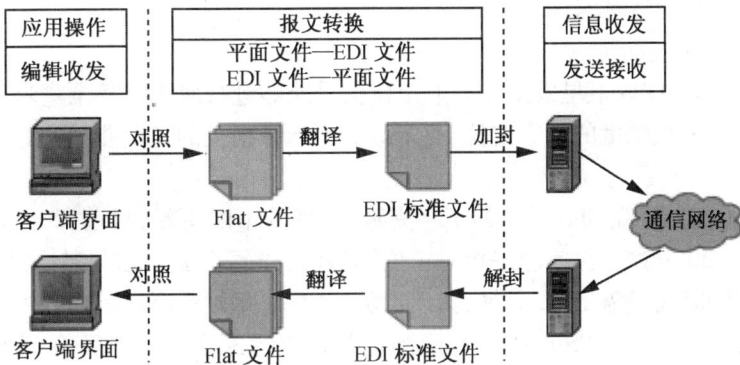

图 10-2　EDI 的工作原理示意图

4. GPS 技术

(1)GPS 概述

全球定位系统(Global Positioning System,GPS)是美国于 20 世纪 70 年代开始研制的新一代卫星导航和定位系统,是继美国"阿波罗"登月计划和航天飞机之后的第三大航天工程,耗资 200 亿美元,历时 20 年,于 1994 年全面建成。GPS 可以对海、陆、空提供实时、全天候和全球性的导航定位、测速服务。由于该系统的定位精度高,对用户可以提供无偿服务,所以该系统很快就被用于汽车自定位、非军用内河和远洋船只的导航和调度、在途货物信息收集和跟踪等民用领域。

(2)GPS 的组成

GPS 系统由三大部分组成:GPS 卫星星座(空间部分)、地面监控系统(地面控制部分)和 GPS 信号接收机(用户设备部分)。

①GPS 卫星星座

21 颗工作卫星和 3 颗在轨备用卫星组成 GPS 卫星星座,24 颗卫星均匀分布在 6 个轨道平面内,轨道倾角为 55°,各个轨道平面之间相距 60°,即轨道的升交点赤经各相差 60°。每个轨道平面内各颗卫星之间的升交角距相差 90°,每一轨道平面上的卫星比西边相邻轨道平面上的相应卫星超前 30°。

②地面监控系统

对导航定位来说,GPS 卫星是一种动态已知点。卫星的位置是依据卫星发射的星历,即描述卫星运动及其轨道的参数计算的。每颗 GPS 卫星所播发的星历,是由地面监控系统提供的。卫星上的各种设备是否正常工作,以及是否一直沿着预定轨道运行,都要由地面设备进行监测和控制。地面监控系统的另一个重要作用是保持各颗卫星处于同一时间标准,即 GPS 时间系统。这就需要地面站监测各颗卫星的时间,求出钟差。然后由地面注入站发给卫星,卫星再由导航电文发给用户设备。GPS 工作卫星的地面监控系统包括 1 个主控站、3 个注入站和 5 个监测站。

③GPS 信号接收机

GPS 信号接收机的任务是能够捕获到按一定卫星高度截止角所选择的待测卫星的信号,并跟踪这些卫星的运行,所接收到的 GPS 信号进行变换、放大和处理,以便测量出 GPS 信号从卫星到接收机天线的传播时间,破译出 GPS 卫星所发送的导航电文,实时地计算出监测站的三维位置,甚至三维速度和时间。

(3)全球定位系统的特点

①定位精度高。GPS 卫星发来的导航定位信号能够进行厘米级甚至毫米级精度的静态相对定位、米级至亚米级精度的动态定位、亚米级至厘米级精度的速度测量和毫微秒级精度的时间测量。

②观测时间短。随着 GPS 系统的不断完善、软件的不断更新,目前,20 km 以内相对静态定位仅需要 15 ~ 20 分钟。快速静态相对定位测量时,当每个流动站与基准站相距在15 km 以内时,流动站观测时间只需 1 ~ 2 分钟,然后可随时定位,每站观测只需几秒钟。

③可提供三维坐标。GPS 可同时精确测定测站点的三维坐标。目前 GPS 水准可满足四等水准测量的精度。

④操作简便。随着 GPS 接收机的不断改进,自动化程度越来越高,有的已达"傻瓜化"的程度。接收机的体积越来越小,重量越来越轻,极大地减轻了测量工作者的工作紧张程度和劳动强度,使野外工作变得轻松愉快。

⑤全天候作业。目前 GPS 观测可在一天 24 小时内的任何时间进行,不受阴天黑夜、起雾刮风、下雨下雪等天气因素的影响。

⑥功能多、应用广。GPS 系统不仅可用于测量、导航,还可用于测速、测时。其测速的精度可达 0.1 m/s,测时的精度可达数十毫微秒。其应用领域还将不断扩大。

(4)GPS 在供应链物流管理中的应用

关于车辆的实时监控与跟踪方面,可在任意时刻利用 GPS 和电子地图,通过发出指令查询运输工具所在的地理位置(经度、纬度、速度等信息),并在电子地图上直观地显示出来,可以任意放大、缩小、还原、换图,可以随目标移动,使目标始终保持在屏幕上,还可以实现多窗口、多车辆、多屏幕同时跟踪,实行对配送车辆和货物的有效跟踪。

可根据实际情况对车辆运行经过的时间段和位置点进行预先的监控条件设置,即车辆行驶路线和定点上报功能。例如,在车辆出发前,先预计行驶的时间,然后设置对车辆进行监控的时间条件及相关处理,这样有助于实现对车辆进行全程监控的目的;可根据车辆预计行驶的范围或路线在电子地图上划定一个或多个报警区域,车载台就会在车辆驶出和驶入该区域时向监控系统或指定的手机发出报警信息,包括何时、何地、何车及何原因等相关信息。

5. GIS 技术

(1) GIS 概述

地理信息系统(Geographic Information System, GIS)是20世纪70年代开始发展起来的集计算机科学、地理科学、遥感测绘科学、环境科学、城市科学、空间科学、信息科学和管理科学于一体的新兴边缘科学,是分析、处理和挖掘海量地理数据的通用技术,具有数据采集、处理、传输、存储、管理、查询、分析等功能。

定义:GIS 是由计算机软硬件环境、地理空间数据、系统维护和使用人员四部分组成的空间信息系统,可对整个或部分地球表层(包括大气层)空间中有关地理分布数据进行采集、储存、管理、运算、分析显示和描述。

(2) GIS 组成

一个典型的 GIS 应包括三个基本部分:计算机系统、地理数据库系统、应用人员与组成机构。

①计算机系统。计算机系统可分为硬件系统和软件系统。硬件部分包括主机,保存数据和程序的存储设备,用于数据输入、显示和输出的外围设备等。其中,大多数硬件是计算机技术的通用设备。在 GIS 中,数字化仪、扫描仪等得到了广泛应用。软件系统由核心软件和应用软件组成。其中,核心软件包括数据处理、管理、地图模拟和空间分析等部分,而特殊应用软件则紧紧地与核心模块相连,并面向一些特殊的应用问题,如网络分析、数字地形模型分析等。

②地理数据库系统。GIS 的地理数据可分为空间数据和非空间数据,且80%以上的数据都具有空间属性。空间数据(几何数据)由点、线、面组成,它们的数据表达可采用栅格和矢量两种形式,表现了地理空间实体的位置、大小、形状、方向及拓扑几何关系。地理数据库管理系统(Data Base Management System, DBMS)将空间数据和非空间数据联系在一起共同管理、分析和应用,它是 GIS 应用项目中重要的资料与基础。

③应用人员与组成机构。地理信息系统从其设计、建立、运行到维护的整个生命周期,处处都离不开人的作用。仅有计算机系统和地理数据库系统还不能够形成完整的地理信息系统,需要人进行系统组织、管理、维护和数据更新、系统扩充完善、应用程序开发等,并灵活采用地理分析模型提取多种信息,为研究和决策服务。

(3) 地理信息系统特点

①GIS 具有采集、管理、分析和输出地理空间信息的能力。

②GIS 以地理研究和地理决策为目的,以地理模型方法为手段,具有区域空间分析、多要素综合分析和动态预测能力,产生高层次的地理信息。

③计算机系统支持进行空间地理数据管理,计算机程序模拟常规的或专门的地学分析方法或模型,作用于空间数据,产生有用信息,完成人类难以完成的任务。

(4) GIS 在供应链物流管理中的应用

GIS 应用于物流分析,主要是指利用 GIS 强大的地理数据功能来完善物流分析技术。国外公司已经开发出利用 GIS 为物流分析提供专门的工具软件。完整的 GIS 物流分析软件集成了车辆路线模型、网络物流模型、分配集合模型和设施定位模型等。

①车辆路线模型。它用于解决一个起始点、多个终点的货物运输中,如何降低物流作业总费用,并保证服务质量的问题,包括决定使用多少辆车、每辆车的行驶路线等。

②网络物流模型。它用于解决寻求最有效的分配货物路径问题,也就是物流网点布局问

题。例如,将货物从 N 个仓库运往到 M 个商店,每个商店都有固定的需求量,因此需要确定由哪个仓库提货送给哪个商店,使得运输费用最小。

③分配集合模型。可以根据各个要素的相似点把同一层上的所有或部分要素分为几个组,用以解决确定服务范围和销售市场范围等问题。例如,某一公司要设立 M 个分销点,要求这些分销点要覆盖某一地区,而且要使每个分销点的顾客数目大致相等。

④设施定位模型。用于确定一个或多个设施的位置。在物流系统中,仓库和运输线共同组成了物流网络,仓库处于网络的节点上,节点决定着线路。如何根据供求的实际需要并结合经济效益等原则,在既定区域内设立多少个仓库,每个仓库的位置、规模,以及仓库之间的物流关系等问题,运用此模型均能很容易地得到解决。

6. 物联网技术

(1)物联网概述

物联网(Internet of Things)这个词,国内外普遍公认的是由 MIT Auto-ID 中心 Ashton 教授于 1999 年在研究 RFID 时最早提出来的。在 2005 年国际电信联盟(ITU)发布的同名报告中,物联网的定义和范围已经发生了变化,覆盖范围有了较大的拓展,不再只是指基于 RFID 技术的物联网。

ITU 对"物联网"的定义为"物联网实现物到物(Thing to Thing,T2T)、人到物(Human to Thing,H2T)和人到人(Human to Human,H2H)的互联"。这里人与物的互联指人使用传感器等设备后与物体的互联,而人与人的互联指人使用传感系统而不是现在的电脑实现人与人之间的互联。物联网的核心是实现物体(包含人)之间的互联,从而能够实现物体与物体之间的信息交换和通信。物体信息通过网络传输到信息处理中心后可实现各种信息服务和应用。

(2)物联网的组成

物联网的组成大致可分为三个层次:底层是感知数据的感知层;中间是数据传输的网络层;最上面是内容应用层。

①感知层。感知层包括传感器等数据采集设备,包括二维码标签和识读器、RFID 标签和读写器、传感器和传感器网络,主要是识别物体、采集信息,与人体结构中皮肤和五官的作用相似。

②网络层。网络层建立在现有的移动通信网络和互联网的基础上,包括通信与互联网的融合网络、网络管理中心、信息和智能处理中心等。网络层对感知层获取的信息进行传递和处理,类似于人体结构中的神经中枢和大脑。

③应用层。应用层利用经过分析处理的感知数据,为用户提供丰富的特定服务,是物联网与行业专业技术的深度融合,与行业需求结合,实现行业智能化。这类似于人的社会分工,最终构成人类社会。物联网的应用可分为监控型(物流监控、污染监控)、查询型(智能检索、远程抄表)、控制型(智能翅、智能家居、路灯控制)和扫描型(手机钱包、高速公路不停车收费)四类。

(3)物联网技术在供应链中的应用

①商品零售中的应用。物联网可以改进零售商的库存管理,实现适时补货。有效跟踪运输与库存,提高效率,减少出错。例如,当贴有标签的物件发生移动时,货架自动识别并向系统报告这些货物的移动。智能货架会扫描货架上摆放的商品,若是存货数量降到偏低的水位,或是监测到有人偷窃,就会通过计算机提醒店员注意。因此,它不但能够实现适时补货、减少库

存成本,还能起到货物防盗的作用。

智能秤能根据果蔬的表皮特征、外观形状、颜色、大小等自动识别水果和蔬菜的类别,并按该商品来计量、计价和打印小票。在商场出口处,带有射频识别标签的商标由读写器将整车货物一次性扫描,并能从顾客的结算卡上自动扣除相应的金额。这些操作无须人工参与,节约了大量人工成本,提高了效率,加快了结账流程,同时提高了顾客的满意度。

②配送中的应用。在配送环节采用 EPC 技术能大大加快配送的速度,提高拣选与分发过程的效率与准确率,并能减少人工数量、降低配送成本。

如果到达配送中心的所有商品都贴有标签,在进入配送中心时,装在门上的读写器就会读取托盘上所有货箱上的标签内容并存入数据库。系统将这些信息与发货记录进行核对,以检测出可能的错误,然后将标签更新为最新的商品存放地点和状态。这样管理员只需操作电脑就可以轻松了解库存、通过物联网查询商品信息及通知供应商商品已到或缺货。这样就确保了精确的库存控制,甚至可确切了解目前有多少货箱处于转运途中、转运地、始发地和目的地,以及预期的到达时间等信息。

③运输中的应用。在运输管理中在途运输的货物和车辆贴上 EPC 标签,运输线的一些检查点上安装上 RFID 接收转发装置。因此,当货物在运输途中时,无论是供应商还是经销商,都能很好地了解货物目前所处的位置及预计到达时间。特别对于价值高的物品、危险易泄漏的物品、需要封箱运输的物品等,均可采用主动式 RFID 技术,将其封装于箱内;如果出现非正常开箱,中央监控系统即可获得物品状况,及时报警,从而减少损失。

任务二
大数据对供应链的影响

10.2.1 大数据对供应链的推动作用

从进货到销售,领军企业将大数据分析运用到供应链的各个环节,这一应用大大完善了供应链的每个方面,销售方面,营销应用正在快速地发展,以便更好地理解消费者行为;物流方面,物流管理应用大数据分析进行交通路线和日程设计已达数年之久;制造方面,生产环节越来越多地应用数据分析优化库存和运转能力;最后,采购方面也越来越依靠数据分析评价供应商,与供应商进行谈判。

以英特尔公司为例,其列出了大数据分析的大量优势,包括提供数据可视化服务以帮助组织实现供应链可视化。应用大数据分析,英特尔能够全面监督供应链网络的决策,例如,完成订单时间、库存需求、交通以及短缺成本。应用模块化和模拟化来建立大型数据库,并将其转化为有意义的信息。对英特尔来说,大数据分析不仅能够提供技术性的供应链决策,还可以帮助企业处理包括供应链规范、社会责任和持久性在内的更广泛的业务,涵盖了从明确供应商到管理碳排放量等方方面面的问题。

1. 采购

采购环节主要指货源或购货,即从供应商处购买商品和服务的一切活动及过程。尽管营销在处理消费者问题方面发挥着主要作用,货源才是在供应环节发挥主要作用的一步。

货源对组织还有重要的经济性影响。企业在采购方面花费大笔资金,对这一过程进行合理规划则可以节约资金,这对企业有着重大意义。在大多数制造企业中,采购环节代表着公司最大的支出,会占到总成本的50%~90%。实际上,一辆汽车超过80%的成本都源于采购,生产商只负责装配零件。在这一环节应用大数据分析能够实现巨额结余。

大数据分析对于采购环节的影响十分重要。许多优秀企业都利用大数据优化采购渠道选择,将供货商整合进数据系统。一些企业还会应用大数据辨别各个供货商的特点,为与供货商进行谈判提供信息。一些公司将大数据应用在自动售货机的数据分析上,并根据成本或风险等标准为"何种贩售机提供何种产品"给出建议。

以亚马逊为例,应用数据分析优化采购策略,管理物流体系,保证货物由制造商运送到客户手上。整个过程涉及应用数据分析货物补充、协调补货以及单一货源的合理组合。实际上,亚马逊在经营中已经将先进的优化手段——供应链管理方法与技术应用到了完成订单、扩大库存能力、库存管理、采购物流等各个环节。

在采购环节,大数据分析能够分析客户的偏好和购买行为,这反过来能够为企业与供应商的谈判提供信息。企业可以利用这些价格及交易方面的信息为自己争取关键产品的特许经营权。

2. 制造

制造是指一个组织的运营功能,负责创造产品和服务。制造在企业运营中发挥着传输作用,将企业的投入转化为最终商品。这些投入包括原材料、科技、信息、人力资源(比如工人、员工、经理)以及技术设施(比如建筑和设备),制造的产出是企业生产的产品和服务,涵盖了医疗服务、玩具、汽车与服装等。企业广泛地在这一环节应用数据分析以改进生产的各个方面,许多企业将大数据分析应用在库存管理、优化库存水平、优化维修保养以及判断更新设备的位置等方面。有些企业还考虑将大数据分析应用于员工生产力评价和企业能力限制的研究等。

在生产力与质量方面,大数据分析有着广阔的应用空间。企业可以分析每天的生产绩效,其数据来自门店销售、库存单位销售以及单位员工销售额。目前这些系统越来越接近实时报送,以及实时提醒企业生产力变动或质量下降等问题。企业可以通过观察劳动数据查看生产准确率和产品质量。尽管企业使用这种量表技术已有多年历史,但目前的使用规模与从前相比却有天壤之别。眼下,大数据分析的使用趋势是频率高、速度快以及颗粒化数据报告,帮助企业及时地对生产做出有针对性的调整。

劳动力优化是大数据分析的又一应用。这一技术通过优化劳动力、自动化追踪考察、改善劳动日程,在保持服务水平的同时降低生产成本。举例来说,零售商可以调查收银台的收支情况,如每小时交易额等。电话咨询中心主管可以根据客户投诉、满意度调查来分析客户服务质量,或者是由公司电话解决的客户问题数。数据分析还能够更好地预测人力需求,并将预测结果与劳动力优化结合起来,这在人力需求高峰期显得尤为重要。

3. 物流

物流是指在供应链中，将产品在规定时间内运送到指定地点的业务。物流使产品在供应链中得以流动和存储，与之相关的决策包括计算库存、协调调配原材料、安排配送路线以及货运。大数据分析在这一领域应用于优化仓储、补充库存、配货中心最优化选址以及交通成本最小化这些方面。许多企业将大数据分析应用于车辆维修、行车路线日程以及交通中转站选址等事务。

在货运领域应用数据分析的年代已经十分久远。企业常年将其应用到选址优化、库存规模与供货路线方面，对其进行的相关研究被称为"运营研究"。由于数据分析能够将客户分组，企业便可以利用分组来划分交通路线、交通模式以及运送不同产品的相关要素。

数据分析应用最多的领域是交通和路线选择。一些领军企业通过使用加载 GPS 导航的大数据远程信息处理技术和路线优化来改善货运交通。交通分析能够提高燃料效率，进行预防性检修，优化司机行为和行车路线，从而提高生产力水平。实时关注天气以及其他的干扰性因素也有助于路线优化。UPS 公司 20 年前就开始收集相关的数据。如今，该公司应用一种称为"路面综合优化导航"的工具为司机指路导航。

另一种大数据的应用领域是库存管理。尽管库存管理涉及门店、仓库、生产车间等各个地点，但在交通方面的问题显得尤为突出。射频识别技术在这一领域作用卓著，它可以应用在动态追踪库存、确定位置及货物量以及规避安全风险这些方面。射频识别还能够检测路线周围温度、保证食品安全、规划运送保质期（这一点对易腐性产品十分重要）和及时地将问题通知决策者。

4. 销售

供应链中的销售环节是指市场营销，它将企业与消费者联系起来，确定消费者需求，促进新兴产品消费以及发现市场机遇。一个组织及其供应链想要保持竞争力，就必须比竞争者更好地满足消费者需求，这就是销售环节的责任，并促使企业将大数据分析应用到获取消费者需求、建立市场微分段、预测消费者行为等方面。微分段是大数据分析的重要应用。对市场营销来说，尽管市场划分的概念并不陌生，大数据分析近几年却在这一领域实现了大规模创新。大数据与愈发精细化的统计工具相结合，将微分段推向快速发展的高潮。目前，企业能够收集并追踪个体消费者的消费行为数据，将其与传统市场营销工具相结合。随着收集的数据越来越个性化，越来越具有时效性，企业能够根据客户行为的变化而调整自身策略。零售企业内曼·马库斯（Neiman Marcus）公司将行为分区与多成员奖励项目结合，应用精细化的分析程序确认、定制、刺激消费，将市场定位于高端市场，使得企业高端消费者的购买量有了显著提高。

销售环节的另一项重要应用是优化定价。定价和营销的愈发个性化和数据统计的愈发精细化将优化定价发展到了一个新高度。不同的信息源能够实施评估和通知定价决策。马里奥特（Marriott）公司通过收益管理程序，利用一个精密的统计系统为贵宾房进行最优定价。马里奥特系统地考虑到从客户种类到天气情况等大量影响要素，并对定价进行适时调整。

专门为考察消费者行为而设计的应用程序朝着精密化方向的发展，使得大数据应用在销售领域经历了前所未有的增长。企业在这一领域对大数据分析的应用远远不止于客户与市场划分，而是使用它对消费者行为从本土化营销、情感分析到门店内的消费行为的方方面面进行诠释与跟踪。一些零售商还将其应用于贸易方面，尤其是定价及搭配优化，这些企业情报是整个供应链的驱动。沃尔玛的例子表明,情报将供应链内的数据与供应商相连,串联起门店、仓库和交通运输中的各项活动。

10.2.2 协调整合

大数据分析能够促进整个供应链绩效的提高。每一部分都能将信息转化为公司情报,增强其实用性。这些应用给企业带来了前所未有的洞察力,但它们本身不应该以分散的方式发挥作用。要保持企业的竞争优势,必须采取协调整合的方式,由公司高层领导,向企业各层决策者进行推广,决策过程应贯穿整个供应链。

从横向来看,要构架起不同公司不同供应链的联系;从纵向来看,要联系公司高层的决策者与底层的生产者。领导者需要创建企业文化,支持实事求是的决策理念。所有这些必须集成为一个整体,这一理念逐渐扩散到整个供应链。只有这样才能够建立起一整套分析型供应链网络。数据和分析优化了决策,科学技术使得生产渐趋自动化,企业决策在由进货到销售的每一过程中得以沟通协调。由此,才得以完成智能化的供应链。

可口可乐公司提供了以联合分析为驱动、点对点的供应链实例。可口可乐运用一套算法对其橘子汁口味进行规范,从采摘日程到原料搅拌,保持果汁的原汁原味,每一道工序都由电脑操控。可口可乐已经耗资 1.14 亿美元来扩建其技术支持的美国果汁装瓶工厂。该工厂号称是全球规模最大的装瓶工厂,也正是在这里,可口可乐应用了其称为"黑匣子"的技术。"黑匣子"并不是什么独家秘方,而是一套算法,它存储了超过 600 种口味,共同构成了消费者所认同的"橘子口味"。这一数据随后与详细记录了酸度、甜度、每批次果汁添加量的文件进行比对,由此推算出如何进行调配才能维持果汁的口感,最后,可口可乐将算法加载到果园的卫星图片中,保证果实能够在最佳时间被装瓶工厂采摘。该算法还包括各种外部因素,例如,粮食价格、当前价格和天气因素等。通常只需 5~10 分钟,数学模型就能够根据新信息快速制订出新的计划。一切业务流程都进行了标准化和最优化,正如可口可乐的采购总监吉姆·哈瑞斯伯格(Jim Horrisberger)所说,"取自大自然加工标准化"。

1. 分区

分区:根据明确的特点优化供应链分区。

第一步是在供应链中最重要的活动处集中应用数据分析,避免公司在浩繁的工作中大海捞针,在多种关系中失去方向。

通过分析人口信息、消费者购物模型及购物行为特点,对顾客进行分区和分析,这种做法已经存在了几十年。分区将目标市场按照消费者的共同需求和优先产品进行划分,每个部分利用不同的供应渠道,不同的产品以及不同的供应链。大数据分析大大扩展了数据规模,颗粒化的数据可以按照无数种可能进行组合,为微分区的实现以及理解每一分区中潮流与异化产品提供了可能。

建立分区的一个重要环节是定义每一分区中的竞争要项。明确每一分区及其特点能够帮助企业明确分区内优先发展的产品,这些产品决定了企业在该分区的主要竞争力,其中包括客户服务、成本、质量、时间、灵活度以及创新性等各种要素,每种要素对应着不同的运营要求,并决定了每一分区不同的供应链结构、供应交通运输、运营策略以及最低绩效水平。例如,成本导向的供应链分区予以创新,质量或者顾客服务为导向的分区就会大相径庭。每一分区对应着不同的目标。分区的目的是在保证商业策略的同时,寻求最佳的供应链运作模式和政策,在规定时间内为每位顾客服务。

2. 联合

联合:联合各方最大限度地发挥分区的特点。企业与整个供应链的合作避免了分散行动。

有策略地进行功能性联合能够推动数据分析的应用,而不是分散行动,削弱竞争优势。如果没有联合,那我们收集的所有数据都不会形成竞争力。因此,联合的作用是避免分散行动。

联合意味着整合供应链中的各项步骤。优秀企业利用预测分析消除客户关系管理、供应链的销售环节与平衡供求的运作、步骤和物流之间的界限。在这一过程中,大数据功不可没,因为它能够帮助分析需求并驱动其他供应链决策。例如,福特汽车公司利用大数据分析进行供应链上的合作,在其应用程序 FordDirect 提供的平台上,消费者、交易商和生产者能够实时共享信息,了解交通信息、管理库存以及获得融资。这种信息共享实现了整个供应链上的整合与协调。

销售与运营计划程序对于企业级别的决策联合尤为适用,很多优秀的企业都使用了这一应用,其中包括宝洁、默克(Merck)、好时等。这是一套商务管理程序,通过合作将供求双方联系起来,依靠数据与分析制定包括风险管理在内的跨职能供应链决策。联合也意味着在观测实时市场动态的基础上,将生产周期与消费者需求同步。如果没有将预测数据分析联合到销售与运营计划中,企业就可能面临供不应求或供过于求的状况。

3. 评估

评估:设计策略性的联合关键绩效指标,以评估市场分区的特点。

正如彼得·德鲁克所说,"如果你不能评估一件事物,你就不能管理它"。

企业需要为其优化的对象寻找合适的算法。它的实现可以通过应用供应链中成员普遍认同的策略性联合关键绩效指标,以及帮助企业不断完善的反馈机制。这些算法还应该对企业联合、整合以及企业间合作进行评估。同时,企业还应该利用数据分析寻找新的、更有意义的分析方法,这要以公司策略、核心竞争力和对商业价值观的理解为导向。大数据分析使新分析方法的发展成为可能,并为企业提供了更广阔的视野。就好比电影《点球成金》(*Moneyball*)中,人们将传统评估棒球选手的方法——"击球平均数"改为新型、更有意义的"上垒百分比"一样。

4. 如何实现

将在整个供应链中实施大数据分析的所有关键要素联系起来,并将公司发展策略与实际运行结合起来。

第一步,利用大数据建立更好的供应链分区。将消费者按照各种组合属性,如人口信息、购物模式、消费特点和行为等进行划分并分别分析,这一观点早已根深蒂固。然而,大数据分析将这一做法提升到了新的高度,其目标是建立能够满足顾客需求的分区,并对每一分区中供应链的要求进行优化。美国服装零售商鹰牌户外服装(Eagle Outfitters)公司利用大数据分析,根据消费者最喜欢的商品组合对其 750 余家门店进行了分类。公司发现,西佛罗里达的顾客在商品选择时与得克萨斯州和加利福尼亚州的消费者相似。这一分区帮助鹰牌户外服装公司按照分区和地域特点设计产品组合,对每一分区的价格实施了更加有效地控制,实时将资源运送到了更有潜力的市场分区。

大数据分析还能够为每一分区制定优先发展的竞争要项。竞争要项对应着不同的企业运作要求。例如,低边际利润的商品将重心放在成本上,而高边际利润的商品则注重顾客服务。这就产生了不同的供应链结构、供应商、交通运输、运营策略以及业绩标准。分析法则能够根据该分区内的竞争要项优化决策过程。例如,优化顾客服务的同时将成本控制在边际范围内,这也意味着企业必须集中力量。数据分析能够随着实时的门店或网络销售变动而为分区内的竞争要项进行专门的库存和定价调整,制造商能够自动调整生产线,提高效率,减少浪费。

第二步,联合企业及所有业务职能,为竞争要项提供支持。大数据及其分析的应用应该支持每一分区中的竞争要项,而不是随机实施,因为这会使企业得以集中优势,避免大海捞针。要达到供需平衡,还应该进行企业间的整合,像销售与运营计划这类程序就非常适合引入大数据分析,因为其本身利用的就是数据驱动,并且打破了多重部门壁垒。

最后,企业还应该运用战略型联合模型或关键绩效指标对绩效和产品进行评估。实现应用模型的"持续完善"在这一环节尤为重要,模型与分区和分区中的竞争要项之间应该存在一项为企业持续监控的反馈机制。模型用于完善分区过程,将其竞争要项进行进一步联合。通过"全面质量管理"和"持续完善",我们了解到最好最持久的供应链优化是一个渐进的过程。大数据分析能够在很大程度上加速这一过程的实现。例如,自动跟踪模型的推进,对失误及时做出预警等。

5.拆分分区

分区,帮助企业了解了核心市场以及每个分区中的竞争要项。大数据分析在汇总与分离顾客数据的基础上创建客户微分区,详细地探索每个分区中的独特需求,其结果是优化分区,使其具有自身特点。

● 知识小结

供应链物流管理过程中,信息技术的一体化对物流的高效率和高效益协同运作起到了极大的技术支撑作用。其中,电子数据交换系统解决了供应链物流运作和管理过程中所有单证高效、快速的无纸化处理问题。无线射频识别技术 RFID、GIS 和 GPS 等技术的应用,很好地实现了物流库存和在途的实施跟踪和可视化管理。最后分析了大数据对供应链的影响。

思考题

一、选择题

1.信息的基本特征是( )。

A.真实性　　　　　　　　B.时效性

C.针对性　　　　　　　　D.可变性

2.信息技术包含( )。

A.GIS　　　　　　　　　B.EDI

C.RFID　　　　　　　　D.条码

二、简答题

1.无线射频识别技术的特点有哪些?

2.大数据对供应链的影响有哪些?

●知识拓展

送货强行提速40%！亚马逊的大数据产业有多厉害？

电商巨头亚马逊宣布了一项重要举措：要求所有三方卖家从2017年8月31日开始，将其包裹的投递速度提高40%。

那么，亚马逊究竟是如何在保证销量的同时，提高整个平台物流效率的？

其实，亚马逊不仅仅是电商平台，还是一家科技公司，其在业内率先使用了大数据，利用人工智能和云技术进行仓储物流的管理，创新推出了预测性调拨、跨区域配送、跨国境配送等服务，并由此建立了全球跨境云仓。

可以说，大数据应用技术是亚马逊提升物流效率、应对供应链挑战的关键。

1. 引领电商物流的技术优势

亚马逊物流运营体系的强大之处在于，它已把仓储中心打造成了全世界最灵活的商品运输网络，通过强大的智能系统和云技术，将全球所有仓库联系在一起，以此做到快速响应，并能确保精细化的运营。

（1）智能入库。智能预约系统通过供应商预约送货，能提前获得供应商送货的物品的信息，并相应调配好到货时间、人员支持及存储空间。收货区将按照预约窗口进行有序作业，货物也将根据先进先出的原则，按类别存放到不同区域。

入库收货是亚马逊大数据采集的第一步，为之后的存储管理、库存调拨、拣货、包装、发货等每一步操作提供了数据支持。这些数据可在全国范围内共享，系统将基于这些数据在商品上架、存储区域规划、包装推荐等方面提供指引，提高整个流程的运营效率和质量。

（2）智能存储。亚马逊开创性地采用了"随机存储"的方式，打破了品类之间的界限，按照一定的规则和商品尺寸，将不同品类的商品随机存放到同一个货位上，不仅提高了货物上架的效率，还最大限度地利用了存储空间。

此外，在亚马逊运营中心，货架的设计会根据商品品类有所不同，所有存储货位的设计都是基于后台数据系统的收集和分析得来的。比如，系统会基于大数据的信息，将爆款商品存储在距离发货区比较近的地方，从而减少员工的负重行走路程。

（3）智能拣货与订单处理。在亚马逊的运营中心，员工拣货路径通过后台大数据的分析进行优化，系统会为其推荐下一个要拣的货在哪儿，确保员工永远不走回头路，而且其所走的路径是最少的。

此外，大数据驱动的仓储订单运营非常高效，在中国亚马逊运营中心最快可以在30分钟之内完成整个订单处理，从订单处理、快速拣选、快速包装、分拣等一切环节都由大数据驱动。由于亚马逊后台的系统运算和分析能力非常强大，因此能够实现快速分解和处理订单。

（4）预测式调拨。亚马逊智能物流系统的先进性还体现在其可以记录消费者的购买行为：后台系统会记录客户的浏览历史，提前对库存进行优化配置，将顾客感兴趣的商品提前调拨到离消费者最近的运营中心，即"客未下单，货已在途"，这便是亚马逊智能分仓的魅力。

（5）精准库存。亚马逊高效物流系统还会通过自动持续校准来提升速度和精确度，通过实现连续动态盘点，让企业客户实时了解库存状态。据了解，亚马逊系统全年365天、每天24小时连续盘点能力可以降低库存丢失风险，确保库存精准、安全。

（6）全程可视。做过物流的想必都知道，实现精细化物流管理的精髓是运营管理过程中的可视性。全程可视的难点在于确保产品在任何时间、任何状态下,包括在途中都是可视的。亚马逊物流的精细化管理正是要确保这一点。

2.如何赢战高峰期物流大战?

探讨电商物流能力的强弱,就不得不说其应对高峰的策略。电商物流的开创者亚马逊是美国"黑色星期五"购物节中多年的主力,不仅在全球物流体系布局上早有建树,而且在物流供应链的准备方面也早已领先一步。

(1)"超强大脑"的神机妙算。亚马逊智能系统就像一个超强大脑,可以洞察到每小时、每一个品类,甚至每一件商品的单量变化,让单量预测的数据细分到全国各个运营中心、每一条运输线路和每一个配送站点,提前进行合理的人力、车辆和产能的安排。

同时,系统预测还可以随时更新,并对备货方案进行实时调整。在国内多数电商刚刚开始利用大数据备货的阶段,亚马逊早已实现了供应链采购和库存分配高度自动化、智能化。在一定程度上讲,供应链前端的备货是保证高峰期后端物流高效、平稳的基础。

(2)从仓储到末端配送,每一步都精打细算。在物流的计划和准备方面,亚马逊供应链系统基于历史销售数据进行运算和分析,从管理、系统等方面严谨地分析仓储物流的每一个环节,让单量预测的数据细分到全国各个运营中心、每一条运输线路和每一个配送站点,提前进行合理的人力、车辆和产能的安排。

在亚马逊运营中心内部,系统还会基于大数据的信息,结合近期促销、客户浏览和下单情况对库内存储区域进行及时优化,将热卖商品存储在发货区附近的地方,提高从收货到发货的效率,客户下单时可以直接进行包装出库,缩短了库内操作时间,这些对高峰期的运营效率都至关重要。

针对"最后一公里"末端配送的难点,亚马逊基于对高峰期单量的分布情况进行分析,并据此优化了配送路径,更科学合理地安排每个配送员的派单工作。通过智能系统的辅助,提高了快递员的配送效率,使送达时间较之前有所缩短。

(3)精准才是核心生产力。亚马逊智能系统具备全年365天、每天24小时连续自动盘点的能力。这意味着,从上架、拣货、分拣、包装到出库,系统在运营操作的每一步都可以及时发现错误,并能及时纠错,这是国内大多数仓储运营尚未具备的核心能力。

可以说,亚马逊标准化的运营体系会基于大数据运算提供拣货、包装、分拣指引,即使是刚刚上岗的操作人员,也只需简单培训即可根据系统指引操作,让员工不用花太多精力就能迅速学习和上手,系统的纠错和学习能力减少了人工犯错的可能,从而大幅度提高了生产力。

3.争做跨境物流先行者

谁在跨境物流方面具备优势,谁将会获得未来的最大商机。而在搭建跨境物流网络方面,亚马逊早已抢先一步。

2014年,随着亚马逊海外购商店的推出,亚马逊成功打通了中美跨境物流网络,实现了系统和网络的对接。随着业务的扩张和出货量的增加,亚马逊每年都在不断提升仓储能力。近年来,亚马逊一直在致力于提高发货配送速度的同时,降低运输成本。

为了将物流速度提到最快,减少中转环节,保障商品安全,亚马逊跨境物流主要强化六大核心优势:四通八达的境外运营网络、1小时订单处理发货、优先发运不等待、24小时入境清关、国内网络无缝对接、跨境全程可追踪。

(1)四通八达的境外运营网络,减少长途运输。亚马逊在美国有超过70个运营中心,并已构建了非常密集的运营中心网络,联结各大机场或港口,避免了远距离的长途运输,缩短运输时间。

此外,对于 Prime 包裹,在跨境运输前,亚马逊智能分拣系统将其进行更进一步的分拣,从而可以根据 Prime 包裹的目的地提供最佳的跨境运输线路,将其直接发往国内距离目的地最近的口岸,节省转运时间。

(2)"海外购"订单发货仅需一小时。亚马逊运营中心采用先进的智能机器人技术和大数据仓储管理,可以加速订单的处理效率,商品的存储和处理能力较之前显著提高 50% 以上。

此外,该系统还能自动根据 Prime 会员下单时的预计送达时间优先安排 Prime 订单的拣货、包装、分拣和出库,确保订单加速处理,更快速地发货。

而在货品完成包装后,由 Slam 一体化操作设备在包裹经过的一瞬间就能完成一系列称重、贴标签、扫描等工作,平时用人力费时费力的分拣在这里只要几秒钟就能完成。

更重要的是,它还能自动纠错,通过高精度的称重能力快速识别并将错误的包裹剔除出来。

(3)优先发运不等待。大量来自亚马逊美国各地仓库,发往中国的商品专门放在机场的空港仓库集中进行装箱,这样做的好处是:一方面通过集约化配置资源,集中发货,减少等待时间;另一方面可以降低空仓率,最大限度地节省物流成本。

此外,由于货量大,亚马逊在欧美日等主要线路可以实现常态化包机和固定航班,提供稳定的、7×24 小时不间断的运力保障。无论是高峰期还是平时,都可以实现任何时段的优先发运,减少等待时间。同时,为了让 Prime 会员尽早拿到包裹,亚马逊也会安排 Prime 包裹的优先装载发货,减少等待时间。

(4)国内物流网络无缝对接,快速出货和配送。包裹完成清关后,直接进入亚马逊中国的物流体系,在运营中心只需要 30 分钟加贴中文面单后就能直接出货。

截至目前,亚马逊已在中国建立了 13 个运营中心,其中"海外购"直邮的订单主要通过亚马逊天津、上海、广州的运营中心入境,之后通过亚马逊全国 300 多条干线网络快速运往全国各地,为近 3 000 个城市区县的消费者提供优质的配送服务,其中在 1 400 多个区县提供当日达、次日达配送服务。

对于亚马逊 Prime 会员的跨境包裹,亚马逊北京、天津、上海和广州四地的运营中心为其设立了单独交接区域和快速处理通道,将其优先发往各地的亚马逊配送站点,送达消费者手中。

(5)跨境物流全程可追踪。对消费者而言,跨境物流链条长,流程透明和商品安全是他们最关心的问题。亚马逊国际物流与国内物流体系可以直接对接,减少中间转手环节,也意味着更低的商品的破损和遗失风险。

而亚马逊智能系统记录着每一辆载满包裹的卡车应该在几点几分到达,几点几分取货离开,如果卡车在某个区域不该停顿的位置停了十分钟,系统就会立刻发出警报提示,并了解发生了什么问题。

参考文献

[1]马士华,林勇.供应链管理[M].5版.北京:机械工业出版社,2017.

[2]赵继新,阎子刚.供应链管理[M].3版.北京:机械工业出版社,2017.

[3]陈民伟,林朝朋,陈香莲.供应链管理实务[M].哈尔滨:哈尔滨工业大学出版社,2017.

[4]王桂花,高文华.供应链管理[M].2版.北京:中国人民大学出版社,2014.

[5]高志刚,赵彩云.供应链管理实务[M].武汉:武汉大学出版社,2016.

[6]马莹,姚长佳.供应链管理实务[M].北京:中国石油大学出版社,2018.

[7]杨建华,王为人.供应链物流管理教程[M].北京:清华大学出版社,2016.

[8]李永飞.供应链质量管理前沿和体系研究[M].北京:机械工业出版社,2016.

[9]傅莉萍.供应链管理[M].北京:清华大学出版社,2016.

[10]娜达·R·桑德斯.大数据供应链:构建工业4.0时代智能物流新模式[M].丁晓松,译.北京:中国人民大学出版社,2015.

[11]王道平,张博卿.供应链管理[M].北京:清华大学出版社,2015.

[12]李建丽.供应链管理实务[M].3版.北京:人民交通出版社,2015.

[13]党辉.供应链管理[M].北京:国家行政学院出版社,2015.

[14]郑传锋.基于平衡记分卡的供应链绩效评价指标体系研究[J].中国物流与采购,2015(10):68-70.

[15]邹珺.供应链协同绩效研究综述[J].中国市场,2015(15):83-86.

[16]胡建波.供应链管理实务[M].成都:西南财经大学出版社,2013.

[17]刘永胜,杜志平,白晓娟.供应链管理[M].北京:北京大学出版社,2012.

[18]张艳.供应链管理[M].北京:清华大学出版社,2012.

[19]王冠宁,冯方友.电子商务实务[M].北京:中国水利水电出版社,2012.

[20]嵇美华.基于集成供应链管理的企业集团ERP系统探究[J].科技管理研究,2009(6),452-454.

[21]沈莹.供应链管理[M].北京:北京交通大学出版社,2008.

[22]周鹏飞,李广文.企业集成化供应链激励机制问题初探[J].中国市场,2007(23):72.

[23]杨丽伟.供应链企业合作的激励机制的研究[D].武汉:武汉理工大学,2004.

[24]潘小勇.组织行为在企业生产运作管理中的实践[J].科技进步与对策,2003(S1):128-129.

[25]查尔斯·C·波里尔,迈克尔·J·鲍尔.电子供应链管理[M].谢冬梅,刘祥亚,贾哲,译.北京:机械工业出版社,2002.

[26]汤浅和夫.供应链下的物流管理[M].孙玉生,译.深圳:海天出版社,2002.